企业会计准则

详解与实务

条文解读 + 应用指南 + 经典案例

（非货币性资产交换 + 债务重组 + 租赁）

企业会计准则编审委员会　编著

人民邮电出版社

北京

图书在版编目（CIP）数据

企业会计准则详解与实务 ： 条文解读+应用指南+经典案例 ： 非货币性资产交换+债务重组+租赁 / 企业会计准则编审委员会编著. -- 北京 ： 人民邮电出版社，2021.1
　　ISBN 978-7-115-55194-8

　　Ⅰ．①企… Ⅱ．①企… Ⅲ. ①企业－会计准则－中国
Ⅳ．①F279.23

　　中国版本图书馆CIP数据核字(2020)第211522号

内 容 提 要

《企业会计准则第7 号——非货币性资产交换》《企业会计准则第12 号——债务重组》《企业会计准则第21 号——租赁》是2018 年以来新修订的企业会计准则，随后财政部又颁布了这3 个准则的实务指南。这3 个准则的修订及配套法规的实施，提高了会计信息质量，进一步规范了相关会计问题的确认、计量和相关信息的披露，切实解决了我国企业相关会计实务问题，维护了企业会计准则体系的内在协调一致性。

本书收录了上述准则的原文、修订说明、应用指南以及深度解读，可以作为广大会计工作者学准则、用准则的案头工具书。本书既适合会计实务工作者在解决日常实务工作中的各种疑难问题时查阅，也适合会计理论工作者当作工具书使用，还可以帮助会计专业学生掌握我国现行企业会计准则体系的具体规定。

◆ 编　　著　企业会计准则编审委员会
　　责任编辑　李士振
　　责任印制　周昇亮
◆ 人民邮电出版社出版发行　　北京市丰台区成寿寺路 11 号
　　邮编　100164　　电子邮件　315@ptpress.com.cn
　　网址　https://www.ptpress.com.cn
　　涿州市京南印刷厂印刷
◆ 开本：787×1092　1/16
　　印张：12.5　　　　　　　　　　2021 年 1 月第 1 版
　　字数：273 千字　　　　　　　2021 年 1 月河北第 1 次印刷

定价：69.80 元
读者服务热线：**(010)81055296**　印装质量热线：**(010)81055316**
反盗版热线：**(010)81055315**
广告经营许可证：京东市监广登字 20170147 号

PREFACE 前言

　　企业会计准则是会计人员进行会计确认、会计计量、会计报告的基本依据，学好企业会计准则是做好会计工作的根本。同时，企业会计准则体系是一个与时俱进的法规体系，会随着新经济、新业务、新观念的产生，进行相应的补充与修订。为了帮助会计人员更好地学习新准则、应用新准则，我们特将2018年以来新修订的《企业会计准则第7号——非货币性资产交换》《企业会计准则第12号——债务重组》《企业会计准则第21号——租赁》等3个准则结集成册，并将每一个准则的原文、修订说明、应用指南以及深度解读进行了全景式的展示，以帮助会计人员更好地掌握新准则。

　　《企业会计准则第7号——非货币性资产交换》（财会〔2019〕8号）于2019年5月9日正式发布，自2019年6月10日起在所有执行企业会计准则的企业范围内施行。该准则的修订，提高了会计信息质量，进一步规范了非货币性资产交换的确认、计量和相关信息的披露，切实解决了我国企业相关会计实务问题，维护了企业会计准则体系的内在协调一致性。该准则修订的内容主要体现在以下方面：一是非货币性资产交换的定义；二是该准则的适用范围；三是换入资产和换出资产的确认时点；四是以公允价值为基础计量的非货币性资产交换；五是补价的计量；六是非货币性资产交换的披露。

　　《企业会计准则第12号——债务重组》（财会〔2019〕9号）于2019年5月16日正式发布，自2019年6月17日起在所有执行企业会计准则的企业范围内执行。该准则的修订，满足了广大利益相关者的需求，维护了企业会计准则体系的内在协调一致性，有利于准则的实施和落地。该准则修订的内容主要体现在以下方面：一是修改债务重组的定义，债务重组中涉及的债权和债务与其他金融工具不作区别对待；二是将重组债权和债务的会计处理规定索引至新金融工具准则，从而与新金融工具准则协调一致，同时删除关于或有应收、应付金额遵循或有事项准则的规定；三是对债务重组采用债务人以资产清偿债务方式的，债权人初始确认受让的金融资产以外的资产时以成本计量；四是不再区分债务重组利得、损失和资产处置损益，合并作为债务重组相关损益。

《企业会计准则第21号——租赁》(财会〔2018〕35号)于2018年12月7日正式发布。在境内外同时上市的企业以及在境外上市并采用国际财务报告准则或企业会计准则编制财务报表的企业，自2019年1月1日起施行；其他执行企业会计准则的企业自2021年1月1日起施行。该准则修订的内容主要体现在以下方面：一是完善了租赁的定义，增加了租赁识别、分拆、合并等内容；二是取消了承租人经营租赁和融资租赁的分类，要求对所有租赁（短期租赁和低价值资产租赁除外）确认使用权资产和租赁负债；三是改进了承租人后续计量，增加了选择权重估和租赁变更情形下的会计处理；四是丰富了出租人披露内容，为报表使用者提供更多有用信息。

本书在编写过程中参考了企业会计准则等法规条文和财政部发布的相关政策文件等，并且结合实务中可能会遇到的具体情况将这些条文落到实处，将新准则与实践相结合。由于主观和客观等方面的因素限制，本书在某些方面可能还存在一定的改进空间，欢迎各位读者在阅读本书之后与我们沟通，提出相关建议。

编者

CONTENTS 目录

第1章
《企业会计准则第7号——非货币性资产交换》准则原文

企业会计准则第7号——非货币性资产交换

财会〔2019〕8号

1.1 总则

　　第一条　为了规范非货币性资产交换的确认、计量和相关信息的披露，根据《企业会计准则——基本准则》，制定本准则。

　　第二条　非货币性资产交换，是指企业主要以固定资产、无形资产、投资性房地产和长期股权投资等非货币性资产进行的交换。该交换不涉及或只涉及少量的货币性资产（即补价）。

　　货币性资产，是指企业持有的货币资金和收取固定或可确定金额的货币资金的权利。

　　非货币性资产，是指货币性资产以外的资产。

　　第三条　本准则适用于所有非货币性资产交换，但下列各项适用其他相关会计准则：

　　（一）企业以存货换取客户的非货币性资产的，适用《企业会计准则第14号——收入》。

　　（二）非货币性资产交换中涉及企业合并的，适用《企业会计准则第20号——企业合并》《企业会计准则第2号——长期股权投资》和《企业会计准则第33号——合并财务报表》。

　　（三）非货币性资产交换中涉及由《企业会计准则第22号——金融工具确认和计量》规范的金融资产的，金融资产的确认、终止确认和计量适用《企业会计准则第22号——金融工具确认和计量》和《企业会计准则第23号——金融资产转移》。

　　（四）非货币性资产交换中涉及由《企业会计准则第21号——租赁》规范的使用权资产或应收融资租赁款等的，相关资产的确认、终止确认和计量适用《企业会计准则第21号——租赁》。

　　（五）非货币性资产交换的一方直接或间接对另一方持股且以股东身份进行交易的，或者非货币性资产交换的双方均受同一方或相同的多方最终控制，且该非货币性资产交换的交易实质是交换的一方向另一方进行了权益性分配或交换的一方接受了另一方权益性投入的，适用权益性交易的有关会计处理规定。

1.2 确认

第四条　企业应当分别按照下列原则对非货币性资产交换中的换入资产进行确认，对换出资产终止确认：

（一）对于换入资产，企业应当在换入资产符合资产定义并满足资产确认条件时予以确认；

（二）对于换出资产，企业应当在换出资产满足资产终止确认条件时终止确认。

第五条　换入资产的确认时点与换出资产的终止确认时点存在不一致的，企业在资产负债表日应当按照下列原则进行处理：

（一）换入资产满足资产确认条件，换出资产尚未满足终止确认条件的，在确认换入资产的同时将交付换出资产的义务确认为一项负债。

（二）换入资产尚未满足资产确认条件，换出资产满足终止确认条件的，在终止确认换出资产的同时将取得换入资产的权利确认为一项资产。

1.3 以公允价值为基础计量

第六条　非货币性资产交换同时满足下列条件的，应当以公允价值为基础计量：

（一）该项交换具有商业实质；

（二）换入资产或换出资产的公允价值能够可靠地计量。

换入资产和换出资产的公允价值均能够可靠计量的，应当以换出资产的公允价值为基础计量，但有确凿证据表明换入资产的公允价值更加可靠的除外。

第七条　满足下列条件之一的非货币性资产交换具有商业实质：

（一）换入资产的未来现金流量在风险、时间分布或金额方面与换出资产显著不同。

（二）使用换入资产所产生的预计未来现金流量现值与继续使用换出资产不同，且其差额与换入资产和换出资产的公允价值相比是重大的。

第八条　以公允价值为基础计量的非货币性资产交换，对于换入资产，应当以换出资产的公允价值和应支付的相关税费作为换入资产的成本进行初始计量；对于换出资产，应当在终止确认时，将换出资产的公允价值与其账面价值之间的差额计入当期损益。

有确凿证据表明换入资产的公允价值更加可靠的，对于换入资产，应当以换入资产的公允价值和应支付的相关税费作为换入资产的初始计量金额；对于换出资产，应当在终止确认时，将换入资产的公允价值与换出资产账面价值之间的差额计入当期损益。

第九条　以公允价值为基础计量的非货币性资产交换，涉及补价的，应当按照下列规定进行处理：

（一）支付补价的，以换出资产的公允价值，加上支付补价的公允价值和应支付的相关税费，作为换入资产的成本，换出资产的公允价值与其账面价值之间的差额计入当期损益。有确凿证据表明换入资产的公允价值更加可靠的，以换入资产的公允价值和应支付的相关税费作为换入资产的初始计量金额，换入资产的公允价值减去支付补价的公允价值，与换出资产账面价值之间的差额计入当期损益。

（二）收到补价的，以换出资产的公允价值，减去收到补价的公允价值，加上应支付的相关税费，作为换入资产的成本，换出资产的公允价值与其账面价值之间的差额计入当期损益。

有确凿证据表明换入资产的公允价值更加可靠的，以换入资产的公允价值和应支付的相关税费作为换入资产的初始计量金额，换入资产的公允价值加上收到补价的公允价值，与换出资产账面价值之间的差额计入当期损益。

第十条 以公允价值为基础计量的非货币性资产交换，同时换入或换出多项资产的，应当按照下列规定进行处理：

（一）对于同时换入的多项资产，按照换入的金融资产以外的各项换入资产公允价值相对比例，将换出资产公允价值总额（涉及补价的，加上支付补价的公允价值或减去收到补价的公允价值）扣除换入金融资产公允价值后的净额进行分摊，以分摊至各项换入资产的金额，加上应支付的相关税费，作为各项换入资产的成本进行初始计量。

有确凿证据表明换入资产的公允价值更加可靠的，以各项换入资产的公允价值和应支付的相关税费作为各项换入资产的初始计量金额。

（二）对于同时换出的多项资产，将各项换出资产的公允价值与其账面价值之间的差额，在各项换出资产终止确认时计入当期损益。

有确凿证据表明换入资产的公允价值更加可靠的，按照各项换出资产的公允价值的相对比例，将换入资产的公允价值总额（涉及补价的，减去支付补价的公允价值或加上收到补价的公允价值）分摊至各项换出资产，分摊至各项换出资产的金额与各项换出资产账面价值之间的差额，在各项换出资产终止确认时计入当期损益。

1.4 以账面价值为基础计量

第十一条 不满足本准则第六条规定条件的非货币性资产交换，应当以账面价值为基础计量。对于换入资产，企业应当以换出资产的账面价值和应支付的相关税费作为换入资产的初始计量金额；对于换出资产，终止确认时不确认损益。

第十二条 以账面价值为基础计量的非货币性资产交换，涉及补价的，应当按照下列规定进行处理：

（一）支付补价的，以换出资产的账面价值，加上支付补价的账面价值和应支付的相关税费，作为换入资产的初始计量金额，不确认损益。

（二）收到补价的，以换出资产的账面价值，减去收到补价的公允价值，加上应支付的相关税费，作为换入资产的初始计量金额，不确认损益。

第十三条　以账面价值为基础计量的非货币性资产交换，同时换入或换出多项资产的，应当按照下列规定进行处理：

（一）对于同时换入的多项资产，按照各项换入资产的公允价值的相对比例，将换出资产的账面价值总额（涉及补价的，加上支付补价的账面价值或减去收到补价的公允价值）分摊至各项换入资产，加上应支付的相关税费，作为各项换入资产的初始计量金额。换入资产的公允价值不能够可靠计量的，可以按照各项换入资产的原账面价值的相对比例或其他合理的比例对换出资产的账面价值进行分摊。

（二）对于同时换出的多项资产，各项换出资产终止确认时均不确认损益。

1.5　披露

第十四条　企业应当在附注中披露与非货币性资产交换有关的下列信息：

（一）非货币性资产交换是否具有商业实质及其原因。

（二）换入资产、换出资产的类别。

（三）换入资产初始计量金额的确定方式。

（四）换入资产、换出资产的公允价值以及换出资产的账面价值。

（五）非货币性资产交换确认的损益。

1.6　衔接规定

第十五条　企业对 2019 年 1 月 1 日至本准则施行日之间发生的非货币性资产交换，应根据本准则进行调整。企业对 2019 年 1 月 1 日之前发生的非货币性资产交换，不需要按照本准则的规定进行追溯调整。

1.7　附则

第十六条　本准则自 2019 年 6 月 10 日起施行。

第十七条　2006 年 2 月 15 日财政部印发的《财政部关于印发〈企业会计准则第 1 号——存货〉等 38 项具体准则的通知》（财会〔2006〕3 号）中的《企业会计准则第 7 号——非货币性资产交换》同时废止。

财政部此前发布的有关非货币性资产交换会计处理规定与本准则不一致的，以本准则为准。

第 2 章
《企业会计准则第 7 号——非货币性资产交换》
修订说明

2.1 本准则的修订背景

2006 年 2 月，财政部发布了《企业会计准则第 7 号——非货币性资产交换》（财会〔2006〕3 号，以下简称"原准则"）。原准则对于规范实务中非货币性资产交换交易的会计处理，发挥了积极的指导作用。但近年来，随着经济业务日益复杂，原准则及其应用指南在实施中存在的问题逐渐显现，实务界陆续提出修改完善原准则的意见和建议，为此，有必要对原准则进行相应修订，以更好地指导实务操作。修订原准则的主要原因如下。

一是保持准则体系的内在协调。2017 年，财政部发布新的《企业会计准则第 14 号——收入》（以下简称"新收入准则"）以及《企业会计准则第 22 号——金融工具确认和计量》《企业会计准则第 23 号——金融资产转移》和《企业会计准则第 37 号——金融工具列报》（以下简称"新金融工具准则"）等准则，对相关业务提出新的规范要求。为了与上述新发布的其他会计准则在会计处理原则方面相协调，有必要修订原准则。

二是进一步规范非货币性资产交换相关业务。针对实务中存在的有关问题，例如，非货币性资产交换中涉及企业合并的适用准则、非货币性资产交换中涉及金融工具的适用准则、换入和换出资产时点不明确、缺少有确凿证据表明换入资产公允价值更加可靠情形下的会计处理原则等问题，有必要通过修订原准则加以规范，更好地指导实务操作。

三是避免对多项准则反复修订。原准则对非货币性资产交换中的换入资产和换出资产的确认和计量原则进行了规定，便于实务操作。如果废止原准则，则需要逐一修订存货、长期股权投资、固定资产、无形资产、投资性房地产、生物资产等多项准则。为了保持准则体系的稳定性，避免反复修订其他准则，有必要修订而不宜废止原准则。

为提高会计信息质量，进一步规范非货币性资产交换的确认、计量和相关信息的披露，切实解决我国企业相关会计实务问题，维护企业会计准则体系内在协调一致性，财政部结合我国实际情况，同时保持与国际财务报告准则的持续趋同，对原准则进行了修订，并于 2019 年 5 月发布了《企业会计准则第 7 号——非货币性资产交换》（财会〔2019〕8 号，以下简称"本准则"）。

2.2 本准则的修订过程

基于我国企业和资本市场发展的实际需要，财政部于 2018 年着手启动了原准则的研究和修订工作。在原准则修订过程中，财政部严格遵循我国会计准则制定程序，开展了扎实、系统的前期研究，通过专题座谈会、实地调研、问卷调查、公开征求意见等方式充分听取各方意见和建议，同时也与国际会计准则理事会就涉及的具体技术问题充分沟通和探讨。2019 年 1 月 17 日，财政部印发了《财政部关于征求〈企业会计准则第 7 号——非货币性资产交换（修订）（征求意见稿）〉意见的函》（以下简称"征求意见稿"），向社会公开征求意见。截至 2019 年 4 月 1 日，财政部共收到反馈意见 52 份。反馈意见总体支持对原准则进行修订，同时对非货币性资产交换定义、准则适用范围、换入资产和换出资产的确认和计量原则、非货币性资产交换的披露、衔接规定等提出了很好的意见和建议。财政部对所有反馈意见进行了深入、系统归纳、整理和分析，认真研究并充分吸收了各方提出的意见和建议。在此基础上，财政部对征求意见稿进行了修订、完善，并根据我国会计准则制定程序依次形成准则草案、送审稿，经批准通过后正式发布。

本准则于 2019 年 5 月 9 日正式发布，自 2019 年 6 月 10 日起在所有执行企业会计准则的企业范围内施行。本准则发布后，2006 年 2 月 15 日财政部印发的《财政部关于印发〈企业会计准则第 1 号——存货〉等 38 项具体准则的通知》（财会〔2006〕3 号）中的《企业会计准则第 7 号——非货币性资产交换》同时废止。财政部此前发布的有关非货币性资产交换会计处理规定与本准则不一致的，以本准则为准。

2.3 关于非货币性资产交换的定义

原准则对非货币性资产交换的定义中提到"交易双方"。实务中有观点认为，该表述意味着交易双方必须同时用非货币性资产进行交换，才能符合非货币性资产交换的定义，从而导致可能因交易对方的换入资产或换出资产不是非货币性资产的情形使本企业也无法适用本准则，其会计处理缺乏依据。因此，本准则修改了非货币性资产交换的定义，删除"交易双方"的表述。通常情况下，交易双方对于某项交易是否为非货币性资产交换的判断是一致的，仅在个别情况下可能会不一致。企业应从自身的角度，根据交易的实质判断相关交易是否属于本准则定义的非货币性资产交换，不应基于交易双方的情况进行判断。例如，投资方以一项固定资产出资取得对被投资方的权益性投资，对投资方来说，换出资产为固定资产，换入资产为长期股权投资，属于非货币性资产交换；对于被投资方来说，则是接受换入的实物资产，属于接受权益性投资，不属于非货币性资产交换。

2.4 关于本准则的适用范围

原准则没有对准则的适用范围进行规范，从而导致因准则适用范围不清而带来实务差异。本准则明确了准则的适用范围，将应遵循其他准则的交易排除在外，保持准则内在体系的协调。其中：

《企业会计准则第 14 号——收入》对企业因转让存货取得非现金对价情形的会计处理作出了规范。因此，企业以存货换取客户的非货币性资产的，相关收入的会计处理适用《企业会计准则第 14 号——收入》。

《企业会计准则第 20 号——企业合并》对企业合并的合并成本的确定以及企业合并中取得的资产和负债的确认和计量等作出了规范；《企业会计准则第 2 号——长期股权投资》对企业合并中合并方或购买方的长期股权投资的确认和计量等作出了规范；《企业会计准则第 33 号——合并财务报表》对出售方丧失对被投资方控制权的会计处理等问题作出了规范。因此，非货币性资产交换中涉及企业合并的，适用《企业会计准则第 20 号——企业合并》《企业会计准则第 2 号——长期股权投资》和《企业会计准则第 33 号——合并财务报表》。

《企业会计准则第 22 号——金融工具确认和计量》对金融资产的确认、终止确认和计量等作出了规范。因此，非货币性资产交换中涉及由《企业会计准则第 22 号——金融工具确认和计量》规范的金融资产的，金融资产的确认、终止确认和计量适用《企业会计准则第 22 号——金融工具确认和计量》和《企业会计准则第 23 号——金融资产转移》。

《企业会计准则第 21 号——租赁》对使用权资产和应收融资租赁款的确认、终止确认和计量等作出了规范。因此，非货币性资产交换中涉及由《企业会计准则第 21 号——租赁》规范的使用权资产或应收融资租赁款等的，相关资产的确认、终止确认和计量适用《企业会计准则第 21 号——租赁》。

关联方之间发生的非货币性资产交换，交易实质是交换的一方向另一方进行了权益性分配或交换的一方接受了另一方权益性投入的，属于权益性交易，不在本准则规范范围内。

2.5　关于换入资产和换出资产的确认时点

原准则没有对换入资产和换出资产的确认时点进行规范，导致实务差异。本准则规范了非货币性资产交换中换入资产的确认时点和换出资产的终止确认时点，即换入资产应当在符合资产定义并满足相关准则规定的资产确认条件时予以确认，换出资产应当在满足相关准则规定的资产终止确认条件时终止确认。本准则还规范了换入资产的确认时点与换出资产终止确认时点不一致情况下在资产负债表日的会计处理原则。

2.6　关于以公允价值为基础计量的非货币性资产交换

2.6.1　关于换入资产的初始计量

现行准则体系中，以其他方式取得的存货、固定资产、无形资产、投资性房地产和长期股权投资等金融资产以外的非货币性资产一般以成本计量。与其他准则的原则保持一致，本准则规定，以公允价值为基础计量的非货币性资产交换，换入资产以换出资产的公允价值为基础进行计量（即换入资产的成本），但有确凿证据表明换入资产的公允价值更加可靠的除外。

由于实务中可能存在有确凿证据表明换入资产的公允价值更加可靠的情形，本准则同时规范了以换入资产的公允价值为基础进行会计处理的原则。

2.6.2　关于相关损益的计量

为保持准则体系的内在协调，参照《企业会计准则第 14 号——收入》对存货销售取得非现金对价的处理原则，换出资产应当按照对价的公允价值计量处置损益，即以换入资产（收到对价）的公允价值作为计量处置损益的基础，若换入资产的公允价值不能合理估计的，则以换出资产的公允价值作为计量处置损益的基础。

按照上述原则，换入资产以换出资产的公允价值为基础计量，换入资产公允价值与换出资产账面价值之间的差额为换出资产的处置损益。当换出资产公允价值和换入资产公允价值之间存在差额时，该差额即为因交换资产而产生的损益。实务中，公平交易中的换入资产和换出资产的公允价值应当相等，通常即便不等也差异不大（即因交换资产而产生的损益通常不重大），但若要单独区分出因交换资产而产生的损益，则企业为此须花费较大成本去同时获取换入资产和换出资产两项公允价值。考虑到因交换资产而产生的损益通常不重大，且和换出资产的处置损益最终都将反映在利润表中，即使企业花费较大成本将两项损益进行区分，报表使用者从该信息中获得的收益也极为有限，因此，为了简化实务操作，本准则不要求区分换出资产的处置损益和因交换资产而产生的损益，而是将二者合并作为换出资产的处置损益处理。即企业以换出资产的公允价值作为换入资产初始计量基础的同时，将换出资产的公允价值与其账面价值之间的差额计入当期损益。

2.7　关于补价的计量

非货币性资产交换中的补价是货币性资产，应以公允价值计量。根据本准则的规定，收到补价的，无论交易是否具有商业实质，补价都应当以公允价值计量；支付补价的，在没有商业实质的交易中，补价应当和其他换出资产的处理原则一致。

2.8　关于非货币性资产交换的披露

本准则在原准则的披露要求上增加了"非货币性资产交换是否具有商业实质及其原因"，为财务报表使用者提供关于非货币性资产交换的更多相关信息。

第 3 章
《企业会计准则第 7 号——非货币性资产交换》
应用指南 2019

3.1 总体要求

《企业会计准则第 7 号——非货币性资产交换》（以下简称"本准则"）规范了非货币性资产交换的确认、计量和相关信息的披露。企业应当按照本准则的要求对本准则适用范围内的非货币性资产交换进行会计处理。

本准则明确了非货币性资产交换的定义。非货币性资产交换，是指企业主要以固定资产、无形资产、投资性房地产和长期股权投资等非货币性资产进行的交换。该交换不涉及或只涉及少量的货币性资产（即补价）。

本准则明确了非货币性资产交换中换入资产的确认时点和换出资产的终止确认时点，即换入资产应当在换入资产符合资产定义并满足资产确认条件时予以确认，换出资产应当在换出资产满足资产终止确认条件时终止确认。

本准则规定，非货币性资产交换同时满足具有商业实质且换入资产或换出资产的公允价值能够可靠地计量这两个条件的，应当以公允价值为基础计量，否则应当以账面价值为基础计量。其中，以公允价值为基础计量时，换入资产和换出资产的公允价值均能够可靠计量的，应当以换出资产的公允价值为基础计量，但有确凿证据表明换入资产的公允价值更加可靠的除外。同时，本准则明确了非货币性资产交换具有商业实质需要满足的条件。

本准则对非货币性资产交换中换入资产和换出资产的会计处理原则作出了规定，还对涉及补价、同时换入或换出多项资产等情形的会计处理作出了规定。

3.2 关于非货币性资产交换的定义

非货币性资产交换，是指企业主要以固定资产、无形资产、投资性房地产和长期股权投资等非货币性资产进行的交换。该交换不涉及或只涉及少量的货币性资产（即补价）。

非货币性资产是相对于货币性资产而言的。货币性资产，是指企业持有的货币资金和收取固定或可确定金额的货币资金的权利，包括库存现金、银行存款、应收账款和应收票据等。非货币性资产，是指货币性资产以外的资产，如存货（原材料、包装物、低值易耗品、库存商品等）、固定资产、在建工程、生产性生物资产、无形资产、投资性房地产、长期股权投资等。

通常情况下，交易双方对于某项交易是否为非货币性资产交换的判断是一致的。需要注意的是，企业应从自身的角度，根据交易的实质判断相关交易是否属于本准则定义的非货币性资产交换。例如，投资方以一项固定资产出资取得对被投资方的权益性投资，对投资方来说，换出资产为固定资产，换入资产为长期股权投资，属于非货币性资产交换；对被投资方来说，则属于接受权益性投资，不属于非货币性资产交换。

非货币性资产交换一般不涉及货币性资产，或只涉及少量货币性资产，即补价。判断涉及少量货币性资产的交换是否为非货币性资产交换时，通常以补价占整个资产交换金额的比例是否低于 25% 作为参考比例。支付的货币性资产占换出资产公允价值与支付的货币性资产之和（或占换入资产公允价值）的比例或者收到的货币性资产占换出资产公允价值（或占换入资产公允价值和收到的货币性资产之和）的比例低于 25% 的，视为非货币性资产交换；高于 25%（含 25%）的，不视为非货币性资产交换。

3.3　关于适用范围

企业对于符合本准则非货币性资产交换定义和适用范围的交易，应当按照本准则的要求进行会计处理。

3.3.1　适用其他会计准则的非货币性资产交换

本准则适用于所有非货币性资产交换，但下列各项适用其他相关会计准则。

（1）企业以存货换取客户的非货币性资产的，相关收入的会计处理适用《企业会计准则第 14 号——收入》。《企业会计准则第 14 号——收入》对企业因转让存货取得非现金对价情形的会计处理作出了规范。

（2）非货币性资产交换中涉及企业合并的，适用《企业会计准则第 20 号——企业合并》《企业会计准则第 2 号——长期股权投资》和《企业会计准则第 33 号——合并财务报表》。

（3）非货币性资产交换中涉及由《企业会计准则第 22 号——金融工具确认和计量》规范的金融资产的，金融资产的确认、终止确认和计量适用《企业会计准则第 22 号——金融工具确认和计量》和《企业会计准则第 23 号——金融资产转移》。

（4）非货币性资产交换中涉及由《企业会计准则第 21 号——租赁》规范的使用权资产或应收融资租赁款等的，相关资产的确认、终止确认和计量适用《企业会计准则第 21 号——租赁》。

（5）非货币性资产交换构成权益性交易的，应当适用权益性交易的有关会计处理规定。企业应当遵循实质重于形式的原则判断非货币性资产交换是否构成权益性交易。权益性交易主要包括以下情形。

①非货币性资产交换的一方直接或间接对另一方持股且以股东身份进行交易。

②非货币性资产交换的双方均受同一方或相同的多方最终控制，且该非货币性资产交

换的交易实质是交换的一方向另一方进行了权益性分配或交换的一方接受了另一方权益性投入。

例如，集团重组中发生的非货币性资产划拨、划转行为，在股东或最终控制方的安排下，企业无代价或以明显不公平的代价将非货币性资产转让给其他企业或接受其他企业的非货币性资产，该类转让的实质是企业进行了权益性分配或接受了权益性投入，不适用本准则，应当适用权益性交易会计处理的有关规定。

3.3.2　涉及非货币性资产但不属于本准则规范范围的情形

实务中，某些交易和事项虽涉及非货币性资产，但不属于本准则规范的非货币性资产交换，适用其他相关会计准则的规定，包括但不限于以下情形。

（1）企业从政府无偿取得非货币性资产（比如，企业从政府无偿取得土地使用权等）的，适用《企业会计准则第 16 号——政府补助》。

（2）企业将非流动资产或处置组分配给所有者的，适用《企业会计准则第 42 号——持有待售的非流动资产、处置组和终止经营》。

（3）企业以非货币性资产向职工发放非货币性福利的，适用《企业会计准则第 9 号——职工薪酬》。

（4）企业以发行股票方式取得非货币性资产的，相当于以权益工具结算买入非货币性资产，适用其他相关会计准则。

（5）企业用于交换的资产目前尚不存在或尚不属于本企业的，适用其他相关会计准则。根据本准则的规定，企业用于非货币性资产交换的非货币性资产应当符合资产的定义并满足资产的确认条件，且作为资产列报于企业的资产负债表上。企业用于交换的资产目前尚不存在或尚不属于本企业的情形，不属于本准则规范的非货币性资产交换。例如，甲企业从乙企业取得一项土地使用权，承诺未来 3 年内在该地块上建造写字楼，并待写字楼建造完成后向乙企业交付一幢写字楼，在这种情形下，由于甲企业用于交换的建筑物尚不存在，因此无论对甲企业还是乙企业而言，该交易不属于本准则规范的非货币性资产交换。

3.4　关于非货币性资产交换的确认

3.4.1　非货币性资产交换的确认原则

本准则规定了非货币性资产交换中换入资产的确认原则和换出资产的终止确认原则：换入资产应当在其符合资产定义并满足资产确认条件时予以确认，换出资产应当在其满足资产终止确认条件时终止确认。

根据上述原则，对于非货币性资产交换，企业将换入的资产视为购买取得资产，并按照相关会计准则的规定进行初始确认；将换出的资产视为销售或处置资产，并按照相关会计准则的规定进行终止确认。例如，某企业在非货币性资产交换中的换入资产和换出资产均为固定资产，按照《企业会计准则第 4 号——固定资产》和《企业会计准则第 14 号——收入》的规定，换入的固定资产应当在与该固定资产有关的经济利益很可能流入企业，且成本能够可靠地计量时确认；换出的固定资产应当以交换对方（即换入企业）取得该固定资产控制权时点作为处置时点终止确认。

3.4.2　换入资产的确认时点与换出资产的终止确认时点存在不一致的情形

在非货币性资产交换交易中，如果换入资产为对联营企业的长期股权投资，按照《企业会计准则第 2 号——长期股权投资》的规定，企业应当在能够对被投资单位实施重大影响时确认该换入的长期股权投资；如果换出资产为对联营企业的长期股权投资，企业应当在处置长期股权投资时点区分处置是否使企业丧失对被投资单位的重大影响，分别按照《企业会计准则第 22 号——金融工具确认和计量》或《企业会计准则第 2 号——长期股权投资》的规定进行会计处理。

3.5　关于非货币性资产交换的计量

3.5.1　非货币性资产交换的计量原则

本准则规定，非货币性资产交换同时满足下列条件的，应当以公允价值为基础计量：（1）该项交换具有商业实质；（2）换入资产或换出资产的公允价值能够可靠地计量。不满足上述条件的非货币性资产交换，应当以账面价值为基础计量。

根据这一规定，本准则对非货币性资产交换的计量规定了两种计量原则。一是以公允价值为基础计量的非货币性资产交换，企业应当以换出资产的公允价值为基础确定换入资产的成本，换出资产的公允价值与其账面价值之间的差额计入当期损益；但换出资产的公允价值不能可靠地计量或有确凿证据表明换入资产的公允价值更加可靠的，企业应当以换入资产的公允价值为基础确定换入资产的初始计量金额，换入资产的公允价值与换出资产账面价值之间的差额计入当期损益。二是以账面价值为基础计量的非货币性资产交换，企业应当以换出资产的账面价值为基础确定换入资产的初始计量金额，换出资产终止确认时不确认损益。

3.5.2　商业实质的判断

根据本准则的规定，满足下列条件之一的非货币性资产交换具有商业实质：（1）换入资产的未来现金流量在风险、时间分布或金额方面与换出资产显著不同；（2）使用换入资产所产生的预计未来现金流量现值与继续使用换出资产所产生的预计未来现金流量现值不同，且其差额与换入资产和换出资产的公允价值相比是重大的。

在判断资产交换是否具有商业实质时，企业应当重点考虑由于发生了该项资产交换预计使企业未来现金流量发生变动的程度。只有当换入资产的未来现金流量和换出资产的未来现金流量相比发生较大变化，或使用换入资产进行经营和继续使用换出资产进行经营所产生的预计未来现金流量现值之间的差额较大时，才表明该交易的发生使企业经济状况发生了明显改变，交换才因而具有商业实质。企业应当根据本准则的规定，遵循实质重于形式的原则，判断非货币性资产交换是否具有商业实质。

1. 判断条件

（1）换入资产的未来现金流量在风险、时间分布或金额方面与换出资产显著不同。

企业应当对比考虑换入资产与换出资产的未来现金流量在风险、时间或金额三个方面，对非货币性资产交换是否具有商业实质进行综合判断。通常情况下，只要换入资产和换出资产的未来现金流量在风险、时间或金额中的某个方面存在显著不同，即表明满足商业实质的判断条件。

例如，企业以一项生产用的设备换入一批存货，设备作为固定资产要在较长的时间内为企业带来现金流量，而存货流动性强，能够在较短的时间内产生现金流量。两者产生现金流量的时间相差较大，即使假定两者产生未来现金流量的风险和总额均相同，可以认为上述固定资产与存货的未来现金流量显著不同，因而交换具有商业实质。

又如，甲企业以其用于经营出租的一幢公寓楼，与乙企业同样用于经营出租的一幢公寓楼进行交换，两幢公寓楼的租期、每期租金总额均相同，但是甲企业的公寓楼是租给一家财务及信用状况良好的知名上市公司作为职工宿舍，乙企业的公寓楼则是租给多个个人租户。相比较而言，甲企业无法取得租金的风险较小，乙企业取得租金依赖于各个个人租户的财务和信用状况，两者现金流量流入的风险或不确定性程度存在明显差异，可以认为两幢公寓楼的未来现金流量显著不同，因而交换具有商业实质。

（2）使用换入资产所产生的预计未来现金流量现值与继续使用换出资产所产生的预计未来现金流量现值不同，且其差额与换入资产和换出资产的公允价值相比是重大的。

企业如果按照上述第（1）项判断条件难以判断非货币性资产交换是否具有商业实质，可以按照第（2）项判断条件，分别计算使用换入资产进行相关经营的预计未来现金流量现值和继续使用换出资产进行相关经营的预计未来现金流量现值，通过二者比较进行判断。企业在计算预计未来现金流量现值时，应当按照资产在企业自身持续使用过程和最终处置时预计产生的税后未来现金流量（使用企业自身的所得税税率），根据企业自身而不是市场参与者对资产特定风险的评价，选择恰当的折现率对预计未来现金流量折现后的金额加以确定，以体现资产对企业自身的特定价值。

从市场参与者的角度分析，换入资产和换出资产的未来现金流量在风险、时间或金额方面可能相同或相似。但是对于企业自身而言，鉴于换入资产的性质和换入企业经营活动的特征等因素，换入资产与换入企业其他现有资产相结合，能够比换出资产发挥更大的作用，使换入企业受该换入资产影响的经营活动部分产生的现金流量与换出资产明显不同，进而使用换入资产进行相关经营的预计未来现金流量现值与继续使用换出资产进行相关经营的预计未来现金流量现值存在重大差异，当其差额与换入资产和换出资产的公允价值相比是重大的，则表明交换具有商业实质。例如，甲企业以持有的某非上市公司 A 企业的10% 股权换入乙企业拥有的一项专利权。假定从市场参与者的角度来看，该股权与该项专利权的公允价值相同，两项资产未来现金流量的风险、时间和金额亦相似。通过第（1）项判断条件难以得出交易是否具有商业实质的结论。根据第（2）项判断条件，对换入专利权的甲企业来说，该项专利权能够解决其生产中的技术难题，使其未来的生产产量成倍增长，从而产生的预计未来现金流量现值与换出的股权投资有较大差异，且其差额与换入资产和换出资产的公允价值相比是重大的，因而认为该交换具有商业实质。对换入股权的乙企业来说，其取得甲企业换出的 A 企业 10% 股权后，对 A 企业的投资关系由重大影响变为控制，从而产生的预计未来现金流量现值与换出的专利权有较大差异，且其差额与换入资产和换出资产的公允价值相比也是重大的，因而可认为该交换具有商业实质。

2. 判断商业实质时对资产类别的考虑

企业在判断非货币性资产交换是否具有商业实质时，通常还可以考虑资产是否属于同一类别来进行分析。同类别的资产是指在资产负债表中列示为同一报表项目的资产；不同类别的资产是指在资产负债表中列示为不同报表项目的资产，例如存货、固定资产、无形资产、投资性房地产、长期股权投资等都是不同类别的非货币性资产。一般来说，不同类别的非货币性资产产生经济利益的方式不同，其产生的未来现金流量在风险、时间或金额方面也很可能不相同。不同类别非货币性资产之间的交换（如存货和固定资产之间的交换、固定资产和长期股权投资之间的交换等）是否具有商业实质，通常较易判断；而同类别非货币性资产之间的交换（如存货之间、固定资产之间、长期股权投资之间的交换等）是否具有商业实质，则通常较难判断，需要根据上述两项判断条件综合判断。

例如，企业将一项用于出租的投资性房地产，与另一企业的厂房进行交换，换入的厂房作为自用固定资产，属于不同类别的非货币性资产之间的交换。在该交换交易下，换出的投资性房地产的未来现金流量为每期的租金，换入的固定资产的未来现金流量为该厂房独立产生或包括该厂房的资产组协同产生的现金流量。通常情况下，由定期租金带来的现金流量与用于生产经营的固定资产产生的现金流量在风险、时间或金额方面显著不同，因而两项资产的交换具有商业实质。

再如，企业将其拥有的一幢建筑物，与另一企业拥有的在同一地点的另一幢建筑物进行交换，两幢建筑物的建造时间、建造成本等均相同，属于同类别的非货币性资产之间的交换。在该交换交易下，两幢建筑物未来现金流量的风险、时间和金额可能相同，也可能不同。如果其中一幢建筑物可以立即出售，企业管理层也打算将其立即出售，而另一幢建筑物难以出售或只能在一段较长的时间内出售，则可以表明两项资产未来现金流量的风险、时间或金额显著不同，因而这两项资产的交换具有商业实质。

此外，需要说明的是，从事相同经营业务的企业之间相互交换具有类似性质和相等价值的商品，以便在不同地区销售，这种同类别的非货币性资产之间的交换不具有商业实质。实务中，这种交换通常发生在某些特定商品上，常见的例子如石油或牛奶等。

3.6 关于以公允价值为基础计量

根据本准则的规定，非货币性资产交换具有商业实质，且换入资产或换出资产的公允价值能够可靠地计量的，企业应当以公允价值为基础计量。实务中，企业在进行非货币性资产交换时，相关换入资产或换出资产的公允价值通常会在合同中约定；对于合同中没有约定的，应当按照合同开始日（合同生效日）的公允价值确定。

本准则规定，换入资产和换出资产的公允价值均能够可靠计量的，应当以换出资产的公允价值为基础计量，但有确凿证据表明换入资产的公允价值更加可靠的除外，即换出资产的公允价值不能够可靠计量，或换入资产和换出资产的公允价值均能够可靠计量但有确凿证据表明换入资产的公允价值更加可靠的，应当以换入资产的公允价值为基础计量。

对于非货币性资产交换中换入资产和换出资产的公允价值均能够可靠计量的情形，企业在判断是否有确凿证据表明换入资产的公允价值更加可靠时，应当考虑确定公允价值所使用的输入值层次，企业可以参考以下情况：第一层次输入值为公允价值提供了最可靠的证据，第二层次直接或间接可观察的输入值比第三层次不可观察输入值为公允价值提供更确凿的证据。对于换入资产和换出资产的公允价值所使用的输入值层次相同的，企业应当以换出资产的公允价值为基础计量。实务中，在考虑了补价因素的调整后，正常交易中换入资产的公允价值和换出资产的公允价值通常是一致的。

3.6.1 会计处理原则

根据本准则的规定，以公允价值为基础计量的非货币性资产交换中，换入资产和换出资产的计量分别按下列原则进行会计处理。

（1）对于换入资产，应当以换出资产的公允价值和应支付的相关税费作为换入资产的成本进行初始计量。换出资产的公允价值不能够可靠计量，或换入资产和换出资产的公允价值均能够可靠计量但有确凿证据表明换入资产的公允价值更加可靠的，应当以换入资产的公允价值和应支付的相关税费作为换入资产的初始计量金额。

其中，计入换入资产的应支付的相关税费应当符合相关会计准则对资产初始计量成本的规定。例如，换入资产为存货的，包括相关税费、使该资产达到目前场所和状态所发生的运输费、装卸费、保险费以及可归属于该资产的其他成本；换入资产为长期股权投资的，包括与取得该资产直接相关的费用、税金和其他必要支出；换入资产为投资性房地产的，包括相关税费和可直接归属于该资产的其他支出；换入资产为固定资产的，包括相关税费、使该资产达到预定可使用状态前所发生的可归属于该资产的运输费、装卸费、安装费和专业人员服务费等；换入资产为生产性生物资产的，包括相关税费、运输费、保险费以及可直接归属于该资产的其他支出；换入资产为无形资产的，包括相关税费以及直接归属于使该资产达到预定用途所发生的其他支出。上述税费均不包括准予从增值税销项税额中抵扣的进项税额。

（2）对于换出资产，应当在终止确认时，将换出资产的公允价值与其账面价值之间的差额计入当期损益。换出资产的公允价值不能够可靠计量，或换入资产和换出资产的公允价值均能够可靠计量但有确凿证据表明换入资产的公允价值更加可靠的，应当在终止确认时，将换入资产的公允价值与换出资产账面价值之间的差额计入当期损益。

其中，计入当期损益的会计处理视换出资产类别的不同而有所区别：换出资产为固定资产、在建工程、生产性生物资产和无形资产的，计入当期损益的部分通过"资产处置损益"科目核算，在利润表"资产处置收益"项目中列示；换出资产为投资性房地产的，按换出资产公允价值或换入资产公允价值确认其他业务收入，按换出资产账面价值结转其他业务成本，二者之间的差额计入当期损益，二者分别在利润表"营业收入"和"营业成本"项目中列示；换出资产为长期股权投资的，计入当期损益的部分通过"投资收益"科目核算，在利润表"投资收益"项目中列示。

【例3-1】换出资产为固定资产的非货币性资产交换的会计处理

甲公司和乙家具制造公司（以下简称"乙公司"）均为增值税一般纳税人，适用的增值税税率均为13%。经协商，甲公司与乙公司于2×20年1月30日签订资产交换合同，当日生效。合同约定，甲公司以生产经营过程中使用的一台设备与乙公司生产的一批办公家具进行交换，用于交换的设备和办公家具当日的公允价值均为7.5万元。合同签订日即交换日，甲公司设备的账面价值为7.4万元（其中账面原价为10万元，已计提折旧2.6万元）；乙公司办公家具的账面价值为7万元。甲公司将换入的办公家具作为固定资产使用和管理，乙公司将换入的设备作为固定资产使用和管理。甲公司和乙公司开具的增值税专用发票注明的计税价格均为7.5万元，增值税税额为9 750元。交易过程中，甲公司以银行存款支付设备清理费用1 500元。

假设甲公司和乙公司此前均未对上述资产计提减值准备。整个交易过程中未发生除增值税以外的其他税费。

【分析】

本例中，对甲公司来说，整个资产交换过程没有涉及收付货币性资产，交换的资产为办公家具和设备，属于非货币性资产交换。

对甲公司来说，换入的办公家具虽然也作为固定资产使用和管理，但其未来现金流量是通过员工的使用来实现的，而换出的设备的未来现金流量是通过生产产品并对外销售而产生的，二者产生的现金流量在风险、时间和金额方面存在明显差异，因而交换具有商业实质。同时，两项资产的公允价值都能够可靠地计量，符合以公允价值为基础计量的条件。假设没有确凿证据表明换入资产的公允价值更加可靠，按照本准则的规定，甲公司以换出资产的公允价值为基础确定换入资产的成本，并确认换出资产产生的损益。

甲公司的账务处理如下。

借：固定资产清理   85 250

累计折旧	26 000
贷：固定资产——设备	100 000
银行存款	1 500
应交税费——应交增值税（销项税额）	9 750
借：固定资产——办公家具	75 000
应交税费——应交增值税（进项税额）	9 750
资产处置损益	500
贷：固定资产清理	85 250

对乙公司来说，相关收入应当按照《企业会计准则第 14 号——收入》的相关规定进行会计处理。假定换出存货的交易符合该准则规定的收入确认条件。

乙公司的账务处理如下。

借：固定资产——设备	75 000
应交税费——应交增值税（进项税额）	9 750
贷：主营业务收入	75 000
应交税费——应交增值税（销项税额）	9 750

同时，乙公司还应将换出存货的成本结转为当期营业成本。

【例 3-2】换出资产为长期股权投资的非货币性资产交换的会计处理

2×20 年 6 月 15 日，甲冰箱制造公司（以下简称"甲公司"）为了提高产品质量，需要乙公司的一项专利权。经协商，甲公司与乙公司签订合同，甲公司以其持有的对其联营企业丙公司的 20% 股权（200 万股）作为对价购买乙公司的专利权。合同开始日，甲公司长期股权投资和乙公司专利权的公允价值均为 650 万元。专利权的过户手续于 2×20 年 6 月 28 日完成，正式转移至甲公司。乙公司取得对丙公司的 20% 股权（200 万股）后，向丙公司派遣 1 名董事替代原甲公司派遣的董事，能够对丙公司实施重大影响，丙公司成为乙公司的联营企业。丙公司的股权过户、董事更换、相关董事会决议和章程修订于 2×20 年 6 月 30 日完成并生效。2×20 年 6 月 30 日，甲公司的长期股权投资的账面价值为 630 万元（其中投资成本 670 万元，损益调整 -40 万元）；乙公司专利权的账面价值为 680 万元（其中账面原价为 800 万元，累计摊销额为 120 万元）。

假设甲公司和乙公司此前均未对上述资产计提减值准备。丙公司自成立以来未发生其他综合收益变动。整个交易过程中未发生相关税费。

【分析】

本例中，整个资产交换过程没有涉及收付货币性资产，交换的资产为长期股权投资和无形资产，属于非货币性资产交换。

对甲公司来说，换入的专利权能够大幅度改善产品质量，通过生产高质量的产品并对外销售而产生现金流量，与换出的对丙公司的长期股权投资通过获得股利产生现金流量相比，其预计未来现金流量的风险、时间和金额均不相同，因而交换具有商业实质；对乙公司来说，换入的对丙公司的长期股权投资，使丙公司成为其联营企业，可通过参与丙公司的财务和经营政策等方式，对其实施重大影响，由此从丙公司活动中获取现金流量，与换出的专利权预计产生的未来现金流量的风险、时间和金额均不相同，因而交换具有商业实质。同时，两项资产的公允价值都能够可靠地计量，符合以公允价值为基础计量的条件。假设均没有确凿证据表明换入资产的公允价值更加可靠，按照本准则的规定，甲公司和乙公司均以换出资产的公允价值为基础确定换入资产的成本，并确认换出资产产生的损益。

由于因专利权和股权过户等原因导致换入资产和换出资产满足确认条件和终止确认条件的时点存在短暂不一致，甲公司和乙公司按照重要性原则在 2×20 年 6 月 30 日进行会计处理。

甲公司的账务处理如下。

借：无形资产——专利权　　　　　　　　　　　　　　6 500 000
　　长期股权投资——损益调整　　　　　　　　　　　　400 000
　　贷：长期股权投资——投资成本　　　　　　　　　　　6 700 000
　　　　投资收益　　　　　　　　　　　　　　　　　　200 000

乙公司的账务处理如下。

借：长期股权投资——投资成本　　　　　　　　　　　6 500 000
　　累计摊销　　　　　　　　　　　　　　　　　　1 200 000
　　资产处置损益　　　　　　　　　　　　　　　　　300 000
　　贷：无形资产——专利权　　　　　　　　　　　　　8 000 000

3.6.2　涉及补价的情形

根据本准则的规定，对于以公允价值为基础计量的非货币性资产交换，涉及补价的，应当分情况进行处理。

（1）支付补价方：①以换出资产的公允价值为基础计量的，应当以换出资产的公允价值，加上支付补价的公允价值和应支付的相关税费，作为换入资产的成本，换出资产的公允价值与其账面价值之间的差额计入当期损益。②有确凿证据表明换入资产的公允价值更加可靠的，即以换入资产的公允价值为基础计量的，应当以换入资产的公允价值和应支付的相关税费作为换入资产的初始计量金额，换入资产的公允价值减去支付补价的公允价值，与换出资产账面价值之间的差额计入当期损益。

（2）收到补价方：①以换出资产的公允价值为基础计量的，应当以换出资产的公允价值，减去收到补价的公允价值，加上应支付的相关税费，作为换入资产的成本，换出资产的公允价值与其账面价值之间的差额计入当期损益。②有确凿证据表明换入资产的公允价值更加可靠的，即以换入资产的公允价值为基础计量的，应当以换入资产的公允价值和应支付的相关税费作为换入资产的初始计量金额，换入资产的公允价值加上收到补价的公允价值，与换出资产账面价值之间的差额计入当期损益。

【例 3-3】支付补价的非货币性资产交换的会计处理

沿用【例 3-1】，假设其他条件不变，合同约定甲公司用于交换的设备的公允价值为

7.5 万元，乙公司用于交换的办公家具的公允价值为 9 万元，甲公司以银行存款向乙公司支付补价 1.5 万元。甲公司开具的增值税专用发票注明的计税价格为 7.5 万元，增值税税额为 9 750 元；乙公司开具的增值税专用发票注明的计税价格为 9 万元，增值税税额为 1.17 万元；甲公司以银行存款向乙公司支付增值税差额 1 950 元。

【分析】

本例中，涉及收付货币性资产，应当计算货币性资产占整个资产交换的比例。对于甲公司，支付的货币性资产 1.5 万元占换入资产公允价值 9 万元（或换出资产公允价值 7.5 万元和支付的货币性资产 1.5 万元之和）的比例为 16.67% < 25%，属于非货币性资产交换。

甲公司的账务处理如下。

借：固定资产清理　　　　　　　　　　　　　　　　　　85 250
　　累计折旧　　　　　　　　　　　　　　　　　　　　26 000
　　贷：固定资产——设备　　　　　　　　　　　　　　　　100 000
　　　　银行存款　　　　　　　　　　　　　　　　　　　　1 500
　　　　应交税费——应交增值税（销项税额）　　　　　　　9 750
借：固定资产——办公家具　　　　　　　　　　　　　　90 000
　　应交税费——应交增值税（进项税额）　　　　　　　11 700
　　资产处置损益　　　　　　　　　　　　　　　　　　　500
　　贷：固定资产清理　　　　　　　　　　　　　　　　　85 250
　　　　银行存款　　　　　　　　　　　　　　　　　　　16 950

对乙公司来说，相关收入应当按照《企业会计准则第 14 号——收入》的相关规定进行会计处理。具体账务处理参照【例 3-1】中乙公司的账务处理。

【例 3-4】收到补价的非货币性资产交换的会计处理

沿用【例 3-2】，假设其他条件不变，丙公司是上市公司，按照合同开始日的股票价格计算，丙公司的 20% 股权的公允价值为 700 万元。乙公司专利权的公允价值为 650 万元，系第三方报价机构使用乙公司自身数据通过估值技术确定的。由于甲公司迫切需要该专利权来提高产品质量，同意乙公司以银行存款支付补价 40 万元。2×20 年 6 月 30 日，丙公司可辨认净资产公允价值为 3 200 万元。

【分析】

本例中，涉及收付货币性资产，应当计算货币性资产占整个资产交换的比例。补价 40 万元占整个资产交换金额的比例小于 25%，属于非货币性资产交换。

由于用于交换的两项资产的公允价值均能够可靠地计量，企业应当考虑是否有确凿证据表明换入资产的公允价值更加可靠。丙公司是上市公司，其 20% 的股权的公允价值是基于股票价格计算的，其公允价值输入值的层次为第一层次，即活跃市场上未经调整的报价。乙公司专利权的公允价值是基于估值技术的评估值，其公允价值输入值的层次为第三层次。因此，对甲公司来说，应当以换出资产丙公司的 20% 股权的公允价值（700 万元）减去收到的补价（40 万元）作为换入资产专利权的成本（700 万元 -40 万元 =660 万元），换出资产的公允价值与其账面价值之间的差额（700万元 −630万元 =70万元）计入当期损益；对乙公司来说，有确凿证据表明换入资产丙公司的 20% 股权的公允价值更加可靠，应当以换入资产丙公司的 20% 股权的公允价值（700万元）作为其初始计量金额，换入资产的公允价值减去支付的补价，与换出资产专利权账面价值之间的差额（700万元 −40万元 −680万元 =−20万元）计入当期损益。

甲公司的账务处理如下。

借：无形资产——专利权	6 600 000
长期股权投资——损益调整	400 000
银行存款	400 000
贷：长期股权投资——投资成本	6 700 000
投资收益	700 000

乙公司的账务处理如下。

借：长期股权投资——投资成本	7 000 000
累计摊销	1 200 000
资产处置损益	200 000
贷：无形资产——专利权	8 000 000
银行存款	400 000

3.6.3　涉及换入多项资产或换出多项资产的情形

非货币性资产交换中，企业可以以一项非货币性资产同时换入另一企业的多项非货币性资产，或同时以多项非货币性资产换入另一企业的一项非货币性资产，或以多项非货币性资产同时换入另一企业的多项非货币性资产，这些交换也可能涉及补价。对于涉及换入或换出多项资产的非货币性资产交换的计量，企业同样应当首先判断是否符合本准则以公允价值为基础计量的两个条件，再按本准则的规定分别情况确定各项换入资产的初始计量金额，以及各项换出资产终止确认的相关损益。

涉及换入多项资产或换出多项资产的非货币性资产交换符合以公允价值为基础计量的，通常可以分为以下情形。

1. 以换出资产的公允价值为基础计量的

（1）对于同时换入的多项资产，由于通常无法将换入资产与换出的某项特定资产相对应，所以应当按照各项换入资产的公允价值的相对比例（换入资产的公允价值不能够可靠计量的，可以按照各项换入资产的原账面价值的相对比例或其他合理的比例），将换出资产公允价值总额（涉及补价的，加上支付补价的公允价值或减去收到补价的公允价值）分摊至各项换入资产，以分摊额和应支付的相关税费作为各项换入资产的成本进行初始计量。需要说明的是，根据本准则规定，如果同时换入的多项非货币性资产中包含由《企业会计准则第 22 号——金融工具确认和计量》规范的金融资产，应当按照《企业会计准则第 22 号——金融工具确认和计量》的规定进行会计处理，在确定换入的其他多项资产的初始计量金额时，应当将金融资产公允价值从换出资产公允价值总额中扣除。

（2）对于同时换出的多项资产，应当将各项换出资产的公允价值与其账面价值之间的差额，在各项换出资产终止确认时计入当期损益。

2. 以换入资产的公允价值为基础计量的

（1）对于同时换入的多项资产，应当以各项换入资产的公允价值和应支付的相关税费作为各项换入资产的初始计量金额。

（2）对于同时换出的多项资产，由于通常无法将换入资产与换出的某项特定资产相对应，应当按照各项换出资产的公允价值的相对比例（换出资产的公允价值不能够可靠计量的，可以按照各项换出资产的账面价值的相对比例），将换入资产的公允价值总额（涉及补价的，减去支付补价的公允价值或加上收到补价的公允价值）分摊至各项换出资产，分摊额与各项换出资产账面价值之间的差额，在各项换出资产终止确认时计入当期损益。需要说明的是，根据本准则规定，如果同时换出的多项非货币性资产中包含由《企业会计准则第 22 号——金融工具确认和计量》规范的金融资产，该金融资产应当按照《企业会计准则第 22 号——金融工具确认和计量》和《企业会计准则第 23 号——金融资产转移》的规定判断换出的该金融资产是否满足终止确认条件并进行终止确认的会计处理，在确定其他各项换出资产终止确认的相关损益时，应当将终止确认的金融资产公允价值从换入资产公允价值总额中扣除。

【例 3-5】以换出资产的公允价值为基础计量的非货币性资产交换的会计处理

甲公司和乙公司均为增值税一般纳税人。经协商，甲公司和乙公司于 2×20 年 1 月 25 日签订资产交换合同，当日生效。合同约定，甲公司用于交换的资产包括：一间生产用厂房，公允价值为 110 万元；一幢自购入时就全部用于经营出租的公寓楼，公允价值为 390 万元。乙公司用于交换的资产包括：一块土地的使用权，公允价值为 240 万元；经营过程中使用的 10 辆货车，公允价值为 300 万元。甲公司以银行存款向乙公司支付补价 40 万元。双方于 2×20 年 2 月 1 日完成了资产交换手续。

交换当日，甲公司的厂房的账面价值为 120 万元（其中账面原价为 150 万元，已计提折旧 30 万元），作为采用成本模式计量的投资性房地产的公寓楼的账面价值为 360 万元（其中账面原价为 420 万元，已计提折旧 60 万元）；乙公司的土地使用权的账面价值为 210 万元（其中成本为 220 万元，累计摊销额为 10 万元），10 辆货车的账面价值为 320 万元（其中账面原价为 400 万元，已计提折旧 80 万元）。甲公司开具两张增值税专用发票，分别注明厂房的计税价格 110 万元、增值税税额 9.9 万元，公寓楼的计税价格 390 万元、增值税税额 35.1 万元。乙公司开具两张增值税专用发票，分别注明土地使用权的计税价格 240 万元、增值税税额 21.6 万元，10 辆货车的计税价格 300 万元、增值税税额 39 万元。甲公司以银行存款向乙公司支付增值税差额 15.6 万元。交易过程中，甲公司用银行存款支付了土地使用权的契税及过户费用 5 万元，乙公司用银行存款分别支付了厂房和公寓楼的契税及过户费用 3 万元和 10 万元。

假设甲公司和乙公司此前均未对上述资产计提减值准备，上述资产交换后的用途不发生改变。不考虑其他税费。

【分析】

本例中，涉及收付货币性资产，应当计算货币性资产占整个资产交换的比例。补价 40 万元占整个资产交换金额 540 万元的比例为 7.41% ＜ 25%，属于非货币性资产交换。

本例中用于交换的厂房是通过在厂房使用寿命内与其他资产协同生产产品并对外销售而产生现金流量，公寓楼是通过经营出租并定期收取租金而产生稳定、均衡的现金流量，土地使用权是通过在其上建造房屋后与房屋共同产生现金流量，货车是通过使用或提供服务而产生独立的现金流量，各项资产的未来现金流量在风险、时间和金额方面均明显不同，因而交换具有商业实质。同时，各项资产的公允价值都能够可靠地计量，符合以公允价值为基础计量的条件。假设均没有确凿证据表明换入资产的公允价值更加可靠，甲公司和乙公司均以换出资产的公允价值为基础确定各项换入资产的成本，并确认各项换出资产产生的损益。

甲公司的会计处理如下。

（1）确定各项换入资产的初始计量金额，如表 3-1 所示。

表 3-1　确定换入资产初始计量金额（1）

单位：元

换入资产	公允价值	换出资产公允价值总额＋补价	分摊额	相关税费	初始计量金额
无形资产——土地使用权	2 400 000	不适用	2 400 000	50 000	2 450 000
固定资产——货车	3 000 000	不适用	3 000 000	0	3 000 000
合计	5 400 000	5 400 000	5 400 000	50 000	5 450 000

（2）确定各项换出资产终止确认的相关损益，如表 3-2 所示。

表 3-2　确定换出资产终止确认损益（1）

单位：元

换出资产	账面价值	公允价值	处置损益
固定资产——厂房	1 200 000	1 100 000	−100 000
投资性房地产	3 600 000	3 900 000	300 000
合计	4 800 000	5 000 000	200 000

（3）甲公司的账务处理如下。

①终止确认换出的厂房，转入固定资产清理。

借：固定资产清理　　　　　　　　　　　　　　　　　　1 299 000

　　累计折旧——厂房　　　　　　　　　　　　　　　　　300 000

　　　贷：固定资产——厂房　　　　　　　　　　　　　　　　1 500 000

　　　　　应交税费——应交增值税（销项税额）　　　　　　　99 000

②确认换入的土地使用权和货车，同时确认换出资产相关损益。

借：无形资产——土地使用权	2 400 000
固定资产——货车	3 000 000
应交税费——应交增值税（进项税额）	606 000
资产处置损益	100 000
贷：固定资产清理	1 299 000
其他业务收入	3 900 000
应交税费——应交增值税（销项税额）	351 000
银行存款	556 000

③确认换入的土地使用权的相关税费。

| 借：无形资产——土地使用权 | 50 000 |
| 贷：银行存款 | 50 000 |

④终止确认换出的投资性房地产，结转其他业务成本。

借：其他业务成本	3 600 000
投资性房地产累计折旧	600 000
贷：投资性房地产	4 200 000

乙公司的会计处理如下。

（1）确定各项换入资产的初始计量金额，如表 3-3 所示。

表 3-3　确定换入资产初始计量金额（2）

单位：元

换入资产	公允价值	换出资产公允价值总额－补价	分摊额	相关税费	初始计量金额
固定资产——厂房	1 100 000	不适用	1 100 000	30 000	1 130 000
投资性房地产	3 900 000	不适用	3 900 000	100 000	4 000 000
合计	5 000 000	5 000 000	5 000 000	130 000	5 130 000

（2）确定各项换出资产终止确认的相关损益，如表 3-4 所示。

表 3-4　确定换出资产终止确认损益（2）

单位：元

换出资产	账面价值	公允价值	处置损益
无形资产——土地使用权	2 100 000	2 400 000	300 000
固定资产——货车	3 200 000	3 000 000	−200 000
合计	5 300 000	5 400 000	100 000

（3）乙公司的账务处理如下。

①终止确认换出的 10 辆货车，转入固定资产清理。

| 借：固定资产清理 | 3 590 000 |
| 累计折旧——货车 | 800 000 |

 贷：固定资产——货车 4 000 000

 应交税费——应交增值税（销项税额） 390 000

②确认换入的厂房和公寓楼，同时确认换出资产相关损益。

借：固定资产——厂房 1 100 000

 投资性房地产 3 900 000

 应交税费——应交增值税（进项税额） 450 000

 银行存款 556 000

 累计摊销 100 000

 贷：无形资产——土地使用权 2 200 000

 应交税费——应交增值税（销项税额） 216 000

 资产处置损益 100 000

 固定资产清理 3 590 000

③确认换入的厂房和公寓楼的相关税费。

借：固定资产——厂房 30 000

 投资性房地产 100 000

 贷：银行存款 130 000

【例3-6】以换入资产的公允价值为基础计量的非货币性资产交换的会计处理

沿用【例3-5】，假设其他条件不变，合同约定甲公司用于交换的资产还包括一项对P公司的股票投资，甲公司将该投资作为交易性金融资产核算。该股票投资在2×20年1月25日的公允价值为30万元，账面价值为25万元。由于该股票有较好的前景，按合同约定甲公司向乙公司支付补价8万元。

【分析】

本例中，沿用【例3-5】的分析，甲公司和乙公司均以换入资产的公允价值为基础确定各项换入资产的成本，并确认各项换出资产产生的损益。另外，甲公司和乙公司用于交换的非货币性资产中包含交易性金融资产，属于由《企业会计准则第22号——金融工具确认和计量》规范的金融资产。甲公司和乙公司应按照《企业会计准则第22号——金融工具确认和计量》和《企业会计准则第23号——金融资产转移》的规定分别对换出和换入的交易性金融资产进行会计处理。

甲公司的会计处理如下。

（1）确定各项换入资产的初始计量金额，如表3-5所示。

表3-5 确定换入资产初始计量金额（3）

单位：元

换入资产	公允价值	换出资产公允价值总额＋补价	分摊金额	相关税费	初始计量金额
无形资产——土地使用权	2 400 000	不适用	2 391 111	50 000	2 441 111
固定资产——货车	3 000 000	不适用	2 988 889	0	2 988 889
合计	5 400 000	5 380 000	5 380 000	50 000	5 430 000

（2）确定各项换出资产终止确认的相关损益，如表 3-6 所示。

表 3-6 确定换出资产终止确认损益（3）

单位：元

换出资产	账面价值	公允价值	处置损益
交易性金融资产——P 公司股票 *	250 000	300 000	50 000
固定资产——厂房	1 200 000	1 100 000	-100 000
投资性房地产	3 600 000	3 900 000	300 000
合计	5 050 000	5 300 000	250 000

注：假定根据《企业会计准则第 22 号——金融工具确认和计量》和《企业会计准则第 23 号——金融资产转移》的相关规定，换出的"交易性金融资产——P 公司股票"满足整体终止确认的条件，甲公司应当按照上述准则的规定对终止确认进行会计处理。

（3）甲公司的账务处理：略。

乙公司的会计处理如下。

（1）确定各项换入资产的初始计量金额。

乙公司换入的多项资产中包含由《企业会计准则第 22 号—— 金融工具确认和计量》规范的交易性金融资产，应当按照《企业会计准则第 22 号—— 金融工具确认和计量》的规定进行会计处理。乙公司在确定换入的其他多项资产的初始计量金额时，应当将该金融资产公允价值从换出资产公允价值总额（涉及补价的，加上支付补价的公允价值或减去收到补价的公允价值）中扣除。

用于分摊的金额计算如下。

换出资产的公允价值	无形资产——土地使用权	2 400 000
	固定资产——货车	3 000 000
换出资产的总价值		5 400 000
减：收到的补价		-80 000
		5 320 000
减：换入的金融资产的公允价值		-300 000
用于分摊的金额		5 020 000

分摊的计算过程如表 3-7 所示。

表 3-7 分摊的计算过程

单位：元

换入资产	公允价值	用于分摊的金额	分摊金额	相关税费	初始计量金额
固定资产——厂房	1 100 000	不适用	1 104 400	30 000	1 134 400
投资性房地产	3 900 000	不适用	3 915 600	100 000	4 015 600
合计	5 000 000	5 020 000	5 020 000	130 000	5 150 000
交易性金融资产——P 公司股票	300 000	不适用	不适用	0	300 000

（2）确定各项换出资产终止确认的相关损益。

同【例3-5】，此处略。

（3）乙公司的账务处理：略。

3.7　关于以账面价值为基础计量

根据本准则的规定，当非货币性资产交换不满足本准则规定的以公允价值为基础计量的条件时，即非货币性资产交换不具有商业实质，或者虽然具有商业实质但换入资产和换出资产的公允价值均不能可靠计量的，企业应当以账面价值为基础计量。

3.7.1　会计处理原则

（1）对于换入资产，应当以换出资产的账面价值和应支付的相关税费作为换入资产的初始计量金额。

（2）对于换出资产，终止确认时不确认损益。

【例3-7】以账面价值为基础计量的非货币性资产交换的会计处理

甲公司是一家制药公司，因经营战略发生重大转变，将专注于疫苗的生产和销售，其拥有的一项生产抗生素的专利权难以满足新的经营战略。乙公司也是一家制药公司，正在开展一系列抗生素方面的新业务。

2×20年3月30日，甲公司和乙公司协商后决定，甲公司将其抗生素的专利权转让给乙公司，作为交换，乙公司将其刚申请专利的一项传染病疫苗配方转让给甲公司，由其进行生产推广。

当日，甲公司换出的抗生素专利权的账面价值为45万元（其中账面原价为60万元，累计摊销额为15万元）；乙公司刚申请专利的传染病疫苗配方已转为无形资产核算，账面价值为50万元，尚未进行摊销。假设两项专利权的公允价值均不能可靠计量。

假设整个交易过程中没有发生相关税费。双方取得专利权后仍分别作为无形资产核算。

【分析】

本例中，整个资产交换过程没有涉及收付货币性资产，交换的资产为无形资产，属于非货币性资产交换。用于交换的两项药物专利权的公允价值不能可靠地计量，因此甲公司和乙公司均应当以换出资产的账面价值为基础确定换入资产的初始计量金额，换出资产不确认损益。

甲公司的账务处理如下。

借：无形资产——传染病疫苗专利权　　　　　　　　　　　　　　450 000

　　累计摊销——抗生素专利权　　　　　　　　　　　　　　　　150 000

　　　贷：无形资产——抗生素专利权　　　　　　　　　　　　　　　　600 000

乙公司的账务处理如下。

借：无形资产——抗生素专利权　　　　　　　　　　　　　　　　500 000

　　　贷：无形资产——传染病疫苗专利权　　　　　　　　　　　　　　500 000

3.7.2　涉及补价的情形

根据本准则的规定，对于以账面价值为基础计量的非货币性资产交换，涉及补价的，应当将补价作为确定换入资产初始计量金额的调整因素，分下列情况进行处理。

（1）支付补价方：应当以换出资产的账面价值，加上支付补价的账面价值和应支付的相关税费，作为换入资产的初始计量金额，不确认损益。

（2）收到补价方：应当以换出资产的账面价值，减去收到补价的公允价值，加上应支付的相关税费，作为换入资产的初始计量金额，不确认损益。

3.7.3　涉及换入多项资产或换出多项资产的情形

对于以账面价值为基础计量的非货币性资产交换，如涉及换入多项资产或换出多项资产，或者同时换入和换出多项资产的，应当分别对换入的多项资产、换出的多项资产进行会计处理。

（1）对于换入的多项资产，由于通常无法将换出资产与换入的某项特定资产相对应，应当按照各项换入资产的公允价值的相对比例（换入资产的公允价值不能够可靠计量的，也可以按照各项换入资产的原账面价值的相对比例或其他合理的比例），将换出资产的账面价值总额（涉及补价的，加上支付补价的账面价值或减去收到补价的公允价值）分摊至各项换入资产，加上应支付的相关税费，作为各项换入资产的初始计量金额。

（2）对于同时换出的多项资产，各项换出资产终止确认时均不确认损益。

【例 3-8】涉及换入多项资产或换出多项资产的非货币性资产交换的会计处理

沿用【例 3-7】，假设其他条件不变，甲公司和乙公司进行专利权交换的同时，甲公司还将一套抗生素生产专用设备转移给乙公司，乙公司将一套专门用于传染病疫苗存储的设备转移给甲公司。2×20 年 3 月 30 日，甲公司换出的专用设备的账面价值为 420 万元（其中账面原价为 500 万元，已计提折旧 80 万元），乙公司换出的疫苗存储设备账面价值为 400 万元（其中账面原价为 700 万元，已计提折旧 300 万元）。假设两项设备均为自行研究制造的专用设备，其公允价值不能可靠计量。

【分析】

本例中，用于交换的两项药物专利权和两套设备的公允价值均不能可靠地计量，因此甲公司和乙公司均应当以换出资产的账面价值为基础确定换入资产的初始计量金额，换出资产不确认损益。对于同时换入的多项资产，由于换入资产的公允价值不能可靠地计量，甲公司和乙公司均按照各项换入资产的原账面价值的相对比例，将换出资产的账面价值总额分摊至各项换入资产，作为各项换入资产的初始计量金额。对于同时换出的多项资产，终止确认时按照账面价值转销，不确认损益。

甲公司的会计处理如下。

（1）确定各项换入资产的初始计量金额，如表 3-8 所示。

表3-8 确定换入资产初始计量金额（4）

单位：元

换入资产	在换出方的原账面价值	换出资产账面价值	初始计量金额
无形资产——传染病疫苗专利权	500 000	不适用	516 667
固定资产——疫苗存储设备	4 000 000	不适用	4 133 333
合计	4 500 000	4 650 000	4 650 000

（2）对于同时换出的多项资产，终止确认时按照账面价值转销，不确认损益。

（3）甲公司的账务处理如下。

借：固定资产清理 4 200 000
　　累计折旧——抗生素专用设备 800 000
　　　贷：固定资产——抗生素专用设备 5 000 000
借：无形资产——传染病疫苗专利权 516 667
　　固定资产——疫苗存储设备 4 133 333
　　累计摊销——抗生素专利权 150 000
　　　贷：无形资产——抗生素专利权 600 000
　　　　固定资产清理 4 200 000

乙公司的会计处理如下。

（1）确定各项换入资产的初始计量金额，如表3-9所示。

表3-9 确定换入资产初始计量金额（5）

单位：元

换入资产	在换出方的原账面价值	换出资产账面价值	初始计量金额
无形资产——抗生素专利权	450 000	不适用	435 484
固定资产——抗生素专用设备	4 200 000	不适用	4 064 516
合计	4 650 000	4 500 000	4 500 000

（2）对于同时换出的多项资产，终止确认时按照账面价值转销，不确认损益。

（3）乙公司的账务处理如下。

借：固定资产清理 4 000 000
　　累计折旧——疫苗存储设备 3 000 000
　　　贷：固定资产——疫苗存储设备 7 000 000
借：无形资产——抗生素专利权 435 484
　　固定资产——抗生素专用设备 4 064 516
　　　贷：无形资产——传染病疫苗专利权 500 000
　　　　固定资产清理 4 000 000

3.8 关于非货币性资产交换的披露

本准则规定，企业应当在附注中披露有关非货币性资产交换的下列信息：（1）非货币性资产交换是否具有商业实质及其原因；（2）换入资产、换出资产的类别；（3）换入资产初始计量金额的确定方式；（4）换入资产、换出资产的公允价值以及换出资产的账面价值；（5）非货币性资产交换确认的损益。

需要说明的是，在披露非货币性资产交换是否具有商业实质的原因时，如果通过定性分析即可得出结论认定换入资产的未来现金流量在风险、时间或金额方面与换出资产显著不同，交换因而具有商业实质，则应当披露定性分析中所考虑的相关因素和相关结论。在这种情况下，不需要进一步披露使用换入资产和继续使用换出资产所产生的预计未来现金流量现值，以及通过计算进行的定量分析。如果难以通过定性分析直接得出结论认定非货币性资产交换具有商业实质，则应当披露使用换入资产进行相关经营的预计未来现金流量现值和继续使用换出资产进行相关经营的预计未来现金流量现值，以及相关的定量分析和结论。

3.9 关于新旧准则的衔接规定

本准则自 2019 年 6 月 10 日起施行。本准则规定，2006 年 2 月 15 日财政部印发的《财政部关于印发〈企业会计准则第 1 号——存货〉等 38 项具体准则的通知》（财会〔2006〕3 号）中的《企业会计准则第 7 号——非货币性资产交换》同时废止。财政部此前发布的有关非货币性资产交换会计处理规定与本准则不一致的，以本准则为准。

根据本准则的规定，企业对 2019 年 1 月 1 日至本准则施行日之间发生的非货币性资产交换，应根据本准则进行调整，视同从 2019 年 1 月 1 日起按照本准则进行会计处理，以确保在 2019 年度对非货币性资产交换业务采用的会计处理方法保持一致。企业对 2019 年 1 月 1 日之前发生的非货币性资产交换，不需要按照本准则的规定进行追溯调整。

第4章
《企业会计准则第7号——非货币性资产交换》
深度解读

资产交换的会计核算如图4-1所示。

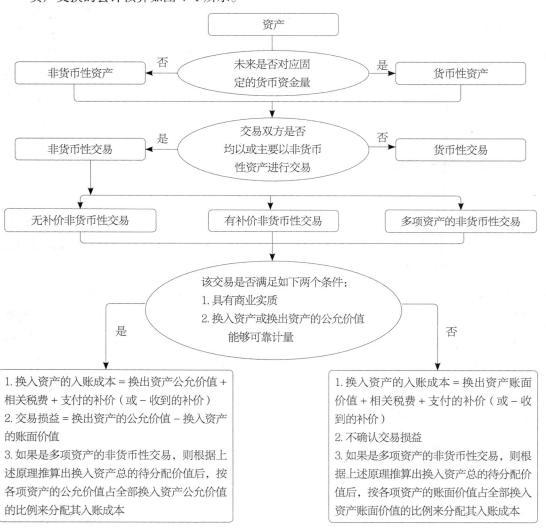

图4-1 资产交换的会计核算

4.1 非货币性资产交换概述

根据《企业会计准则第7号——非货币性资产交换》，非货币性资产交换，是指交易双方主要以存货、固定资产、无形资产和长期股权投资等非货币性资产进行的交换。该交换不涉及或只涉及少量的货币性资产（即补价）。

货币性资产，是指企业持有的货币资金和将以固定或可确定的金额收取的资产，包括库存现金、银行存款、应收账款和应收票据以及准备持有至到期的债券投资等。

非货币性资产，是指货币性资产以外的资产。

《〈企业会计准则第 7 号——非货币性资产交换〉应用指南》指出，认定涉及少量货币性资产的交换为非货币性资产交换，通常以补价占整个资产交换金额的比例低于 25% 作为参考。

但是，下列情形不适用于《企业会计准则第 7 号——非货币性资产交换》。

（1）企业以存货换取客户的非货币性资产的，适用《企业会计准则第 14 号——收入》。

（2）非货币性资产交换中涉及企业合并的，适用《企业会计准则第 20 号——企业合并》《企业会计准则第 2 号——长期股权投资》和《企业会计准则第 33 号——合并财务报表》。

（3）非货币性资产交换中涉及由《企业会计准则第 22 号——金融工具确认和计量》规范的金融资产的，金融资产的确认、终止确认和计量适用《企业会计准则第 22 号——金融工具确认和计量》和《企业会计准则第 23 号——金融资产转移》。

（4）非货币性资产交换中涉及由《企业会计准则第 21 号——租赁》规范的使用权资产或应收融资租赁款等的，相关资产的确认、终止确认和计量适用《企业会计准则第 21 号——租赁》。

（5）非货币性资产交换的一方直接或间接对另一方持股且以股东身份进行交易的，或者非货币性资产交换的双方均受同一方或相同的多方最终控制，且该非货币性资产交换的交易实质是交换的一方向另一方进行了权益性分配或交换的一方接受了另一方权益性投入的，适用权益性交易的有关会计处理规定。

4.2　非货币性资产交换的确认和计量

4.2.1　确认和计量原则

《企业会计准则第 7 号——非货币性资产交换》规定了确定换入资产成本的两种计量基础和交换所产生损益的确认原则。

1. 公允价值

《企业会计准则第 7 号——非货币性资产交换》规定，非货币性资产交换同时满足下列条件的，应当以公允价值和应支付的相关税费作为换入资产的成本，公允价值与换出资产账面价值的差额计入当期损益。

（1）该项交换具有商业实质。

（2）换入资产或换出资产的公允价值能够可靠计量。

换入资产和换出资产公允价值均能够可靠计量的，应当以换出资产的公允价值作为确定换入资产成本的基础，但有确凿证据表明换入资产的公允价值更加可靠的除外。

《〈企业会计准则第7号——非货币性资产交换〉应用指南》中指出，属于以下3种情形之一的，视为公允价值能够可靠计量：

（1）换入或换出资产存在活跃市场的，表明该资产的公允价值能够可靠计量。

对于存在活跃市场的交易性证券、存货、长期股权投资、固定资产、无形资产等非货币性资产，应当以资产的市场价格为基础确定其公允价值。

（2）换入资产或换出资产不存在活跃市场、但同类或类似资产存在活跃市场，表明该资产的公允价值能够可靠计算。

对于同类或类似资产存在活跃市场的存货、长期股权投资、固定资产、无形资产等非货币性资产，应当以同类或类似资产市场价格为基础确定其公允价值。

（3）换入资产或换出资产不存在同类或类似资产的可比市场交易，应当采用估值技术确定其公允价值。该公允价值估计数的变动区间很小，或者在公允价值估计数变动区间内，各种用于确定公允价值估计数的概率能够合理确定的，视为公允价值能够可靠计量。

【例4-1】

2×19年9月，A公司以生产经营过程中使用的一台设备交换B公司生产的一批打印机，换入的打印机作为固定资产管理。A公司、B公司均为增值税一般纳税人，适用的增值税税率为13%。设备的账面原价为150万元，在交换日的累计折旧为45万元，公允价值为90万元。打印机的账面价值为110万元，在交换日的市场价格为90万元，计税价格等于市场价格。B公司换入A公司的设备是生产打印机过程中需要使用的设备。

假设A公司此前没有为该项设备计提资产减值准备，整个交易过程中，除支付运杂费15 000元外，没有发生其他相关税费。假设B公司此前也没有为库存打印机计提存货跌价准备，其在整个交易过程中没有发生除增值税以外的其他税费。

【分析】

整个资产交换过程没有涉及收付货币性资产，因此该项交换属于非货币性资产交换。本例是以存货换入固定资产。对A公司来讲，换入的打印机是经营过程中必需的资产，对B公司来讲，换入的设备是生产打印机过程中必须使用的机器，两项资产交换后对换入企业的特定价值显著不同，两项资产的交换具有商业实质；同时，两项资产的公允价值都能够可靠计量，符合以公允价值计量的两个条件，因此A公司和B公司均应当以换出资产的公允价值为基础，确定换入资产的成本，并确认产生的损益。

A公司的账务处理如下。

A公司换入资产的增值税进项税额＝900 000 ×13% ＝117 000（元）

换出设备的增值税销项税额＝900 000×13%＝117 000（元）

借：固定资产清理   1 050 000

    累计折旧   450 000

```
         贷：固定资产 —— 设备                                              1 500 000
   借：固定资产清理                                        15 000
         贷：银行存款                                                      15 000
   借：固定资产 —— 打印机                                  900 000
       应交税费 —— 应交增值税（进项税额）                  117 000
       资产处置损益                                        165 000
         贷：固定资产清理                                                1 065 000
             应交税费 —— 应交增值税（销项税额）                          117 000
```

B 公司的账务处理如下。

根据增值税的有关规定，企业以库存商品换入其他资产，视同销售行为发生，应计算增值税销项税额，交纳增值税。

换出打印机的增值税销项税额 =900 000 ×13% =117 000（元）

换入设备的增值税进项税额 =900 000 ×13% =117 000（元）

```
   借：固定资产 —— 设备                                    900 000
       应交税费 —— 应交增值税（进项税额）                  117 000
         贷：主营业务收入                                                900 000
             应交税费 —— 应交增值税（销项税额）                          117 000
   借：主营业务成本                                      1 100 000
         贷：库存商品 —— 打印机                                        1 100 000
```

《企业会计准则第 7 号——非货币性资产交换》规定了非货币性资产交换在公允价值计量模式下涉及补价的会计处理原则。

（1）企业在按照公允价值和应支付的相关税费作为换入资产成本的情况下，发生补价的，应当分别针对下列情况进行处理。

①支付补价的，以换出资产的公允价值，加上支付补价的公允价值和应支付的相关税费，作为换入资产的成本，换出资产的公允价值与其账面价值之间的差额计入当期损益。

②收到补价的，以换出资产的公允价值，减去收到补价的公允价值，加上应支付的相关税费，作为换入资产的成本，换出资产的公允价值与其账面价值之间的差额计入当期损益。

（2）《〈企业会计准则第 7 号——非货币性资产交换〉应用指南》对上述会计处理补充如下，换出资产公允价值与其账面价值的差额，应当分别情况处理。

①换出资产为存货的，应当视同销售处理，根据《企业会计准则第 14 号——收入》按其公允价值确认商品销售收入，同时结转商品销售成本。

②换出资产为固定资产、无形资产的，换入资产公允价值和换出资产账面价值的差额，计入资产处置损益。

③换出资产为长期股权投资的，换出资产公允价值与其账面价值的差额，计入投资损益。

【例4-2】

甲公司与乙公司经协商，甲公司以其拥有的用于经营出租的一幢公寓楼与乙公司持有的交易目的的股票投资交换。甲公司的公寓楼符合投资性房地产定义，但甲公司未采用公允价值模式计量。在交换日，该幢公寓楼的账面原价为 9 000 万元，已提折旧 1 500 万元，未计提减值准备，在交换日的公允价值和计税价格均为 8 000 万元。乙公司持有的交易目的的股票投资的账面价值为 6 000 万元，乙公司对该股票投资采用公允价值模式计量，在交换日的公允价值为 7 500 万元。由于甲公司急于处理该幢公寓楼，乙公司仅支付了 450 万元给甲公司。乙公司换入公寓楼后仍然继续将其用于经营出租，并拟采用公允价值模式计量，甲公司换入股票投资后也仍然将其用于交易。该项交易过程中暂不考虑相关税费。

【分析】

该项资产交换涉及收付货币性资产，即补价 450 万元。

对甲公司而言，收到的补价 450 万元 ÷ 换出资产的公允价值 7 950 万元（换入股票投资公允价值 7 500 万元 + 收到的补价 450 万元）×100%=5.7% < 25%，属于非货币性资产交换。

对乙公司而言，支付的补价 450 万元 ÷ 换入资产的公允价值 8 000 万元 ×100%=5.6% < 25%，属于非货币性资产交换。

本例属于以投资性房地产换入以公允价值计量且其变动计入当期损益的金融资产。对甲公司而言，换入用于交易的股票投资使得甲公司可以在希望变现时取得现金流量，但风险程度要比租金稍大；用于经营出租的公寓楼，可以获得稳定、均衡的租金流，但是不能满足企业急需大量现金的需要。交易性股票投资带来的未来现金流量在时间、风险方面与用于出租的公寓楼带来的租金流有显著区别，因而可判断两项资产的交换具有商业实质。同时，股票投资和公寓楼的公允价值均能够可靠计量，因此，甲、乙公司均应当以公允价值为基础确定换入资产的成本，并确认产生的损益。

甲公司的账务处理如下。

借：其他业务成本		75 000 000
投资性房地产累计折旧		15 000 000
贷：投资性房地产		90 000 000
借：交易性金融资产		75 000 000
银行存款		4 500 000
贷：其他业务收入		79 500 000

乙公司的账务处理如下。

借：投资性房地产		80 000 000
贷：交易性金融资产		60 000 000
银行存款		4 500 000
投资收益		15 500 000

2.账面价值

《企业会计准则第 7 号——非货币性资产交换》规定，未同时符合公允价值计量条件的非货币性资产交换，应当以换出资产的账面价值和应支付的相关税费作为换入资产的成本，不确认损益。

（1）支付补价的，应当以换出资产的账面价值，加上支付补价的账面价值和应支付的相关税费，作为换入资产的初始计量金额，不确认损益。

（2）收到补价的，应当以换出资产的账面价值，减去收到补价的公允价值并加上应支付的相关税费，作为换入资产的初始计量金额，不确认损益。

【例 4-3】

丙公司拥有一台专有设备。该设备的账面原价为 450 万元，已计提折旧 330 万元。丁公司拥有一项长期股权投资，其账面价值为 90 万元。两项资产均未计提减值准备。丙公司决定以其专有设备交换丁公司的长期股权投资。该专有设备是生产某种产品必需的设备。由于专有设备系当时专门制造、性质特殊，其公允价值不能可靠计量；丁公司拥有的长期股权投资在活跃市场中没有报价，其公允价值也不能可靠计量。经双方商定，丁公司支付了 20 万元补价。假定交易不考虑相关税费。

【分析】

该项资产交换涉及收付货币性资产，即补价 20 万元。对丙公司而言，收到的补价 20 万元 ÷ 换出资产账面价值 120 万元 ×100%=16.7% < 25%）。因此，该项交换属于非货币性资产交换，丁公司的情况也类似。两项资产的公允价值不能可靠计量，因此，丙、丁公司换入资产的成本均应当按照换出资产的账面价值确定。

丙公司的账务处理如下。

借：固定资产清理	1 200 000	
累计折旧	3 300 000	
贷：固定资产——专有设备		4 500 000
借：长期股权投资	1 000 000	
银行存款	200 000	
贷：固定资产清理		1 200 000

丁公司的账务处理如下。

借：固定资产——专有设备	1 100 000	
贷：长期股权投资		900 000
银行存款		200 000

从本例可以看出，尽管丁公司支付了 20 万元补价，但由于整个非货币性资产交换是以账面价值为基础计量的，支付补价方和收到补价方均不确认损益。对丙公司而言，换入资产的账面价值是长期股权投资与银行存款之和，换出资产专有设备的账面价值为 120（450-330）万元，因此，长期股权投资的成本就是换出设备的账面价值减去货币性补价的差额，即 100（120-20）万元。对丁公司而言，换出资产是长期股权投资和银行存款 20 万

元，换入资产专有设备的成本等于换出资产的账面价值，即110（90+20）万元。由此可见，在以账面价值计量的情况下，发生的补价是用来调整换入资产的成本，不涉及确认损益问题。

4.2.2 商业实质

根据《企业会计准则第7号——非货币性资产交换》，满足下列条件之一的非货币性资产交换具有商业实质。

（1）换入资产的未来现金流量在风险、时间和金额方面与换出资产显著不同。

《〈企业会计准则第7号——非货币性资产交换〉应用指南》列举了上述规定所包含的几种情形。

①未来现金流量的风险、金额相同，时间不同。换入资产和换出资产产生的未来现金流量总额相同，获得这些现金流量的风险相同，但现金流量流入企业的时间不同。

例如，某企业以一批存货换入一项设备，因存货流动性强，能够在较短的时间内产生现金流量，设备作为固定资产要在较长的时间内为企业带来现金流量，两者产生现金流量的时间相差较大，上述存货与固定资产产生的未来现金流量显著不同。

②未来现金流量的时间、金额相同，风险不同。风险不同是指企业获得现金流量的不确定性程度的差异。

例如，某企业以其不准备持有至到期的国库券换入一幢房屋以备出租，该企业预计未来每年收到的国库券利息与房屋租金在金额和流入时间上相同，但是国库券利息通常风险很小，租金的取得需要依赖于承租人的财务及信用情况等，两者现金流量的风险或不确定性程度存在明显差异，上述国库券与房屋的未来现金流量显著不同。

③未来现金流量的风险、时间相同，金额不同。换入资产和换出资产的现金流量总额相同，预计为企业带来现金流量的时间跨度相同，但各年产生的现金流量金额存在明显差异。

例如，某企业以其商标权换入另一企业的一项专利技术，预计两项无形资产的使用寿命相同，在使用寿命内预计为企业带来的现金流量总额相同，但是换入的专利技术是新开发的，预计开始阶段产生的未来现金流量明显少于后期，而该企业拥有的商标权每年产生的现金流量比较均衡，两者产生的现金流量金额差异明显，上述商标权与专利技术的未来现金流量显著不同。

（2）换入资产与换出资产的预计未来现金流量现值不同，且其差额与换入资产和换出资产的公允价值相比是重大的。

《〈企业会计准则第7号——非货币性资产交换〉应用指南》解释指出，资产的预计未来现金流量现值，应当按照资产在持续使用过程和最终处置时所产生的预计税后未来现金流量，根据企业自身而不是市场参与者对资产特定风险的评价，选择恰当的折现率对其进行折现后的金额加以确定。

例如，某企业以一项专利权换入另一企业拥有的长期股权投资，该项专利权与该项长期股权投资的公允价值相同，两项资产未来现金流量的风险、时间和金额亦相同，但对换入企业而言，换入该项长期股权投资使该企业对被投资方由重大影响变为控制关系，从而对换入企业的特定价值即预计未来现金流量现值与换出的专利权有较大差异；另一企业换入的专利权能够解决生产中的技术难题，从而对换入企业的特定价值即预计未来现金流量现值与换出的长期股权投资存在明显差异，因而两项资产的交换具有商业实质。

4.2.3 涉及多项非货币性资产交换的处理

《企业会计准则第 7 号——非货币性资产交换》规定了涉及多项非货币性资产交换的处理原则。在确定各项换入资产的成本时，企业应当分别针对下列情况进行会计处理。

（1）对于同时换入的多项资产，按照换入的金融资产以外的各项换入资产公允价值相对比例，将换出资产公允价值总额（涉及补价的，加上支付补价的公允价值或减去收到补价的公允价值）扣除换入金融资产公允价值后的净额进行分摊，以分摊至各项换入资产的金额，加上应支付的相关税费，作为各项换入资产的成本进行初始计量。

有确凿证据表明换入资产的公允价值更加可靠的，以各项换入资产的公允价值和应支付的相关税费作为各项换入资产的初始计量金额。

对于同时换出的多项资产，将各项换出资产的公允价值与其账面价值之间的差额，在各项换出资产终止确认时计入当期损益。

有确凿证据表明换入资产的公允价值更加可靠的，按照各项换出资产的公允价值的相对比例，将换入资产的公允价值总额（涉及补价的，减去支付补价的公允价值或加上收到补价的公允价值）分摊至各项换出资产，分摊至各项换出资产的金额与各项换出资产账面价值之间的差额，在各项换出资产终止确认时计入当期损益。

（2）对于同时换入的多项资产，按照各项换入资产的公允价值的相对比例，将换出资产的账面价值总额（涉及补价的，加上支付补价的账面价值或减去收到补价的公允价值）分摊至各项换入资产，加上应支付的相关税费，作为各项换入资产的初始计量金额。换入资产的公允价值不能够可靠计量的，可以按照各项换入资产的原账面价值的相对比例或其他合理的比例对换出资产的账面价值进行分摊。对于同时换出的多项资产，各项换出资产终止确认时均不确认损益。

【例 4-4】甲公司和乙公司均为增值税一般纳税人，适用的增值税税率均为 13%。2×19 年 8 月，为适应业务发展的需要，经协商，甲公司决定以生产经营过程中使用的厂房、设备以及库存商品换入乙公司生产经营过程中使用的办公楼、小汽车、客运汽车。甲公司厂房的账面原价为 1 500 万元，在交换日的累计折旧为 300 万元，公允价值为 1 000 万元；设备的账面原价为 600 万元，在交换日的累计折旧为 480 万元，公允价值为 100 万元；库存商品的账面余额为 300 万元，交换日的市场价格为 350 万元，市场价格等于计税价格。乙公司办公楼的账面原价为 2 000 万元，在交换日的累计折旧为 1 000 万元，公允价值为

1 100万元；小汽车的账面原价为300万元，在交换日的累计折旧为190万元，公允价值为160万元；客运汽车的账面原价为300万元，在交换日的累计折旧为180万元，公允价值为150万元。乙公司另外向甲公司支付银行存款40万元，暂不考虑增值税的影响。

假定甲公司和乙公司都没有为换出资产计提减值准备；甲公司将换入的乙公司的办公楼、小汽车、客运汽车均作为固定资产使用和管理；乙公司将换入的甲公司的厂房、设备作为固定资产使用和管理，将换入的库存商品作为原材料使用和管理。

【分析】

本例涉及收付货币性资产，应当计算甲公司收到的货币性资产占甲公司换出资产公允价值总额的比例（等于乙公司支付的货币性资产占乙公司换入资产公允价值与支付的补价之和的比例），即 $40 \div (1\ 000+100+350) \times 100\% = 2.76\% < 25\%$。

可以认定这一涉及多项资产的交换行为属于非货币性资产交换。对于甲公司而言，为了拓展运输业务，需要小汽车、客运汽车等，乙公司为了扩大产品生产，需要厂房、设备和原材料，换入资产对换入企业均能发挥更大的作用。该项涉及多项资产的非货币性资产交换具有商业实质；同时，各单项换入资产和换出资产的公允价值均能可靠计量。因此，甲、乙公司均应当以公允价值为基础确定换入资产的总成本，确认产生的相关损益。同时，按照各单项换入资产的公允价值占换入资产公允价值总额的比例，确定各单项换入资产的成本。

甲公司的账务处理如下。

（1）计算换入资产、换出资产公允价值总额。

换出资产公允价值总额 ＝1 000+100+350＝1 450（万元）

换入资产公允价值总额 ＝1 100+160+150＝1 410（万元）

（2）计算换入资产总成本。

换入资产总成本 ＝换出资产公允价值－补价＋应支付的相关税费

＝1 450－40+0＝1 410（万元）

（3）计算确定换入的各项资产的公允价值占换入资产公允价值总额的比例。

办公楼公允价值占换入资产公允价值总额的比例 ＝1 100÷1 410×100%＝78.01%

小汽车公允价值占换入资产公允价值总额的比例 ＝160÷1 410×100%＝11.35%

客运汽车公允价值占换入资产公允价值总额的比例 ＝150÷1 410×100%＝10.64%

（4）计算确定换入的各项资产的成本。

办公楼的成本 ＝1 410×78.01%＝1 099.94（万元）

小汽车的成本 ＝1 410×11.35%＝160.04（万元）

客运汽车的成本 ＝1 410×10.64%＝150.02（万元）

（5）会计分录如下。

借：固定资产清理		13 200 000
累计折旧		7 800 000
贷：固定资产——厂房		15 000 000
——设备		6 000 000

借：固定资产 —— 办公楼　　　　　　　　　　　　　10 999 400
　　　　　　 —— 小汽车　　　　　　　　　　　　　 1 600 400
　　　　　　 —— 客运汽车　　　　　　　　　　　　 1 500 200
　　银行存款　　　　　　　　　　　　　　　　　　 400 000
　　资产处置损益　　　　　　　　　　　　　　　 2 200 000
　　贷：固定资产清理　　　　　　　　　　　　　　　　 13 200 000
　　　　主营业务收入　　　　　　　　　　　　　　　　　 3 500 000
借：主营业务成本　　　　　　　　　　　　　　　 3 000 000
　　贷：库存商品　　　　　　　　　　　　　　　　　　　 3 000 000

乙公司的账务处理如下。

（1）计算换入资产、换出资产公允价值总额。

换入资产公允价值总额 =1 000+100+350 =1 450（万元）

换出资产公允价值总额 =1 100+160+150 =1 410（万元）

（2）确定换入资产总成本。

换入资产总成本 = 换出资产公允价值 + 支付的补价 − 可抵扣的增值税进项税额

=1 410+40−0=1 450（万元）

（3）计算确定换入的各项资产的公允价值占换入资产公允价值总额的比例。

厂房公允价值占换入资产公允价值总额的比例 =1 000÷1 450×100%=69%

设备公允价值占换入资产公允价值总额的比例 =100÷1 450×100%=6.9%

原材料公允价值占换入资产公允价值总额的比例 =350÷1 450×100%=24.1%

（4）计算确定换入各项资产的成本。

厂房的成本 =1 450×69%=1 000.5（万元）

设备的成本 =1 450×6.9%=100.05（万元）

原材料的成本 =1 450×24.1%=349.45（万元）

（5）会计分录如下。

借：固定资产清理　　　　　　　　　　　　　　 12 300 000
　　累计折旧　　　　　　　　　　　　　　　　 13 700 000
　　　贷：固定资产 —— 办公楼　　　　　　　　　　　　 20 000 000
　　　　　　　　　 —— 小汽车　　　　　　　　　　　　 3 000 000
　　　　　　　　　 —— 客运汽车　　　　　　　　　　　 3 000 000
借：固定资产 —— 厂房　　　　　　　　　　　　 10 005 000
　　　　　　 —— 设备　　　　　　　　　　　　 1 000 500
　　原材料　　　　　　　　　　　　　　　　　 3 494 500
　　　贷：固定资产清理　　　　　　　　　　　　　　　 12 300 000
　　　　　银行存款　　　　　　　　　　　　　　　　　 400 000
　　　　　资产处置损益　　　　　　　　　　　　　　　 1 800 000

【例 4-5】

2×19 年 5 月，甲公司因经营战略发生较大转变，产品结构发生较大调整，原生产其产品的专有设备、生产该产品的专利技术等已不符合生产新产品的需要，经与乙公司协商，将其专用设备连同专利技术与乙公司正在建造过程中的一幢建筑物、对丙公司的长期股权投资进行交换。甲公司换出专有设备的账面原价为 1 200 万元，已提折旧 750 万元；专利技术的账面原价为 450 万元，已摊销金额为 270 万元。乙公司在建工程截至交换日的成本为 525 万元，对丙公司的长期股权投资的账面余额为 150 万元。由于甲公司持有的专有设备和专利技术在市场上已不多见，公允价值不能可靠计量。乙公司的在建工程因完工程度难以合理确定，其公允价值不能可靠计量；由于丙公司不是上市公司，乙公司对丙公司长期股权投资的公允价值也不能可靠计量。假定甲、乙公司均未对上述资产计提减值准备，暂不考虑相关税费的影响。

【分析】

本例不涉及收付货币性资产，属于非货币性资产交换。由于换入资产、换出资产的公允价值均不能可靠计量，甲、乙公司均应当以换出资产账面价值总额作为换入资产的成本，各项换入资产的成本，应当按各项换入资产的账面价值占换入资产账面价值总额的比例分配后确定。

甲公司的账务处理如下。

（1）计算换入资产、换出资产账面价值总额。

换入资产账面价值总额 =525+150=675（万元）

换出资产账面价值总额 =（1 200-750）+（450-270）=630（万元）

（2）确定换入资产总成本。

换入资产总成本 = 换出资产账面价值总额 =630（万元）

（3）计算各项换入资产账面价值占换入资产账面价值总额的比例。

在建工程占换入资产账面价值总额的比例 =525÷675×100%=77.8%

长期股权投资占换入资产账面价值总额的比例 =150÷675×100%=22.2%

（4）确定各项换入资产成本。

在建工程成本 =630×77.8%=490.14（万元）

长期股权投资成本 =630×22.2%=139.86（万元）

（5）会计分录如下。

借：固定资产清理	4 500 000	
累计折旧	7 500 000	
贷：固定资产——专有设备		12 000 000
借：在建工程	4 901 400	
长期股权投资	1 398 600	
累计摊销	2 700 000	
贷：固定资产清理		4 500 000

| | 无形资产 —— 专利技术 | 4 500 000 |

乙公司的账务处理如下。

（1）计算换入资产、换出资产账面价值总额。

换入资产账面价值总额 =（1 200−750）+（450−270）=630（万元）

换出资产账面价值总额 =525+150=675（万元）

（2）确定换入资产总成本。

换入资产总成本 = 换出资产账面价值总额 =675（万元）

（3）计算各项换入资产账面价值占换入资产账面价值总额的比例。

专有设备占换入资产账面价值总额的比例 =450÷630×100%=71.4%

专有技术占换入资产账面价值总额的比例 =180÷630×100%=28.6%

（4）确定各项换入资产成本。

专有设备成本 =675×71.4%=481.95（万元）

专利技术成本 =675×28.6%=193.05（万元）

（5）会计分录如下。

借：固定资产 —— 专有设备	4 819 500
无形资产 —— 专利技术	1 930 500
贷：在建工程	5 250 000
长期股权投资	1 500 000

4.3　披露

《企业会计准则第 7 号——非货币性资产交换》规定，企业应当在附注中披露与非货币性资产交换有关的下列信息。

（1）非货币性资产交换是否具有商业实质及其原因。

（2）换入资产、换出资产的类别。

（3）换入资产初始计量金额的确定方式。

（4）换入资产、换出资产的公允价值以及换出资产的账面价值。

（5）非货币性资产交换确认的损益。

第 5 章
《企业会计准则第 12 号——债务重组》准则原文

企业会计准则第12号——债务重组

财会〔2019〕9号

5.1 总则

第一条　为了规范债务重组的确认、计量和相关信息的披露，根据《企业会计准则——基本准则》，制定本准则。

第二条　债务重组，是指在不改变交易对手方的情况下，经债权人和债务人协定或法院裁定，就清偿债务的时间、金额或方式等重新达成协议的交易。

本准则中的债务重组涉及的债权和债务是指《企业会计准则第 22 号——金融工具确认和计量》规范的金融工具。

第三条　债务重组一般包括下列方式，或下列一种以上方式的组合：

（一）债务人以资产清偿债务；

（二）债务人将债务转为权益工具；

（三）除本条第一项和第二项以外，采用调整债务本金、改变债务利息、变更还款期限等方式修改债权和债务的其他条款，形成重组债权和重组债务。

第四条　本准则适用于所有债务重组，但下列各项适用其他相关会计准则：

（一）债务重组中涉及的债权、重组债权、债务、重组债务和其他金融工具的确认、计量和列报，分别适用《企业会计准则第 22 号——金融工具确认和计量》和《企业会计准则第 37 号——金融工具列报》。

（二）通过债务重组形成企业合并的，适用《企业会计准则第 20 号——企业合并》。

（三）债权人或债务人中的一方直接或间接对另一方持股且以股东身份进行债务重组的，或者债权人与债务人在债务重组前后均受同一方或相同的多方最终控制，且该债务重组的交易实质是债权人或债务人进行了权益性分配或接受了权益性投入的，适用权益性交易的有关会计处理规定。

5.2　债权人的会计处理

第五条　以资产清偿债务或者将债务转为权益工具方式进行债务重组的，债权人应当在相关资产符合其定义和确认条件时予以确认。

第六条　以资产清偿债务方式进行债务重组的，债权人初始确认受让的金融资产以外的资产时，应当按照下列原则以成本计量：

存货的成本，包括放弃债权的公允价值和使该资产达到当前位置和状态所发生的可直接归属于该资产的税金、运输费、装卸费、保险费等其他成本。

对联营企业或合营企业投资的成本，包括放弃债权的公允价值和可直接归属于该资产的税金等其他成本。

投资性房地产的成本，包括放弃债权的公允价值和可直接归属于该资产的税金等其他成本。

固定资产的成本，包括放弃债权的公允价值和使该资产达到预定可使用状态前所发生的可直接归属于该资产的税金、运输费、装卸费、安装费、专业人员服务费等其他成本。

生物资产的成本，包括放弃债权的公允价值和可直接归属于该资产的税金、运输费、保险费等其他成本。

无形资产的成本，包括放弃债权的公允价值和可直接归属于使该资产达到预定用途所发生的税金等其他成本。

放弃债权的公允价值与账面价值之间的差额，应当计入当期损益。

第七条　将债务转为权益工具方式进行债务重组导致债权人将债权转为对联营企业或合营企业的权益性投资的，债权人应当按照本准则第六条的规定计量其初始投资成本。放弃债权的公允价值与账面价值之间的差额，应当计入当期损益。

第八条　采用修改其他条款方式进行债务重组的，债权人应当按照《企业会计准则第 22 号——金融工具确认和计量》的规定，确认和计量重组债权。

第九条　以多项资产清偿债务或者组合方式进行债务重组的，债权人应当首先按照《企业会计准则第 22 号——金融工具确认和计量》的规定确认和计量受让的金融资产和重组债权，然后按照受让的金融资产以外的各项资产的公允价值比例，对放弃债权的公允价值扣除受让金融资产和重组债权确认金额后的净额进行分配，并以此为基础按照本准则第六条的规定分别确定各项资产的成本。放弃债权的公允价值与账面价值之间的差额，应当计入当期损益。

5.3　债务人的会计处理

第十条　以资产清偿债务方式进行债务重组的，债务人应当在相关资产和所清偿债务符合终止确认条件时予以终止确认，所清偿债务账面价值与转让资产账面价值之间的差额计入当期损益。

第十一条　将债务转为权益工具方式进行债务重组的，债务人应当在所清偿债务符合终止确认条件时予以终止确认。债务人初始确认权益工具时应当按照权益工具的公允价值计量，权益工具的公允价值不能可靠计量的，应当按照所清偿债务的公允价值计量。所清偿债务账面价值与权益工具确认金额之间的差额，应当计入当期损益。

第十二条　采用修改其他条款方式进行债务重组的，债务人应当按照《企业会计准则第 22 号——金融工具确认和计量》和《企业会计准则第 37 号——金融工具列报》的规定，确认和计量重组债务。

第十三条　以多项资产清偿债务或者组合方式进行债务重组的，债务人应当按照本准则第十一条和第十二条的规定确认和计量权益工具和重组债务，所清偿债务的账面价值与转让资产的账面价值以及权益工具和重组债务的确认金额之和的差额，应当计入当期损益。

5.4　披露

第十四条　债权人应当在附注中披露与债务重组有关的下列信息：

（一）根据债务重组方式，分组披露债权账面价值和债务重组相关损益。

（二）债务重组导致的对联营企业或合营企业的权益性投资增加额，以及该投资占联营企业或合营企业股份总额的比例。

第十五条　债务人应当在附注中披露与债务重组有关的下列信息：

（一）根据债务重组方式，分组披露债务账面价值和债务重组相关损益。

（二）债务重组导致的股本等所有者权益的增加额。

5.5　衔接规定

第十六条　企业对 2019 年 1 月 1 日至本准则施行日之间发生的债务重组，应根据本准则进行调整。企业对 2019 年 1 月 1 日之前发生的债务重组，不需要按照本准则的规定进行追溯调整。

5.6　附则

第十七条　本准则自 2019 年 6 月 17 日起施行。

第十八条　2006 年 2 月 15 日财政部印发的《财政部关于印发〈企业会计准则第 1 号——存货〉等 38 项具体准则的通知》（财会〔2006〕3 号）中的《企业会计准则第 12 号——债务重组》同时废止。

财政部此前发布的有关债务重组会计处理规定与本准则不一致的，以本准则为准。

第 6 章
《企业会计准则第 12 号——债务重组》修订说明

6.1　本准则的修订背景

2006 年，财政部发布了《企业会计准则第 12 号——债务重组》（财会〔2006〕3 号，以下简称"原准则"）及其应用指南，原准则对于规范实务中的债务重组交易起到很好的指导作用。随着经济业务日益复杂，原准则及其应用指南在实施中存在的问题逐渐显现，有必要对原准则进行相应修订。修订原准则的主要原因包括以下几点。

一是保持准则体系的内在协调。2017 年，财政部发布新的《企业会计准则第 22 号——金融工具确认和计量》《企业会计准则第 23 号——金融资产转移》《企业会计准则第 37 号——金融工具列报》（以下简称"新金融工具准则"）等准则，对相关业务提出新的规范要求。为使债务重组业务在会计处理原则上与新发布的上述会计准则保持一致，有必要修订原准则。

二是改进实务。在以往的准则执行过程中，由于原准则与金融工具相关准则存在交叉，导致实务应用中存在分歧，造成准则实施的随意性。为便于实务操作和确保准则有效实施，有必要修订原准则。

三是避免对多项准则反复修订。原准则中包括了多项现有其他准则中未予规范的会计处理原则，具体包括如何确定通过债务重组取得的存货、长期股权投资、固定资产、无形资产、投资性房地产、生物资产等资产的初始确认金额，如何确定债务转为权益工具情况下权益工具的初始确认金额，如何进行与债务重组有关的披露等。如果废止原准则，需要逐一修订存货、长期股权投资、投资性房地产、固定资产、生物资产、无形资产、金融工具等多项准则。为保持准则体系的稳定性，避免反复修订其他准则，有必要修订而不宜废止原准则。

为提高会计信息质量，进一步规范债务重组的确认、计量和相关信息的披露，切实解决我国企业相关会计实务问题，财政部结合我国实际，同时保持与国际财务报告准则的持续趋同，对原准则进行了修订，并于 2019 年 5 月发布了《企业会计准则第 12 号——债务重组》（财会〔2019〕9 号，以下简称"本准则"）。

6.2　本准则的修订过程

基于我国企业和资本市场发展的实际需要，财政部于 2018 年年初启动了本准则的研究和修订工作，主要完成了以下工作：一是梳理研究相关准则。财政部对分散在我国不同准则、应用指南、解释和讲解中的规范进行了收集整理，研究了现行国际财务报告准则、美国公认会计原则的有关规定，并对相关规定进行了比较研究。与国际会计准则理事会沟通，就本准则具体技术问题进行深入探讨。二是召开准则修订座谈会。听取来自监管机构、会计师事务所、企业等方面的意见。三是开展实地调研。向存在相关业务的企业和审计相关业务的会计师事务所了解情况，收集整理典型案例。四是公开征求意见。在深入调查研究和广泛听取意见的基础上，财政部对准则修订的初稿进行反复修改、完善，形成本准则征求意见稿，于 2019 年 1 月 7 日印发，向社会公开征求意见。截至 2019 年 4 月 3 日，财政部共收到 69 份反馈意见。反馈意见总体支持对原准则进行修订，同时对债务重组定义和方式、相关资产的确认和计量原则、债务重组的披露、衔接规定等提出了很好的意见和建议。财政部认真研究并充分吸收了各方提出的意见和建议，对征求意见稿进行了修订完善，并按照我国企业会计准则制定程序依次形成准则草案、送审稿，经批准通过后正式发布。

本准则于 2019 年 5 月 16 日正式发布，自 2019 年 6 月 17 日起在所有执行企业会计准则的企业范围内执行。下一步，财政部还将做好准则的解释、宣传和培训工作。

6.3 关于本准则的主要变化

为满足广大利益相关者需求，维护会计准则体系内在协调一致性，利于准则实施和落地，财政部主要在以下方面对原准则进行了修订。

一是修改债务重组的定义，债务重组中涉及的债权和债务与其他金融工具不作区别对待。

二是将重组债权和债务的会计处理规定索引至新金融工具准则，从而与新金融工具准则协调一致，同时删除关于或有应收、应付金额遵循或有事项准则的规定。

三是对于债务重组采用债务人以资产清偿债务方式的，债权人初始确认受让的金融资产以外的资产时以成本计量。

四是不再区分债务重组利得、损失和资产处置损益，合并作为债务重组相关损益。

本准则发布后，2006 年 2 月 15 日财政部印发的《财政部关于印发〈企业会计准则第 1 号——存货〉等 38 项具体准则的通知》（财会〔2006〕3 号）中的《企业会计准则第 12 号——债务重组》以及相关解释等同时废止。财政部此前发布的有关债务重组会计处理规定与本准则不一致的，以本准则为准。

6.4 关于本准则的适用范围

本准则中的债务重组涉及的债权和债务是指《企业会计准则第 22 号——金融工具确认和计量》规范的金融工具，相关债权、重组债权、债务、重组债务和其他金融工具的确认、计量和列报，应当分别适用《企业会计准则第 22 号——金融工具确认和计量》和《企业会计准则第 37 号——金融工具列报》。

《企业会计准则第 20 号——企业合并》对确定企业合并成本等问题作出了详尽规范，因此对于通过债务重组形成企业合并的交易，应当适用《企业会计准则第 20 号——企业合并》。对于属于权益性交易的债务重组，也不在本准则规范范围内，而应当适用权益性交易的有关会计处理规定。

6.5 关于债务重组的定义

原准则以"债务人发生财务困难""债权人作出让步"为标准，将债务重组涉及的债权和债务区别于其他金融工具，限定在较小范围内。但原准则、应用指南和讲解同时规定，债权和债务与金融工具的确认和计量原则一致，因此，将债务重组涉及的债权和债务区别于其他金融工具加以定义不再具有实际意义，反而可能导致因准则适用范围不清晰引起误读，或者因交易无法满足债务重组定义而无法适用本准则。据实务界反映，如果维持原债务重组定义又不提供有关划分标准的具体指引，实务中将很难操作，且一些案例可能因不符合"债务人发生财务困难"和"债权人作出让步"的条件而无法适用本准则，导致会计处理缺乏依据。因此，本准则修改了债务重组的定义，不要求债务重组发生在"债务人发生财务困难""债权人作出让步"的背景下。债务重组涉及的相关债权、重组债权、债务和重组债务，均应适用《企业会计准则第 22 号——金融工具确认和计量》和《企业会计准则第 37 号——金融工具列报》。

6.6 关于债权人受让资产的初始计量

按照原准则，债权人受让资产应当以公允价值计量，但实务界普遍反映，受让资产的公允价值很难取得且存在较大操作空间。该规定与现行一些其他监管规定也存在矛盾。现行准则体系中，以其他方式取得的存货、长期股权投资、投资性房地产、固定资产、生物资产、无形资产等金融资产以外的资产一般以成本计量。为与其他准则的原则保持一致，且避免实务中操纵利润的行为，本准则规定债权人受让金融资产以外的资产应当以成本计量。

6.7 关于债务重组相关损益

按照原准则，债务人应当区分债务重组损益和资产处置损益，其中，重组债务的账面价值与转让的非现金资产公允价值之间的差额作为债务重组损益，转让的非现金资产公允价值与其账面价值之间的差额作为资产处置损益。按照该规定，债务人需要确定非现金资产的公允价值，实务中有些偿债资产的公允价值极难获得且需要花费较大成本，对债务重组损益和资产处置损益作出区分后均反映在相关损益中，报表使用者从该信息中获得的收益极为有限。因此，本准则不要求区分债务重组损益和资产处置损益，而是合并作为债务重组相关损益反映。

6.8 关于多项资产清偿债务的处置损益

按照原准则，对于以多项资产清偿债务的情况，债务人应当区分不同资产类型，将损益总额分配至不同资产的处置损益中分别确认，具体表现为固定资产的处置损益、长期股权投资的投资收益、存货的主营业务收入和主营业务成本、无形资产的其他业务收入和其他业务成本等。按照该规定，企业需要分别确定转让的非现金资产公允价值。实务中企业确定上述公允价值有时存在较大难度，因此往往采用简便做法，将处置损益总额合并反映。鉴于以多项资产清偿债务方式进行的债务重组一般属于不经常发生的交易，本准则不要求区分不同资产类型确认处置损益，而是将相关损益合并反映。

第 7 章
《企业会计准则第 12 号——债务重组》
应用指南 2019

7.1 总体要求

《企业会计准则第 12 号——债务重组》（以下简称"本准则"）规范了债务重组的确认、计量和相关信息的披露。

本准则明确了债务重组的定义，债务重组是指在不改变交易对手方的情况下，经债权人和债务人协定或法院裁定，就清偿债务的时间、金额或方式等重新达成协议的交易。债务重组涉及的债权和债务是指《企业会计准则第 22 号——金融工具确认和计量》规范的金融工具。债务重组方式主要包括采用债务人以资产清偿债务、债务人将债务转为权益工具、修改其他条款方式，以及上述一种以上方式的组合。

本准则规定，债务重组采用以资产清偿债务方式，或者采用将债务转为权益工具方式且导致债权人将债权转为对联营企业或合营企业的权益性投资的，债权人初始确认受让的非金融资产应当以成本计量。债务重组采用债务人以多项资产清偿债务或者组合方式的，债权人应当首先按照《企业会计准则第 22 号——金融工具确认和计量》的规定，确认和计量受让的金融资产和重组债权，然后按照受让各项非金融资产的公允价值比例，对放弃债权的公允价值扣除受让金融资产和重组债权确认金额后的净额进行分配，并以此为基础分别确定各项资产的成本。放弃债权的公允价值与账面价值之间的差额，应当计入当期损益。

本准则规定，债务重组采用将债务转为权益工具方式的，债务人初始确认权益工具时应当按照权益工具的公允价值计量；权益工具的公允价值不能可靠计量的，应当按照所清偿债务的公允价值计量。债务人所清偿债务账面价值与权益工具确认金额之间的差额，应当计入当期损益。债务重组采用债务人以多项资产清偿债务或者组合方式的，所清偿债务的账面价值与转让资产的账面价值以及权益工具和重组债权的确认金额之和的差额，应当计入当期损益。

债权人应当在附注中根据债务重组方式分组披露债权账面价值和债务重组相关损益，以及债务重组导致的对联营企业或合营企业的权益性投资增加额、该投资占联营企业或合营企业股份总额的比例。债务人应当在附注中根据债务重组方式分组披露债务账面价值和债务重组相关损益，以及债务重组导致的股本等所有者权益的增加额。

7.2 关于债务重组的定义和方式

7.2.1 债务重组的定义

债务重组涉及债权人和债务人，对债权人而言为"债权重组"，对债务人而言为"债务重组"，为便于表述统称为"债务重组"。根据本准则的规定，债务重组，是指在不改变交易对手方的情况下，经债权人和债务人协定或法院裁定，就清偿债务的时间、金额或方式等重新达成协议的交易。

1. 关于交易对手方

本准则中的债务重组是在不改变交易对手方的情况下进行的交易。实务中经常出现第三方参与相关交易的情形，例如，某公司以不同于原合同条款的方式代债务人向债权人偿债；又如，新组建的公司承接原债务人的债务，与债权人进行债务重组；再如，资产管理公司从债权人处购得债权，再与债务人进行债务重组。在上述情形下，企业应当首先考虑债权和债务是否发生终止确认，适用《企业会计准则第 22 号——金融工具确认和计量》和《企业会计准则第 23 号——金融资产转移》等准则，再就债务重组交易适用本准则。

本准则规范的债务重组不强调在债务人发生财务困难的背景下进行，也不论债权人是否作出让步。也就是说，无论何种原因导致债务人未按原定条件偿还债务，也无论双方是否同意债务人以低于债务的金额偿还债务，只要债权人和债务人就债务条款重新达成了协议，就符合债务重组的定义，属于本准则规范的范围。例如，债权人在减免债务人部分债务本金的同时提高剩余债务的利息，或者债权人同意债务人用等值库存商品抵偿到期债务等，均属于本准则规范的债务重组。

2. 关于债权和债务的范围

本准则中的债务重组涉及的债权和债务，是指《企业会计准则第 22 号——金融工具确认和计量》规范的债权和债务。针对合同资产、合同负债、预计负债等进行的交易安排，不属于本准则规范的范围。针对租赁应收款和租赁应付款的债务重组，属于本准则规范的范围。

7.2.2 债务重组的方式

债务重组的方式主要包括：债务人以资产清偿债务、债务人将债务转为权益工具、修改其他条款，以及前述一种以上方式的组合。这些债务重组方式都是通过债权人和债务人重新协定或者法院裁定达成的，与原来约定的偿债方式不同。

1. 债务人以资产清偿债务

债务人以资产清偿债务，是债务人转让其资产给债权人以清偿债务的债务重组方式。债务人用于偿债的资产通常是已经在资产负债表中确认的资产，例如，现金、应收账款、长期股权投资、投资性房地产、固定资产、在建工程、生物资产、无形资产等。债务人以日常活动产出的商品或服务清偿债务的，用于偿债的资产可能体现为存货等资产。

在受让上述资产后，按照相关会计准则要求及本企业会计核算要求，债权人核算相关受让资产的类别可能与债务人不同。例如，债务人以作为固定资产核算的房产清偿债务，债权人可能将受让的房产作为投资性房地产核算；债务人以部分长期股权投资清偿债务，债权人可能将受让的投资作为金融资产核算；债务人以存货清偿债务，债权人可能将受让的资产作为固定资产核算等。

除上述已经在资产负债表中确认的资产外，债务人也可能以不符合确认条件而未予确认的资产清偿债务。例如，债务人以未确认的内部产生品牌清偿债务，债权人在获得的商标权符合无形资产确认条件的前提下作为无形资产核算。在少数情况下，债务人还可能以处置组（即一组资产和与这些资产直接相关的负债）清偿债务。

2. 债务人将债务转为权益工具

债务人将债务转为权益工具，这里的权益工具，是指根据《企业会计准则第 37 号——金融工具列报》分类为"权益工具"的金融工具，会计处理上体现为股本、实收资本、资本公积等科目。

实务中，有些债务重组名义上采用"债转股"的方式，但同时附加相关条款，如约定债务人在未来某个时点有义务以某一金额回购股权，或债权人持有的股份享有强制分红权等。对于债务人，这些"股权"可能并不是根据《企业会计准则第 37 号——金融工具列报》分类为权益工具的金融工具，从而不属于债务人将债务转为权益工具的债务重组方式。债权人和债务人还可能协议以一项同时包含金融负债成分和权益工具成分的复合金融工具替换原债权债务，这类交易也不属于债务人将债务转为权益工具的债务重组方式。

3. 修改其他条款

修改债权和债务的其他条款，是债务人不以资产清偿债务，也不将债务转为权益工具，而是改变债权和债务的其他条款的债务重组方式，如调整债务本金、改变债务利息、变更还款期限等。经修改其他条款的债权和债务分别形成重组债权和重组债务。

4. 组合方式

组合方式，是采用债务人以资产清偿债务、债务人将债务转为权益工具、修改其他条款三种方式中一种以上方式的组合清偿债务的债务重组方式。例如，债权人和债务人约定，由债务人以机器设备清偿部分债务，将另一部分债务转为权益工具，调减剩余债务的本金，但利率和还款期限不变；再如，债务人以现金清偿部分债务，同时将剩余债务展期等。

7.3 关于适用范围

本准则规范了债务重组的确认、计量和相关信息的披露。经法院裁定进行债务重整并按持续经营进行会计核算的，适用于本准则。债务人在破产清算期间进行的债务重组不属于本准则规范的范围，应当按照企业破产清算有关会计处理规定处理。

对于符合本准则定义的债务重组，应当按照本准则进行会计处理，但下列各项不属于本准则规范范围。

一是债务重组中涉及的债权、重组债权、债务、重组债务和其他金融工具的确认、计量和列报，适用《企业会计准则第 22 号——金融工具确认和计量》和《企业会计准则第 37 号——金融工具列报》等金融工具相关准则。

二是通过债务重组形成企业合并的，适用《企业会计准则第 20 号——企业合并》。债务人以股权投资清偿债务或者将债务转为权益工具，可能对应导致债权人取得被投资单位或债务人控制权，在债权人的个别财务报表层面和合并财务报表层面，债权人取得长期股权投资或者资产和负债的确认和计量适用《企业会计准则第 20 号——企业合并》的有关规定。

三是债务重组构成权益性交易的，应当适用权益性交易的有关会计处理规定，债权人和债务人不确认构成权益性交易的债务重组相关损益。债务重组构成权益性交易的情形包括：（1）债权人直接或间接对债务人持股，或者债务人直接或间接对债权人持股，且持股方以股东身份进行债务重组；（2）债权人与债务人在债务重组前后均受同一方或相同的多方最终控制，且该债务重组的交易实质是债权人或债务人进行了权益性分配或接受了权益性投入。

例如，甲公司是乙公司股东，为了弥补乙公司临时性经营现金流短缺，甲公司向乙公司提供 1 000 万元无息借款，并约定于 6 个月后收回。借款期满时，尽管乙公司具有充足的现金流，甲公司仍然决定免除乙公司部分本金还款义务，仅收回 200 万元借款。在此项交易中，如果甲公司不以股东身份而是以市场交易者身份参与交易，在乙公司具有足够偿债能力的情况下不会免除其部分本金。因此，甲公司和乙公司应当将该交易作为权益性交易，不确认债务重组相关损益。

债务重组中不属于权益性交易的部分仍然适用本准则。例如，假设前例中债务人乙公司确实出现财务困难，其他债权人对其债务普遍进行了减半的豁免，那么甲公司作为股东比其他债权人多豁免 300 万元债务的交易应当作为权益性交易，正常豁免 500 万元债务的交易适用本准则。

企业在判断债务重组是否构成权益性交易时，应当遵循实质重于形式原则。例如，假设债权人对债务人的权益性投资通过其他人代持，债权人不具有股东身份，但实质上以股东身份进行债务重组，债权人和债务人应当认为该债务重组构成权益性交易。

7.4 关于债权和债务的终止确认

债务重组中涉及的债权和债务的终止确认，应当遵循《企业会计准则第 22 号——金融工具确认和计量》和《企业会计准则第 23 号——金融资产转移》有关金融资产和金融负债终止确认的规定。债权人在收取债权现金流量的合同权利终止时终止确认债权，债务人在债务的现时义务解除时终止确认债务。

由于债权人与债务人之间进行的债务重组涉及债权和债务的认定，以及清偿方式和期限等的协商，通常需要经历较长时间，例如破产重整中进行的债务重组。只有在符合上述终止确认条件时才能终止确认相关债权和债务，并确认债务重组相关损益。对于在报告期间已经开始协商但在报告期资产负债表日后的债务重组，不属于资产负债表日后调整事项。

对于终止确认的债权，债权人应当结转已计提的减值准备中对应该债权终止确认部分的金额。对于终止确认的分类为以公允价值计量且其变动计入其他综合收益的债权，之前计入其他综合收益的累计利得或损失应当从其他综合收益中转出，记入"投资收益"科目。

7.4.1 以资产清偿债务或将债务转为权益工具

对于以资产清偿债务或者将债务转为权益工具方式进行的债务重组，由于债权人在拥有或控制相关资产时，通常其收取债权现金流量的合同权利也同时终止，债权人一般可以终止确认该债权。同样地，由于债务人通过交付资产或权益工具解除了其清偿债务的现时义务，债务人一般可以终止确认该债务。

7.4.2 修改其他条款

对于债权人，债务重组通过调整债务本金、改变债务利息、变更还款期限等修改合同条款方式进行的，合同修改前后的交易对手方没有发生改变，合同涉及的本金、利息等现金流量很难在本息之间及债务重组前后作出明确分割，即很难单独识别合同的特定可辨认现金流量。因此通常情况下，应当整体考虑是否对全部债权的合同条款作出了实质性修改。如果作出实质性修改，或者债权人与债务人之间签订协议，以获取实质上不同的新金融资产方式替换债权，应当终止确认原债权，并按照修改后的条款或新协议确认新金融资产。

对于债务人，如果对债务或部分债务的合同条款作出实质性修改形成重组债务，或者债权人与债务人之间签订协议，以承担实质上不同的重组债务方式替换债务，债务人应当终止确认原债务，同时按照修改后的条款确认一项新金融负债。其中，如果重组债务未来现金流量（包括支付和收取的某些费用）现值与原债务的剩余期间现金流量现值之间的差异超过 10%，则意味着新的合同条款进行了实质性修改或者重组债务是实质上不同的，有关现值的计算均采用原债务的实际利率。

7.4.3 组合方式

对于债权人，与上述"修改其他条款"部分的分析类似，通常情况下应当整体考虑是否终止确认全部债权。由于组合方式涉及多种债务重组方式，一般可以认为对全部债权的合同条款作出了实质性修改，从而终止确认全部债权，并按照修改后的条款确认新金融资产。

对于债务人，组合中以资产清偿债务或者将债务转为权益工具方式进行的债务重组，如果债务人清偿该部分债务的现时义务已经解除，应当终止确认该部分债务。组合中以修改其他条款方式进行的债务重组，需要根据具体情况，判断对应的部分债务是否满足终止确认条件。

7.5　关于债权人的会计处理

7.5.1　以资产清偿债务或将债务转为权益工具

债务重组采用以资产清偿债务或者将债务转为权益工具方式进行的，债权人应当在受让的相关资产符合其定义和确认条件时予以确认。

1. 债权人受让金融资产

债权人受让包括现金在内的单项或多项金融资产的，应当按照《企业会计准则第22号——金融工具确认和计量》的规定进行确认和计量。金融资产初始确认时应当以其公允价值计量。金融资产确认金额与债权终止确认日账面价值之间的差额，记入"投资收益"科目，但收取的金融资产的公允价值与交易价格（即放弃债权的公允价值）存在差异的，应当按照《企业会计准则第22号——金融工具确认和计量》第三十四条的规定处理。

2. 债权人受让非金融资产

债权人初始确认受让的金融资产以外的资产时，应当按照下列原则以成本计量。

（1）存货的成本，包括放弃债权的公允价值，以及使该资产达到当前位置和状态所发生的可直接归属于该资产的税金、运输费、装卸费、保险费等其他成本。（2）对联营企业或合营企业投资的成本，包括放弃债权的公允价值，以及可直接归属于该资产的税金等其他成本。（3）投资性房地产的成本，包括放弃债权的公允价值，以及可直接归属于该资产的税金等其他成本。（4）固定资产的成本，包括放弃债权的公允价值，以及使该资产达到预定可使用状态前所发生的可直接归属于该资产的税金、运输费、装卸费、安装费、专业人员服务费等其他成本。确定固定资产成本时，应当考虑预计弃置费用因素。（5）生物资产的成本，包括放弃债权的公允价值，以及可直接归属于该资产的税金、运输费、保险费等其他成本。（6）无形资产的成本，包括放弃债权的公允价值，以及可直接归属于使该资产达到预定用途所发生的税金等其他成本。放弃债权的公允价值与账面价值之间的差额，记入"投资收益"科目。

3. 债权人受让多项资产

债权人受让多项非金融资产，或者包括金融资产、非金融资产在内的多项资产的，应当按照《企业会计准则第22号——金融工具确认和计量》的规定确认和计量受让的金融资产；按照受让的金融资产以外的各项资产在债务重组合同生效日的公允价值比例，对放弃债权在合同生效日的公允价值扣除受让金融资产当日公允价值后的净额进行分配，并以此为基础分别确定各项资产的成本。放弃债权的公允价值与账面价值之间的差额，记入"投资收益"科目。

4. 债权人受让处置组

债务人以处置组清偿债务的，债权人应当分别按照《企业会计准则第 22 号——金融工具确认和计量》和其他相关准则的规定，对处置组中的金融资产和负债进行初始计量，然后按照金融资产以外的各项资产在债务重组合同生效日的公允价值比例，对放弃债权在合同生效日的公允价值以及承担的处置组中负债的确认金额之和，扣除受让金融资产当日公允价值后的净额进行分配，并以此为基础分别确定各项资产的成本。放弃债权的公允价值与账面价值之间的差额，记入"投资收益"科目。

5. 债权人将受让的资产或处置组划分为持有待售类别

债务人以资产或处置组清偿债务，且债权人在取得日未将受让的相关资产或处置组作为非流动资产和非流动负债核算，而是将其划分为持有待售类别的，债权人应当在初始计量时，比较假定其不划分为持有待售类别情况下的初始计量金额和公允价值减去出售费用后的净额，以两者孰低计量。

7.5.2 修改其他条款

债务重组采用以修改其他条款方式进行的，如果修改其他条款导致全部债权终止确认，债权人应当按照修改后的条款以公允价值初始计量重组债权，重组债权的确认金额与债权终止确认日账面价值之间的差额，记入"投资收益"科目。

如果修改其他条款未导致债权终止确认，债权人应当根据其分类，继续以摊余成本、以公允价值计量且其变动计入其他综合收益，或者以公允价值计量且其变动计入当期损益进行后续计量。对于以摊余成本计量的债权，债权人应当根据重新议定合同的现金流量变化情况，重新计算该重组债权的账面余额，并将相关利得或损失记入"投资收益"科目。重新计算的该重组债权的账面余额，应当根据将重新议定或修改的合同现金流量按债权原实际利率折现的现值确定，购买或源生的已发生信用减值的重组债权，应按经信用调整的实际利率折现。对于修改或重新议定合同所产生的成本或费用，债权人应当调整修改后的重组债权的账面价值，并在修改后重组债权的剩余期限内摊销。

7.5.3 组合方式

债务重组采用组合方式进行的，一般可以认为对全部债权的合同条款作出了实质性修改，债权人应当按照修改后的条款，以公允价值初始计量重组债权和受让的新金融资产，按照受让的金融资产以外的各项资产在债务重组合同生效日的公允价值比例，对放弃债权在合同生效日的公允价值扣除重组债权和受让金融资产当日公允价值后的净额进行分配，并以此为基础分别确定各项资产的成本。放弃债权的公允价值与账面价值之间的差额，记入"投资收益"科目。

7.6 关于债务人的会计处理

7.6.1 债务人以资产清偿债务

债务重组采用以资产清偿债务方式进行的，债务人应当将所清偿债务账面价值与转让资产账面价值之间的差额计入当期损益。

1. 债务人以金融资产清偿债务

债务人以单项或多项金融资产清偿债务的，债务的账面价值与偿债金融资产账面价值的差额，记入"投资收益"科目。偿债金融资产已计提减值准备的，应结转已计提的减值准备。对于以分类为以公允价值计量且其变动计入其他综合收益的债务工具投资清偿债务的，之前计入其他综合收益的累计利得或损失应当从其他综合收益中转出，记入"投资收益"科目。对于以指定为以公允价值计量且其变动计入其他综合收益的非交易性权益工具投资清偿债务的，之前计入其他综合收益的累计利得或损失应当从其他综合收益中转出，记入"盈余公积""利润分配——未分配利润"等科目。

2. 债务人以非金融资产清偿债务

债务人以单项或多项非金融资产（如固定资产、日常活动产出的商品或服务等）清偿债务，或者以包括金融资产和非金融资产在内的多项资产清偿债务的，不需要区分资产处置损益和债务重组损益，也不需要区分不同资产的处置损益，而应将所清偿债务账面价值与转让资产账面价值之间的差额，记入"其他收益——债务重组收益"科目。偿债资产已计提减值准备的，应结转已计提的减值准备。

债务人以包含非金融资产的处置组清偿债务的，应当将所清偿债务和处置组中负债的账面价值之和，与处置组中资产的账面价值之间的差额，记入"其他收益——债务重组收益"科目。处置组所属的资产组或资产组组合按照《企业会计准则第 8 号——资产减值》分摊了企业合并中取得的商誉的，该处置组应当包含分摊至处置组的商誉。处置组中的资产已计提减值准备的，应结转已计提的减值准备。

7.6.2 债务人将债务转为权益工具

债务重组采用将债务转为权益工具方式进行的，债务人初始确认权益工具时，应当按照权益工具的公允价值计量，权益工具的公允价值不能可靠计量的，应当按照所清偿债务的公允价值计量。所清偿债务账面价值与权益工具确认金额之间的差额，记入"投资收益"科目。债务人因发行权益工具而支出的相关税费等，应当依次冲减资本溢价、盈余公积、未分配利润等。

7.6.3 修改其他条款

债务重组采用修改其他条款方式进行的，如果修改其他条款导致债务终止确认，债务人应当按照公允价值计量重组债务，终止确认的债务账面价值与重组债务确认金额之间的差额，记入"投资收益"科目。

如果修改其他条款未导致债务终止确认，或者仅导致部分债务终止确认，对于未终止确认的部分债务，债务人应当根据其分类，继续以摊余成本、以公允价值计量且其变动计入当期损益或其他适当方法进行后续计量。对于以摊余成本计量的债务，债务人应当根据重新议定合同的现金流量变化情况，重新计算该重组债务的账面价值，并将相关利得或损失记入"投资收益"科目。重新计算的该重组债务的账面价值，应当根据将重新议定或修改的合同现金流量按债务的原实际利率或按《企业会计准则第24号——套期会计》第二十三条规定的重新计算的实际利率（如适用）折现的现值确定。对于修改或重新议定合同所产生的成本或费用，债务人应当调整修改后的重组债务的账面价值，并在修改后重组债务的剩余期限内摊销。

7.6.4 组合方式

债务重组采用以资产清偿债务、将债务转为权益工具、修改其他条款等方式的组合进行的，对于权益工具，债务人应当在初始确认时按照权益工具的公允价值计量，权益工具的公允价值不能可靠计量的，应当按照所清偿债务的公允价值计量。对于修改其他条款形成的重组债务，债务人应当参照上文"7.6.3 修改其他条款"部分的内容，确认和计量重组债务。所清偿债务的账面价值与转让资产的账面价值以及权益工具和重组债务的确认金额之和的差额，记入"其他收益——债务重组收益"或"投资收益"（仅涉及金融工具时）科目。

7.7 相关示例

【例7-1】以非金融资产清偿债务的会计处理

2×20年6月18日，甲公司向乙公司销售商品一批，应收乙公司款项的入账金额为95万元。甲公司将该应收款项分类为以摊余成本计量的金融资产。乙公司将该应付账款分类为以摊余成本计量的金融负债。

2×20年10月18日，双方签订债务重组合同，乙公司以一项作为无形资产核算的非专利技术偿还该欠款。该无形资产的账面余额为100万元，累计摊销额为10万元，已计提减值准备2万元。10月22日，双方办理完成该无形资产转让手续，甲公司支付评估费用4万元。当日，甲公司应收款项的公允价值为87万元，已计提坏账准备7万元，乙公司应付款项的账面价值仍为95万元。假设不考虑相关税费。

【分析】

（1）债权人的会计处理。

2×20年10月22日，债权人甲公司取得该无形资产的成本为债权公允价值（87万元）与评估费用（4万元）的合计（91万元）。甲公司的账务处理如下。

借：无形资产 910 000

坏账准备	70 000	
投资收益	10 000	
贷：应收账款		950 000
银行存款		40 000

（2）债务人的会计处理。

乙公司 10 月 22 日的账务处理如下。

借：应付账款	950 000	
累计摊销	100 000	
无形资产减值准备	20 000	
贷：无形资产		1 000 000
其他收益——债务重组收益		70 000

承【例 7-1】，假设甲公司管理层决议，受让该无形资产后将在半年内将其出售，当日无形资产的公允价值为 87 万元，预计未来出售该无形资产时将发生 1 万元的出售费用，该无形资产满足持有待售资产确认条件。

【分析】

10 月 22 日，甲公司对该无形资产进行初始确认时，按照无形资产初始计量金额（91 万元）与公允价值减出售费用（87-1=86 万元）孰低计量。债权人甲公司的账务处理如下。

借：持有待售资产——无形资产	860 000	
坏账准备	70 000	
资产减值损失	60 000	
贷：应收账款		950 000
银行存款		40 000

【例 7-2】将债务转为权益工具的债务重组的会计处理

2×19 年 2 月 10 日，甲公司从乙公司购买一批材料，约定 6 个月后甲公司应结清款项 100 万元（假定无重大融资成分）。乙公司将该应收款项分类为以公允价值计量且其变动计入当期损益的金融资产，甲公司将该应付款项分类为以摊余成本计量的金融负债。

2×19 年 8 月 12 日，甲公司因无法支付货款与乙公司协商进行债务重组，双方商定乙公司将该债权转为对甲公司的股权投资。10 月 20 日，乙公司办结了对甲公司的增资手续，甲公司和乙公司分别支付手续费等相关费用 1.5 万元和 1.2 万元。债转股后甲公司总股本为 100 万元，乙公司持有的抵债股权占甲公司总股本的 25%，对甲公司具有重大影响，甲公司股权公允价值不能可靠计量。甲公司应付款项的账面价值仍为 100 万元。

2×19 年 6 月 30 日，应收款项和应付款项的公允价值均为 85 万元。

2×19 年 8 月 12 日，应收款项和应付款项的公允价值均为 76 万元。

2×19 年 10 月 20 日，应收款项和应付款项的公允价值仍为 76 万元。

假定不考虑其他相关税费。

【分析】

（1）债权人的会计处理。

乙公司的账务处理如下。

①6 月 30 日。

借：公允价值变动损益 150 000

　　贷：交易性金融资产——公允价值变动 150 000

②8 月 12 日。

借：公允价值变动损益 90 000

　　贷：交易性金融资产——公允价值变动 90 000

③10 月 20 日，乙公司对甲公司长期股权投资的成本为应收款项公允价值（76 万元）与相关税费（1.2 万元）的合计（77.2 万元）。

借：长期股权投资——甲公司 772 000

　　交易性金融资产——公允价值变动 240 000

　　贷：交易性金融资产——成本 1 000 000

　　　　银行存款 12 000

（2）债务人的会计处理。

10 月 20 日，由于甲公司股权的公允价值不能可靠计量，初始确认权益工具公允价值时应当按照所清偿债务的公允价值 76 万元计量，并扣除因发行权益工具支出的相关税费 1.5 万元。甲公司的账务处理如下。

借：应付账款 1 000 000

　　贷：实收资本 250 000

　　　　资本公积——资本溢价 495 000

　　　　银行存款 15 000

　　　　投资收益 240 000

【例 7-3】 以资产清偿债务、将债务转为权益工具等方式的组合进行债务重组的会计处理

2×19 年 11 月 5 日，甲公司向乙公司赊购一批材料，含税价为 234 万元。2×20 年 9 月 10 日，甲公司因发生财务困难，无法按合同约定偿还债务，双方协商进行债务重组。乙公司同意甲公司用其生产的商品、作为固定资产管理的机器设备和一项债券投资抵偿欠款。当日，该债权的公允价值为 210 万元，甲公司用于抵债的商品市价（不含增值税）为 90 万元，抵债设备的公允价值为 75 万元，用于抵债的债券投资市价为 23.55 万元。

抵债资产于 2×20 年 9 月 20 日转让完毕，甲公司发生设备运输费用 0.65 万元，乙公司发生设备安装费用 1.5 万元。

乙公司以摊余成本计量该项债权。2×20 年 9 月 20 日，乙公司对该债权已计提坏账准备 19 万元，债券投资市价为 21 万元。乙公司将受让的商品、设备和债券投资分别作为低值易耗品、固定资产和以公允价值计量且其变动计入当期损益的金融资产核算。

甲公司以摊余成本计量该项债务。2×20 年 9 月 20 日，甲公司用于抵债的商品成本为 70 万元；抵债设备的账面原价为 150 万元，累计折旧为 40 万元，已计提减值准备 18 万元；甲公司以摊余成本计量用于抵债的债券投资，债券票面价值总额为 15 万元，票面利率与实际利率一致，按年付息，假定甲公司尚未对债券确认利息收入。当日，该项债务的账面价值仍为 234 万元。

甲、乙公司均为增值税一般纳税人，适用增值税税率为 13%，经税务机关核定，该项交易中商品和设备的计税价格分别为 90 万元和 75 万元。不考虑其他相关税费。

【分析】

（1）债权人的会计处理。

商品可抵扣增值税 =90×13%=11.7（万元）

设备可抵扣增值税 =75×13%=9.75（万元）

低值易耗品和固定资产的成本应当以其公允价值比例（90∶75）对放弃债权公允价值扣除受让金融资产公允价值后的净额进行分配后的金额为基础确定。

低值易耗品的成本 =90÷（90+75）×（210−23.55−11.7−9.75）=90（万元）

固定资产的成本 =75÷（90+75）×（210−23.55−11.7−9.75）=75（万元）

2×20 年 9 月 20 日，乙公司的账务处理如下。

①结转债务重组相关损益。

借：低值易耗品	900 000
在建工程——在安装设备	750 000
应交税费——应交增值税（进项税额）	214 500
交易性金融资产	210 000
坏账准备	190 000
投资收益	75 500
贷：应收账款——甲公司	2 340 000

②支付安装费用。

| 借：在建工程——在安装设备 | 15 000 |
| 贷：银行存款 | 15 000 |

③安装完毕达到可使用状态。

| 借：固定资产——××设备 | 765 000 |
| 贷：在建工程——在安装设备 | 765 000 |

（2）债务人的会计处理。

甲公司 9 月 20 日的账务处理如下。

借：固定资产清理	920 000
累计折旧	400 000
固定资产减值准备	180 000
贷：固定资产	1 500 000
借：固定资产清理	6 500

    贷：银行存款   6 500
  借：应付账款   2 340 000
    贷：固定资产清理   926 500
      库存商品   700 000
      应交税费—— 应交增值税（销项税额）   214 500
      债权投资—— 面值   150 000
      其他收益—— 债务重组收益   349 000

  【例 7-4】以资产清偿债务、将债务转为权益工具、修改其他条款等方式的组合进行债务重组的会计处理

  A 公司为上市公司，2×16 年 1 月 1 日，A 公司取得 B 银行贷款 5 000 万元，约定贷款期限为 4 年（即 2×19 年 12 月 31 日到期），年利率 6%，按年付息，A 公司已按时支付所有利息。2×19 年 12 月 31 日，A 公司出现严重资金周转问题，多项债务违约，信用风险增加，无法偿还贷款本金。

  2×20 年 1 月 10 日，B 银行同意与 A 公司就该项贷款重新达成协议，新协议约定如下。

  （1）A 公司将一项作为固定资产核算的房产转让给 B 银行，用于抵偿债务本金 1 000 万元，该房产账面原值 1 200 万元，累计折旧 400 万元，未计提减值准备。

  （2）A 公司向 B 银行增发股票 500 万股，面值 1 元 / 股，占 A 公司股份总额的 1%，用于抵偿债务本金 2 000 万元，A 公司股票于 2×20 年 1 月 10 日的收盘价为 4 元 / 股。

  （3）在 A 公司履行上述偿债义务后，B 银行免除 A 公司 500 万元债务本金，并将尚未偿还的债务本金 1 500 万元展期至 2×20 年 12 月 31 日，年利率 8%。如果 A 公司未能履行（1）（2）所述偿债义务，B 银行有权终止债务重组协议，尚未履行的债权调整承诺随之失效。

  B 银行以摊余成本计量该贷款，已计提贷款损失准备 300 万元。该贷款于 2×20 年 1 月 10 日的公允价值为 4 600 万元，予以展期的贷款的公允价值为 1 500 万元。2×20 年 3 月 2 日，双方办理完成房产转让手续，B 银行将该房产作为投资性房地产核算。2×20 年 3 月 31 日，B 银行为该笔贷款补提了 100 万元的损失准备。2×20 年 5 月 9 日，双方办理完成股权转让手续，B 银行将该股权投资分类为以公允价值计量且其变动计入当期损益的金融资产，A 公司股票当日收盘价为 4.02 元 / 股。

  A 公司以摊余成本计量该贷款，截至 2×20 年 1 月 10 日，该贷款的账面价值为 5 000 万元。不考虑相关税费。

  【分析】

  （1）债权人的会计处理。

  A 公司与 B 银行以组合方式进行债务重组，同时涉及以资产清偿债务、将债务转为权益工具、包括债务豁免的修改其他条款等方式，可以认为对全部债权的合同条款作出了实质性修改，债权人在收取债权现金流量的合同权利终止时应当终止确认全部债权，即在 2×20 年 5 月 9 日该债务重组协议的执行过程和结果不确定性消除时，可以确认债务重组相

关损益，并按照修改后的条款确认新金融资产。

债权人 B 银行的账务处理如下。

① 3 月 2 日。

投资性房地产成本＝放弃债权公允价值－受让股权公允价值－重组债权公允价值 ＝4 600－2 000－1 500＝1 100（万元）

借：投资性房地产	11 000 000	
贷：贷款——本金		11 000 000

② 3 月 31 日。

借：信用减值损失	1 000 000	
贷：贷款损失准备		1 000 000

③ 5 月 9 日。

受让股权的公允价值 ＝4.02×500＝2 010（万元）

借：交易性金融资产	20 100 000	
贷款——本金	15 000 000	
贷款损失准备	4 000 000	
贷：贷款——本金		39 000 000
投资收益		100 000

（2）债务人的会计处理。

该债务重组协议的执行过程和结果不确定性于 2×20 年 5 月 9 日消除时，债务人清偿该部分债务的现时义务已经解除，可以确认债务重组相关损益，并按照修改后的条款确认新金融负债。

债务人 A 公司的账务处理如下。

① 3 月 2 日。

借：固定资产清理	8 000 000	
累计折旧	4 000 000	
贷：固定资产		12 000 000
借：长期借款——本金	8 000 000	
贷：固定资产清理		8 000 000

② 5 月 9 日。

借款的新现金流量现值 ＝1 500×（1+8%）÷（1+6%）＝1 528.3（万元）

现金流变化 ＝（1 528.3－1 500）÷1 500＝1.9% ＜10%

因此，针对 1 500 万元本金部分的合同条款的修改不构成实质性修改，不终止确认该部分负债。

借：长期借款——本金	42 000 000	
贷：股本		5 000 000
资本公积		15 100 000
长期借款——本金		15 283 000

其他收益——债务重组收益　　　　　　　　　　　　　　　　6 617 000

本例中，即使没有"A 公司未能履行（1）（2）所述偿债义务，B 银行有权终止债务重组协议，尚未履行的债权调整承诺随之失效"的条款，债务人仍然应当谨慎处理，考虑在债务的现时义务解除时终止确认原债务。

7.8　关于债务重组的相关披露

本准则规定，债务重组中涉及的债权、重组债权、债务、重组债务和其他金融工具的披露，应当按照《企业会计准则第 37 号——金融工具列报》的规定处理。此外，债权人和债务人还应当在附注中披露与债务重组有关的额外信息。

债权人应当在附注中披露与债务重组有关的下列信息：（1）根据债务重组方式，分组披露债权账面价值和债务重组相关损益。分组时，债权人可以按照以资产清偿债务方式、将债务转为权益工具方式、修改其他条款方式、组合方式为标准分组，也可以根据重要性原则以更细化的标准分组。（2）债务重组导致的对联营企业或合营企业的权益性投资增加额，以及该投资占联营企业或合营企业股份总额的比例。

债务人应当在附注中披露与债务重组有关的下列信息：（1）根据债务重组方式，分组披露债务账面价值和债务重组相关损益。分组的标准与对债权人的要求类似。（2）债务重组导致的股本等所有者权益的增加额。

报表使用者可能关心与债务重组相关的其他信息。例如，债权人和债务人是否具有关联方关系；又如，如何确定债务转为权益工具方式中的权益工具以及修改其他条款方式中的重组债权或重组债务等的公允价值；再如，是否存在与债务重组相关的或有事项等。企业应当根据《企业会计准则第 13 号——或有事项》《企业会计准则第 22 号——金融工具确认和计量》《企业会计准则第 36 号——关联方披露》《企业会计准则第 37 号——金融工具列报》《企业会计准则第 39 号——公允价值计量》等准则规定，披露相关信息。

7.9　关于新旧准则的衔接规定

企业对本准则施行日及之后发生的债务重组采用未来适用法处理。对于 2019 年 1 月 1 日至本准则施行日之间发生的债务重组，企业应当根据本准则进行调整。对于 2019 年 1 月 1 日前发生的债务重组，企业无须进行调整。

本应用指南适用于执行财政部 2017 年修订印发的《企业会计准则第 22 号——金融工具确认和计量》的企业，其他企业参照执行。

第 8 章
《企业会计准则第 12 号——债务重组》深度解读

债务重组的会计处理流程如图 8-1 所示。

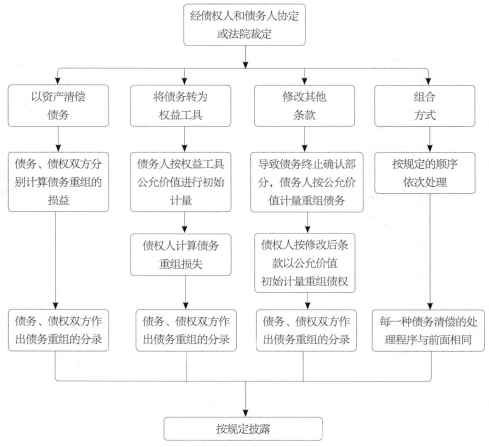

图 8-1　债务重组的会计处理流程

8.1　债务重组概述

8.1.1　债务重组概念

在市场经济条件下，竞争日趋激烈，企业需要不断地根据环境的变化，调整经营策略，防范和控制经营及财务风险。但有时，由于各种因素（包括内部和外部）的影响，企业可能出现一些暂时性或严重的财务困难，致使资金周转不灵，难以按期偿还债务。在此情况下，债权人有两种处理方式：一种方式是可以通过法律程序，要求债务人破产，以清偿债务；另一种方式，可以通过互相协商，通过债务重组的方式就清偿债务的时间、金额或方式等重新达成协议。

根据《企业会计准则第 12 号——债务重组》，债务重组，是指在不改变交易对手方的情况下，经债权人和债务人协定或法院裁定，就清偿债务的时间、金额或方式等重新达成协议的交易。其中，债务重组涉及的债权和债务是指《企业会计准则第 22 号——金融工具确认和计量》规范的金融工具。

8.1.2　债务重组的方式

具体来说，债务重组主要有以下几种方式。

（1）以资产清偿债务，是指债务人转让其资产给债权人以清偿债务的债务重组方式。债务人通常用于偿债的资产主要有现金、存货、固定资产、无形资产等。这里的现金，是指货币资金，即库存现金、银行存款和其他货币资金。在债务重组的情况下，以现金清偿债务，通常是指以低于债务的账面价值的现金清偿债务，如果以等量的现金偿还所欠债务，则不属于本章所指的债务重组。

（2）将债务转为权益工具，是指债务人将债务转为资本，同时债权人将债权转为股权的债务重组方式。但债务人根据转换协议，将应付可转换公司债券转为资本的，则属于正常情况下的债务转资本，不能作为债务重组处理。

将债务转为权益工具时，对股份有限公司而言，为将债务转为股本；对其他企业而言，是将债务转为实收资本。将债务转为权益工具的结果是，债务人因此而增加股本（或实收资本），债权人因此而增加股权。

（3）修改其他债务条件，是指修改不包括上述（1）（2）所述情形在内的债务条件进行债务重组的方式，如调整债务本金、改变债务利息、变更还款期限等。

（4）以上三种方式的任意组合，是指采用以上三种方式共同清偿债务的债务重组形式。例如，以转让资产清偿某项债务的一部分，另一部分债务通过修改其他债务条件进行债务重组。主要包括以下可能的方式。

①债务的一部分以资产清偿，另一部分则转为资本。

②债务的一部分以资产清偿，另一部分则修改其他债务条件。

③债务的一部分转为资本，另一部分则修改其他债务条件。

④债务的一部分以资产清偿，一部分转为资本，另一部分则修改其他债务条件。

8.1.3　用于清偿债务的非现金资产公允价值的计量

债务重组采用非现金资产清偿债务的，非现金资产的公允价值应当按照下列规定进行计量。

（1）非现金资产属于企业持有的股票、债券、基金等金融资产的，企业应当按照《企业会计准则第 22 号——金融工具确认和计量》的规定确定其公允价值。

（2）非现金资产属于存货、固定资产、无形资产等其他资产且存在活跃市场的，企业应当以其市场价格为基础确定其公允价值；不存在活跃市场但与其类似资产存在活跃市场的，企业应当以类似资产的市场价格为基础确定其公允价值。

（3）采用上述方法仍不能确定非现金资产公允价值的，企业应当采用估值技术等合理的方法确定其公允价值。

8.2 债务重组的会计处理

债务重组涉及债务人和债权人两个主体，双方分别进行账务处理。

8.2.1 债务人的处理

《企业会计准则第 12 号——债务重组》对债务人的会计处理的规定如下。

（1）以资产清偿债务方式进行债务重组的，债务人应当在相关资产和所清偿债务符合终止确认条件时予以终止确认，所清偿债务账面价值与资产账面价值之间的差额计入当期损益。

（2）将债务转为权益工具方式进行债务重组的，债务人应当在所清偿债务符合确认条件时予以终止确认。债务人初始确认权益工具时应当按照权益工具的公允价值计量，权益工具的公允价值不能可靠计量的，应当按照所清偿债务的公允价值计量。所清偿债务账面价值与权益工具确认金额之间的差额，应当计入当期损益。

（3）采用修改其他条款方式进行债务重组的，债务人应当按照《企业会计准则第 22 号——金融工具确认和计量》和《企业会计准则第 37 号——金融工具列报》的规定，确认和计量重组债务。

（4）以多项资产清偿债务或者组合方式进行债务重组的，债务人应当按照上述（2）（3）的规定确认和计量权益工具和重组债务，所清偿债务的账面价值与转让资产的账面价值以及权益工具和重组债务的确认金额之和的差额，应当计入当期损益。

8.2.2 债权人的处理

《企业会计准则第 12 号——债务重组》对债权人的会计处理的规定如下。

（1）以资产清偿债务或者将债务转为权益工具方式进行债务重组的，债权人应当在相关资产符合其定义和确认条件时予以确认。

（2）以资产清偿债务方式进行债务重组的，债权人初始确认受让的金融资产以外的资产时，应当按照下列原则以成本计量。

存货的成本，包括放弃债权的公允价值和使该资产达到当前位置和状态所发生的可直接归属于该资产的税金、运输费、装卸费、保险费等其他成本。

对联营企业或合营企业投资的成本，包括放弃债权的公允价值和可直接归属于该资产的税金等其他成本。

投资性房地产的成本，包括放弃债权的公允价值和可直接归属于该资产的税金等其他成本。

固定资产的成本，包括放弃债权的公允价值和使该资产达到预定可使用状态前所发生的可直接归属于该资产的税金、运输费、装卸费、安装费、专业人员服务费等其他成本。

生物资产的成本，包括放弃债权的公允价值和可直接归属于该资产的税金、运输费、保险费等其他成本。

无形资产的成本，包括放弃债权的公允价值和可直接归属于使该资产达到预定用途所发生的税金等其他成本。

放弃债权的公允价值与账面价值之间的差额，应当计入当期损益。

（3）将债务转为权益工具方式进行债务重组导致债权人将债权转为对联营企业或合营企业的权益性投资的，债权人应当按照上述（2）的规定计量其初始投资成本。放弃债权的公允价值与账面价值之间的差额，应当计入当期损益。

（4）采用修改其他条款方式进行债务重组的，债权人应当按照《企业会计准则第 22号——金融工具确认和计量》的规定，确认和计量重组债权。

（5）以多项资产清偿债务或者组合方式进行债务重组的，债权人应当首先按照《企业会计准则第 22 号——金融工具确认和计量》的规定确认和计量受让的金融资产和重组债权，然后按照受让的金融资产以外的各项资产的公允价值比例，对放弃债权的公允价值扣除受让金融资产和重组债权确认金额后的净额进行分配，并以此为基础按照上述（2）的规定分别确定各项资产的成本。放弃债权的公允价值与账面价值之间的差额，应当计入当期损益。

8.3　债务重组会计处理的具体应用

8.3.1　以资产清偿债务

在债务重组中，债务人以非现金资产清偿某项债务的，债务人应当将重组债务账面价值与其公允价值之间的差额计入当期损益；将重组债务公允价值与转让的非现金资产账面价值之间的差额计入当期损益。债务人在转让非现金资产的过程中发生的一些税费，如资产评估费、运杂费等，直接计入转让资产损益。

债权人取得的资产按放弃的债权公允价值加直接相关费用确定。放弃债权的公允价值与账面价值之间的差额计入当期损益。债权人收到非现金资产时发生的有关运杂费等，应当计入相关资产的价值。

以长期股权投资以外的非现金资产清偿债务的，债权人初始确认受让的非现金资产时，应当按照其公允价值计量。

对于增值税应税项目，如债权人不向债务人另行支付增值税，则债务重组利得应为转让非现金资产的公允价值和该非现金资产的增值税销项税额与重组债务账面价值的差额；如债权人向债务人另行支付增值税，则债务重组利得应为转让非现金资产的公允价值与重组债务账面价值的差额。

（1）以库存材料、商品产品抵偿债务。

债务人以库存材料、商品产品抵偿债务，应视同销售进行核算。企业可将该项业务分为两部分。一是将库存材料、商品产品出售给债权人，取得货款。出售库存材料、商品产品业务与企业正常的销售业务处理相同，其发生的损益计入当期损益。二是以取得的货币清偿债务。当然在这项业务中实际上并没有发生相应的货币流入与流出。

【例8-1】以库存材料、商品产品抵偿债务的会计处理

甲公司欠乙公司购货款350 000元。由于甲公司发生财务困难，短期内不能支付已于2×19年5月1日到期的货款。2×19年7月1日，经双方协商，乙公司同意甲公司以其生产的产品偿还债务。该产品的公允价值为200 000元，实际成本为120 000元。甲公司为增值税一般纳税人，适用的增值税税率为13%。乙公司于2×19年8月1日收到甲公司抵债的产品，并作为库存商品入库；乙公司对该项应收账款计提了50 000元的坏账准备。

【分析】

（1）甲公司的账务处理。

①计算债务重组利得。

应付账款的账面余额	350 000
减：所转让产品的公允价值	−200 000
增值税销项税额（200 000×13%）	−26 000
债务重组利得	124 000

②应编制的会计分录如下。

借：应付账款	350 000	
贷：主营业务收入		200 000
应交税费——应交增值税（销项税额）		26 000
投资收益		124 000
借：主营业务成本	120 000	
贷：库存商品		120 000

在本例中，甲公司销售产品取得的利润体现在营业利润中，应将债务重组利得作为营业外收入处理。

（2）乙公司的账务处理。

①计算债务重组损失。

应收账款账面余额	350 000
减：受让资产的公允价值	−200 000
增值税进项税额	−26 000
差额	124 000

减：已计提坏账准备	−50 000
债务重组损失	74 000

②应编制的会计分录如下。

借：库存商品	200 000	
应交税费——应交增值税（进项税额）	26 000	
坏账准备	50 000	
投资收益	74 000	
贷：应收账款		350 000

（2）以固定资产抵偿债务。

债务人以固定资产抵偿债务，应将重组债务公允价值与转让的固定资产账面价值之间的差额计入当期损益。债权人收到的固定资产应按公允价值计量。

【例 8-2】以固定资产抵偿债务的会计处理

甲公司于 2×19 年 1 月 1 日销售给乙公司一批材料，价值 400 000 元（包括应收取的增值税）。按购销合同约定，乙公司应于 2×19 年 10 月 31 日前支付货款，但至 2×20 年 1 月 31 日乙公司尚未支付货款。由于乙公司发生财务困难，短期内不能支付货款。2×20 年 2 月 3 日，经协商，甲公司同意乙公司以一台设备偿还债务。该项设备的账面原价为 350 000 元，已提折旧 50 000 元，设备的公允价值为 360 000 元（假定企业转让该项设备不需要交纳增值税）。

甲公司对该项应收账款已提取坏账准备 20 000 元。抵债设备已于 2×20 年 3 月 10 日运抵甲公司。假定不考虑该项债务重组的相关税费。

【分析】

（1）乙公司的账务处理。

①固定资产的账面价值为 300 000 元，固定资产账面原价为 350 000 元，累计折旧为 50 000 元。

②重组债务公允价值为 400 000 元。

③应编制的会计分录如下。

将固定资产净值转入固定资产清理。

借：固定资产清理	300 000	
累计折旧	50 000	
贷：固定资产		350 000

确认债务重组利得。

借：应付账款	400 000	
贷：固定资产清理		300 000
资产处置损益		100 000

（2）甲公司的账务处理。

①计算债务重组损失。

应收账款账面余额	400 000
减：受让资产的公允价值	−360 000
差额	40 000
减：已计提坏账准备	−20 000
债务重组损失	20 000

②应编制的会计分录如下。

借：固定资产　　　　　　　　　　　　　　　　　360 000
　　坏账准备　　　　　　　　　　　　　　　　　 20 000
　　投资收益　　　　　　　　　　　　　　　　　 20 000
　　　贷：应收账款　　　　　　　　　　　　　　 400 000

（3）以股票、债券等金融资产抵偿债务。

债务人以股票、债券等金融资产抵偿债务时，应当将重组债务账面价值与其公允价值之间的差额计入当期损益，将重组债务公允价值与转让的相关金融资产账面价值之间的差额计入当期损益。债权人收到的相关金融资产应按公允价值计量。

【例8-3】以股票、债券等金融资产抵偿债务的会计处理

甲公司于2×19年7月1日销售给乙公司一批产品，价值450 000元（包括应收取的增值税），乙公司于2×19年7月1日开出6个月承兑的商业汇票。到2×19年12月31日，乙公司尚未支付货款。由于乙公司发生财务困难，短期内不能支付货款。当日经协商，甲公司同意乙公司以其所拥有的以公允价值计量且其变动计入当期损益的某公司股票抵偿债务。乙公司该股票的账面价值为400 000元（假定该资产账面公允价值变动额为0），当日的公允价值为380 000元。假定甲公司为该项应收账款提取了坏账准备40 000元。用于抵债的股票于当日即办理相关转让手续，甲公司将取得的股票作为以公允价值计量且其变动计入当期损益的金融资产处理。债务重组前甲公司已将该项应收票据转入应收账款，乙公司已将应付票据转入应付账款。假定不考虑与商业汇票或者应付款项有关的利息。

【分析】

（1）乙公司的账务处理。

①计算债务重组利得。

应付账款的账面余额	450 000
减：股票的公允价值	−380 000
债务重组利得	70 000

②计算转让股票损益。

股票的公允价值	380 000
减：股票的账面价值	−400 000
转让股票损益	−20 000

③应编制的会计分录如下。

借：应付账款　　　　　　　　　　　　　　　　　450 000

投资收益	20 000
贷：交易性金融资产	400 000
投资收益	70 000

（2）甲公司的账务处理。

①计算债务重组损失。

应收账款账面余额	450 000
减：受让股票的公允价值	−380 000
差额	70 000
减：已计提坏账准备	−40 000
债务重组损失	30 000

②应编制的会计分录如下。

借：交易性金融资产	380 000
投资收益	30 000
坏账准备	40 000
贷：应收账款	450 000

8.3.2 债务转为权益工具

以债务转为资本方式进行债务重组的，企业应分别针对以下情况进行会计处理。

（1）通过债务重组形成企业合并的，适用《企业会计准则第 20 号——企业合并》。

（2）债务重组中涉及的债权、重组债权、债务、重组债务和其他金融工具的确认、计量和列报，分别适用《企业会计准则第 22 号——金融工具确认和计量》和《企业会计准则第 37 号——金融工具列报》。

（3）债权人或债务人中的一方直接或间接对另一方持股且以股东身份进行债务重组的，或者债权人与债务人在债务重组前后均受同一方或相同的多方最终控制，且该债务重组的交易实质是债权人或债务人进行了权益性分配或接受了权益性投入的，适用权益性交易的有关会计处理规定。

以债转股形式进行债务重组的，债务人按照权益工具的公允价值对权益工具进行初始计量，清偿债务的账面价值与权益工具公允价值之间的差额，计入当期损益。当权益工具公允价值不能可靠计量时，企业应当按照所清偿债务的公允价值对权益工具进行初始计量。

【例 8-4】以债转股形式进行债务重组的会计处理

2×19 年 7 月 1 日，甲公司应收乙公司账款的账面余额为 60 000 元，由于乙公司发生财务困难，无法偿付应付账款。经双方协商同意，甲公司采取将乙公司所欠债务转为乙公司股本的方式进行债务重组。假定乙公司普通股的面值为 1 元，乙公司以 20 000 股抵偿该项债务，股票每股市价为 2.5 元。甲公司对该项应收账款计提了坏账准备 2 000 元。股票登记手续已办理完毕。甲公司将此股票作为长期股权投资处理。

【分析】

（1）乙公司的账务处理。

①计算应计入资本公积的金额。

股票的公允价值	50 000
减：股票的面值总额	-20 000
资本公积	30 000

②计算应确认的债务重组利得。

债务账面价值	60 000
减：股票的公允价值	-50 000
债务重组利得	10 000

③应编制的会计分录如下。

借：应付账款	60 000
贷：股本	20 000
资本公积——股本溢价	30 000
投资收益	10 000

（2）甲公司的账务处理。

①计算债务重组损失。

应收账款账面余额	60 000
减：所转股权的公允价值	-50 000
差额	10 000
减：已计提坏账准备	-2 000
债务重组损失	8 000

②应编制的会计分录如下。

借：长期股权投资	50 000
投资收益	8 000
坏账准备	2 000
贷：应收账款	60 000

8.3.3　修改其他债务条件

以修改其他债务条件进行债务重组的，债务人和债权人应分别针对以下情况进行会计处理。

（1）债权人首先按照《企业会计准则第22号——金融工具确认和计量》确认受让的金融资产和重组债权；其次，将放弃债权的公允价值扣除受让金融资产和重组债权后的净额，按照受让的金融资产以外的各项资产的公允价值比例进行分配，据以确定各项资产的成本；最后，将放弃债权的公允价值与账面价值之间的差额计入当期损益。

（2）债务人首先按照《企业会计准则第22号——金融工具确认和计量》确认重组后债务和权益工具的公允价值，然后再将所清偿债务的账面价值与转让资产的账面价值以及

权益工具和重组债务的确认金额之间的差额，计入当期损益，计算公式为：债务重组损益
= 债务账面价值 – 重组后债务金额 – 权益工具公允价值 – 转让的各项资产账面价值。

根据情况，分为不附或有条件的债务重组和附或有条件的债务重组。

1. 不附或有条件的债务重组

不附或有条件的债务重组，是指在债务重组中不存在或有应付（或应收）金额。该或
有条件需要根据未来某种事项的出现而发生的应付（或应收）金额确定，并且该未来事项
的出现具有不确定性。

发生不附或有条件的债务重组时，债务人应将修改其他债务条件后债务的公允价值作
为重组后债务的入账价值。重组债务的账面价值与重组后债务的入账价值之间的差额计入
当期损益。

以修改其他债务条件进行债务重组，如修改后的债务条款不涉及或有应收金额，则债
权人应当将修改其他债务条件后的债权的公允价值作为重组后债权的账面价值，重组债权
的账面余额与重组后债权账面价值之间的差额确认为债务重组损失，计入当期损益。如果
债权人已对该项债权计提了减值准备，则债权人在不附或有条件的债务重组发生时应当首
先冲减已计提的减值准备；减值准备不足以冲减的部分，作为债务重组损失，计入营业外
支出。

【例 8-5】以修改其他债务条件进行债务重组的会计处理

甲公司 2×19 年 12 月 31 日应收乙公司票据的账面余额为 65 400 元，其中，5 400 元
为累计未付的利息，票面年利率 4%。由于乙公司连年亏损，资金周转困难，不能偿付应
于 2×19 年 12 月 31 日前支付的应付票据。经双方协商，双方于 2×20 年 1 月 5 日进行债
务重组。甲公司同意将债务本金减至 50 000 元；免去债务人所欠的全部利息；将利率从 4%
降低到 2%（等于实际利率），并将债务到期日延至 2×21 年 12 月 31 日，利息按年支付。
该项债务重组协议从协议签订日起开始实施。甲、乙公司已将应收、应付票据转入应收、
应付账款。甲公司已为该项应收款项计提了 5 000 元坏账准备。

【分析】

（1）乙公司的账务处理。

①计算债务重组利得。

应付账款的账面余额	65 400
减：重组后债务公允价值	−50 000
债务重组利得	15 400

②债务重组时的会计分录。

借：应付账款 65 400
　　贷：应付账款——债务重组 50 000
　　　　营业外收入——债务重组利得 15 400

③2×20 年 12 月 31 日，支付利息。

借：财务费用   1 000

  贷：银行存款   （50 000×2%）1 000

④2×21年12月31日，偿还本金和最后一年利息。

借：应付账款——债务重组   50 000

  财务费用   1 000

  贷：银行存款   51 000

（2）甲公司的账务处理。

①计算债务重组损失。

应收账款账面余额	65 400
减：重组后债权公允价值	−50 000
差额	15 400
减：已计提坏账准备	−5 000
债务重组损失	10 400

②债务重组日的会计分录。

借：应收账款——债务重组   50 000

  营业外支出——债务重组损失   10 400

  坏账准备   5 000

  贷：应收账款   65 400

③2×20年12月31日，收到利息。

借：银行存款   1 000

  贷：财务费用   （50 000×2%）1 000

④2×21年12月31日，收到本金和最后一年利息。

借：银行存款   51 000

  贷：财务费用   1 000

    应收账款   50 000

2. 附或有条件的债务重组

附或有条件的债务重组，是指在债务重组协议中附或有应付条件的债务重组。或有应付金额，是指依未来某种事项出现而发生的支出，且该未来事项的出现具有不确定性。比如，债务重组协议规定，"将××公司债务1 000 000元免除200 000元，剩余债务展期两年，并按2%的年利率计收利息。如果该公司一年后盈利，则自第二年起将按5%的利率计收利息"。根据此项债务重组协议，债务人依未来是否盈利而发生的24 000（800 000×3%）元支出，即为或有应付金额。但债务人是否盈利，在债务重组时不能确定，即该事项具有不确定性。

附或有条件的债务重组，对于债务人而言，以修改其他债务条件进行的债务重组，修改后的债务条款如涉及或有应付金额，且该或有应付金额符合或有事项中有关预计负债确认条件的，债务人应当将该或有应付金额确认为预计负债。重组债务的账面价值与重组后债务的入账价值和预计负债金额之和的差额，作为债务重组利得，计入"投资收益"科目。需要说明的是，在附或有支出的债务重组方式下，债务人应当在每期期末，按照或有事项确认和计量要求，确定其最佳估计数，期末所确定的最佳估计数与原预计数的差额，计入当期损益。

对债权人而言，以修改其他债务条件进行债务重组，修改后的债务条款中涉及或有应收金额的，不应当确认或有应收金额，不得将其计入重组后债权的账面价值。或有应收金额属于或有资产，或有资产不予确认。只有在或有应收金额实际发生时，才计入当期损益。

8.4 披露

债权人应当在附注中披露与债务重组有关的下列信息。

（1）根据债务重组方式，分组披露债权账面价值和债务重组相关损益。

（2）债务重组导致的对联营企业或合营企业的权益性投资增加额，以及该投资占联营企业或合营企业股份总额的比例。

债务人应当在附注中披露与债务重组有关的下列信息。

（1）根据债务重组方式，分组披露债务账面价值和债务重组相关损益。

（2）债务重组导致的股本等所有者权益的增加额。

第 9 章
《企业会计准则第 21 号——租赁》准则原文

企业会计准则第21号——租赁

财会〔2018〕35号

9.1 总则

第一条　为了规范租赁的确认、计量和相关信息的列报，根据《企业会计准则——基本准则》，制定本准则。

第二条　租赁，是指在一定期间内，出租人将资产的使用权让与承租人以获取对价的合同。

第三条　本准则适用于所有租赁，但下列各项除外：

（一）承租人通过许可使用协议取得的电影、录像、剧本、文稿等版权、专利等项目的权利，以出让、划拨或转让方式取得的土地使用权，适用《企业会计准则第 6 号——无形资产》。

（二）出租人授予的知识产权许可，适用《企业会计准则第 14 号——收入》。

勘探或使用矿产、石油、天然气及类似不可再生资源的租赁，承租人承租生物资产，采用建设经营移交等方式参与公共基础设施建设、运营的特许经营权合同，不适用本准则。

9.2 租赁的识别、分拆和合并

9.2.1 租赁的识别

第四条　在合同开始日，企业应当评估合同是否为租赁或者包含租赁。如果合同中一方让渡了在一定期间内控制一项或多项已识别资产使用的权利以换取对价，则该合同为租赁或者包含租赁。

除非合同条款和条件发生变化，企业无需重新评估合同是否为租赁或者包含租赁。

第五条　为确定合同是否让渡了在一定期间内控制已识别资产使用的权利，企业应当评估合同中的客户是否有权获得在使用期间内因使用已识别资产所产生的几乎全部经济利益，并有权在该使用期间主导已识别资产的使用。

第六条　已识别资产通常由合同明确指定，也可以在资产可供客户使用时隐性指定。

但是，即使合同已对资产进行指定，如果资产的供应方在整个使用期间拥有对该资产的实质性替换权，则该资产不属于已识别资产。

同时符合下列条件时，表明供应方拥有资产的实质性替换权：

（一）资产供应方拥有在整个使用期间替换资产的实际能力；

（二）资产供应方通过行使替换资产的权利将获得经济利益。

企业难以确定供应方是否拥有对该资产的实质性替换权的，应当视为供应方没有对该资产的实质性替换权。

如果资产的某部分产能或其他部分在物理上不可区分，则该部分不属于已识别资产，除非其实质上代表该资产的全部产能，从而使客户获得因使用该资产所产生的几乎全部经济利益。

第七条　在评估是否有权获得因使用已识别资产所产生的几乎全部经济利益时，企业应当在约定的客户可使用资产的权利范围内考虑其所产生的经济利益。

第八条　存在下列情况之一的，可视为客户有权主导对已识别资产在整个使用期间内的使用：

（一）客户有权在整个使用期间主导已识别资产的使用目的和使用方式。

（二）已识别资产的使用目的和使用方式在使用期开始前已预先确定，并且客户有权在整个使用期间自行或主导他人按照其确定的方式运营该资产，或者客户设计了已识别资产并在设计时已预先确定了该资产在整个使用期间的使用目的和使用方式。

9.2.2　租赁的分拆和合并

第九条　合同中同时包含多项单独租赁的，承租人和出租人应当将合同予以分拆，并分别各项单独租赁进行会计处理。

合同中同时包含租赁和非租赁部分的，承租人和出租人应当将租赁和非租赁部分进行分拆，除非企业适用本准则第十二条的规定进行会计处理，租赁部分应当分别按照本准则进行会计处理，非租赁部分应当按照其他适用的企业会计准则进行会计处理。

第十条　同时符合下列条件的，使用已识别资产的权利构成合同中的一项单独租赁：

（一）承租人可从单独使用该资产或将其与易于获得的其他资源一起使用中获利；

（二）该资产与合同中的其他资产不存在高度依赖或高度关联关系。

第十一条　在分拆合同包含的租赁和非租赁部分时，承租人应当按照各租赁部分单独价格及非租赁部分的单独价格之和的相对比例分摊合同对价，出租人应当根据《企业会计准则第 14 号——收入》关于交易价格分摊的规定分摊合同对价。

第十二条　为简化处理，承租人可以按照租赁资产的类别选择是否分拆合同包含的租赁和非租赁部分。承租人选择不分拆的，应当将各租赁部分及与其相关的非租赁部分分别合并为租赁，按照本准则进行会计处理。但是，对于按照《企业会计准则第 22 号——金融工具确认和计量》应分拆的嵌入衍生工具，承租人不应将其与租赁部分合并进行会计处理。

第十三条　企业与同一交易方或其关联方在同一时间或相近时间订立的两份或多份包含租赁的合同，在符合下列条件之一时，应当合并为一份合同进行会计处理：

（一）该两份或多份合同基于总体商业目的而订立并构成一揽子交易，若不作为整体考虑则无法理解其总体商业目的。

（二）该两份或多份合同中的某份合同的对价金额取决于其他合同的定价或履行情况。

（三）该两份或多份合同让渡的资产使用权合起来构成一项单独租赁。

9.3　承租人的会计处理

9.3.1　确认和初始计量

第十四条　在租赁期开始日，承租人应当对租赁确认使用权资产和租赁负债，应用本准则"9.3.3"进行简化处理的短期租赁和低价值资产租赁除外。

使用权资产，是指承租人可在租赁期内使用租赁资产的权利。

租赁期开始日，是指出租人提供租赁资产使其可供承租人使用的起始日期。

第十五条　租赁期，是指承租人有权使用租赁资产且不可撤销的期间。

承租人有续租选择权，即有权选择续租该资产，且合理确定将行使该选择权的，租赁期还应当包含续租选择权涵盖的期间。

承租人有终止租赁选择权，即有权选择终止租赁该资产，但合理确定将不会行使该选择权的，租赁期应当包含终止租赁选择权涵盖的期间。

发生承租人可控范围内的重大事件或变化，且影响承租人是否合理确定将行使相应选择权的，承租人应当对其是否合理确定将行使续租选择权、购买选择权或不行使终止租赁选择权进行重新评估。

第十六条　使用权资产应当按照成本进行初始计量。该成本包括：

（一）租赁负债的初始计量金额；

（二）在租赁期开始日或之前支付的租赁付款额，存在租赁激励的，扣除已享受的租赁激励相关金额；

（三）承租人发生的初始直接费用；

（四）承租人为拆卸及移除租赁资产、复原租赁资产所在场地或将租赁资产恢复至租赁条款约定状态预计将发生的成本。前述成本属于为生产存货而发生的，适用《企业会计准则第1号——存货》。

承租人应当按照《企业会计准则第13号——或有事项》对本条第（四）项所述成本进行确认和计量。

租赁激励，是指出租人为达成租赁向承租人提供的优惠，包括出租人向承租人支付的与租赁有关的款项、出租人为承租人偿付或承担的成本等。

初始直接费用，是指为达成租赁所发生的增量成本。增量成本是指若企业不取得该租赁，则不会发生的成本。

第十七条 租赁负债应当按照租赁期开始日尚未支付的租赁付款额的现值进行初始计量。

在计算租赁付款额的现值时，承租人应当采用租赁内含利率作为折现率；无法确定租赁内含利率的，应当采用承租人增量借款利率作为折现率。

租赁内含利率，是指使出租人的租赁收款额的现值与未担保余值的现值之和等于租赁资产公允价值与出租人的初始直接费用之和的利率。

承租人增量借款利率，是指承租人在类似经济环境下为获得与使用权资产价值接近的资产，在类似期间以类似抵押条件借入资金须支付的利率。

第十八条 租赁付款额，是指承租人向出租人支付的与在租赁期内使用租赁资产的权利相关的款项，包括：

（一）固定付款额及实质固定付款额，存在租赁激励的，扣除租赁激励相关金额；

（二）取决于指数或比率的可变租赁付款额，该款项在初始计量时根据租赁期开始日的指数或比率确定；

（三）购买选择权的行权价格，前提是承租人合理确定将行使该选择权；

（四）行使终止租赁选择权需支付的款项，前提是租赁期反映出承租人将行使终止租赁选择权；

（五）根据承租人提供的担保余值预计应支付的款项。

实质固定付款额，是指在形式上可能包含变量但实质上无法避免的付款额。

可变租赁付款额，是指承租人为取得在租赁期内使用租赁资产的权利，向出租人支付的因租赁期开始日后的事实或情况发生变化（而非时间推移）而变动的款项。取决于指数或比率的可变租赁付款额包括与消费者价格指数挂钩的款项、与基准利率挂钩的款项和为反映市场租金费率变化而变动的款项等。

第十九条 担保余值，是指与出租人无关的一方向出租人提供担保，保证在租赁结束时租赁资产的价值至少为某指定的金额。

未担保余值，是指租赁资产余值中，出租人无法保证能够实现或仅由与出租人有关的一方予以担保的部分。

9.3.2 后续计量

第二十条 在租赁期开始日后，承租人应当按照本准则第二十一条、第二十二条、第二十七条及第二十九条的规定，采用成本模式对使用权资产进行后续计量。

第二十一条 承租人应当参照《企业会计准则第 4 号——固定资产》有关折旧规定，对使用权资产计提折旧。

承租人能够合理确定租赁期届满时取得租赁资产所有权的，应当在租赁资产剩余使用寿命内计提折旧。无法合理确定租赁期届满时能够取得租赁资产所有权的，应当在租赁期与租赁资产剩余使用寿命两者孰短的期间内计提折旧。

第二十二条　承租人应当按照《企业会计准则第 8 号——资产减值》的规定，确定使用权资产是否发生减值，并对已识别的减值损失进行会计处理。

第二十三条　承租人应当按照固定的周期性利率计算租赁负债在租赁期内各期间的利息费用，并计入当期损益。按照《企业会计准则第 17 号——借款费用》等其他准则规定应当计入相关资产成本的，从其规定。

该周期性利率，是按照本准则第十七条规定所采用的折现率，或者按照本准则第二十五条、二十六条和二十九条规定所采用的修订后的折现率。

第二十四条　未纳入租赁负债计量的可变租赁付款额应当在实际发生时计入当期损益。按照《企业会计准则第 1 号——存货》等其他准则规定应当计入相关资产成本的，从其规定。

第二十五条　在租赁期开始日后，发生下列情形的，承租人应当重新确定租赁付款额，并按变动后租赁付款额和修订后的折现率计算的现值重新计量租赁负债：

（一）因依据本准则第十五条第四款规定，续租选择权或终止租赁选择权的评估结果发生变化，或者前述选择权的实际行使情况与原评估结果不一致等导致租赁期变化的，应当根据新的租赁期重新确定租赁付款额；

（二）因依据本准则第十五条第四款规定，购买选择权的评估结果发生变化的，应当根据新的评估结果重新确定租赁付款额。

在计算变动后租赁付款额的现值时，承租人应当采用剩余租赁期间的租赁内含利率作为修订后的折现率；无法确定剩余租赁期间的租赁内含利率的，应当采用重估日的承租人增量借款利率作为修订后的折现率。

第二十六条　在租赁期开始日后，根据担保余值预计的应付金额发生变动，或者因用于确定租赁付款额的指数或比率变动而导致未来租赁付款额发生变动的，承租人应当按照变动后租赁付款额的现值重新计量租赁负债。在这些情形下，承租人采用的折现率不变；但是，租赁付款额的变动源自浮动利率变动的，使用修订后的折现率。

第二十七条　承租人在根据本准则第二十五条、第二十六条或因实质固定付款额变动重新计量租赁负债时，应当相应调整使用权资产的账面价值。使用权资产的账面价值已调减至零，但租赁负债仍需进一步调减的，承租人应当将剩余金额计入当期损益。

第二十八条　租赁发生变更且同时符合下列条件的，承租人应当将该租赁变更作为一项单独租赁进行会计处理：

（一）该租赁变更通过增加一项或多项租赁资产的使用权而扩大了租赁范围；

（二）增加的对价与租赁范围扩大部分的单独价格按该合同情况调整后的金额相当。

租赁变更，是指原合同条款之外的租赁范围、租赁对价、租赁期限的变更，包括增加或终止一项或多项租赁资产的使用权，延长或缩短合同规定的租赁期等。

第二十九条　租赁变更未作为一项单独租赁进行会计处理的，在租赁变更生效日，承租人应当按照本准则第九条至第十二条的规定分摊变更后合同的对价，按照本准则第十五条的规定重新确定租赁期，并按照变更后租赁付款额和修订后的折现率计算的现值重新计量租赁负债。

在计算变更后租赁付款额的现值时，承租人应当采用剩余租赁期间的租赁内含利率作为修订后的折现率；无法确定剩余租赁期间的租赁内含利率的，应当采用租赁变更生效日的承租人增量借款利率作为修订后的折现率。租赁变更生效日，是指双方就租赁变更达成一致的日期。

租赁变更导致租赁范围缩小或租赁期缩短的，承租人应当相应调减使用权资产的账面价值，并将部分终止或完全终止租赁的相关利得或损失计入当期损益。其他租赁变更导致租赁负债重新计量的，承租人应当相应调整使用权资产的账面价值。

9.3.3　短期租赁和低价值资产租赁

第三十条　短期租赁，是指在租赁期开始日，租赁期不超过 12 个月的租赁。

包含购买选择权的租赁不属于短期租赁。

第三十一条　低价值资产租赁，是指单项租赁资产为全新资产时价值较低的租赁。

低价值资产租赁的判定仅与资产的绝对价值有关，不受承租人规模、性质或其他情况影响。低价值资产租赁还应当符合本准则第十条的规定。

承租人转租或预期转租租赁资产的，原租赁不属于低价值资产租赁。

第三十二条　对于短期租赁和低价值资产租赁，承租人可以选择不确认使用权资产和租赁负债。

作出该选择的，承租人应当将短期租赁和低价值资产租赁的租赁付款额，在租赁期内各个期间按照直线法或其他系统合理的方法计入相关资产成本或当期损益。其他系统合理的方法能够更好地反映承租人的受益模式的，承租人应当采用该方法。

第三十三条　对于短期租赁，承租人应当按照租赁资产的类别作出本准则第三十二条所述的会计处理选择。

对于低价值资产租赁，承租人可根据每项租赁的具体情况作出本准则第三十二条所述的会计处理选择。

第三十四条　按照本准则第三十二条进行简化处理的短期租赁发生租赁变更或者因租赁变更之外的原因导致租赁期发生变化的，承租人应当将其视为一项新租赁进行会计处理。

9.4　出租人的会计处理

9.4.1　出租人的租赁分类

第三十五条　出租人应当在租赁开始日将租赁分为融资租赁和经营租赁。

租赁开始日，是指租赁合同签署日与租赁各方就主要租赁条款作出承诺日中的较早者。

融资租赁，是指实质上转移了与租赁资产所有权有关的几乎全部风险和报酬的租赁。其所有权最终可能转移，也可能不转移。

经营租赁，是指除融资租赁以外的其他租赁。

在租赁开始日后，出租人无需对租赁的分类进行重新评估，除非发生租赁变更。租赁资产预计使用寿命、预计余值等会计估计变更或发生承租人违约等情况变化的，出租人不对租赁的分类进行重新评估。

第三十六条　一项租赁属于融资租赁还是经营租赁取决于交易的实质，而不是合同的形式。如果一项租赁实质上转移了与租赁资产所有权有关的几乎全部风险和报酬，出租人应当将该项租赁分类为融资租赁。

一项租赁存在下列一种或多种情形的，通常分类为融资租赁：

（一）在租赁期届满时，租赁资产的所有权转移给承租人。

（二）承租人有购买租赁资产的选择权，所订立的购买价款与预计行使选择权时租赁资产的公允价值相比足够低，因而在租赁开始日就可以合理确定承租人将行使该选择权。

（三）资产的所有权虽然不转移，但租赁期占租赁资产使用寿命的大部分。

（四）在租赁开始日，租赁收款额的现值几乎相当于租赁资产的公允价值。

（五）租赁资产性质特殊，如果不作较大改造，只有承租人才能使用。

一项租赁存在下列一项或多项迹象的，也可能分类为融资租赁：

（一）若承租人撤销租赁，撤销租赁对出租人造成的损失由承租人承担。

（二）资产余值的公允价值波动所产生的利得或损失归属于承租人。

（三）承租人有能力以远低于市场水平的租金继续租赁至下一期间。

第三十七条　转租出租人应当基于原租赁产生的使用权资产，而不是原租赁的标的资产，对转租赁进行分类。

但是，原租赁为短期租赁，且转租出租人应用本准则第三十二条对原租赁进行简化处理的，转租出租人应当将该转租赁分类为经营租赁。

9.4.2　出租人对融资租赁的会计处理

第三十八条　在租赁期开始日，出租人应当对融资租赁确认应收融资租赁款，并终止确认融资租赁资产。

出租人对应收融资租赁款进行初始计量时，应当以租赁投资净额作为应收融资租赁款的入账价值。

租赁投资净额为未担保余值和租赁期开始日尚未收到的租赁收款额按照租赁内含利率折现的现值之和。

租赁收款额，是指出租人因让渡在租赁期内使用租赁资产的权利而应向承租人收取的款项，包括：

（一）承租人需支付的固定付款额及实质固定付款额，存在租赁激励的，扣除租赁激励相关金额；

（二）取决于指数或比率的可变租赁付款额，该款项在初始计量时根据租赁期开始日的指数或比率确定；

（三）购买选择权的行权价格，前提是合理确定承租人将行使该选择权；

（四）承租人行使终止租赁选择权需支付的款项，前提是租赁期反映出承租人将行使终止租赁选择权；

（五）由承租人、与承租人有关的一方以及有经济能力履行担保义务的独立第三方向出租人提供的担保余值。

在转租的情况下，若转租的租赁内含利率无法确定，转租出租人可采用原租赁的折现率（根据与转租有关的初始直接费用进行调整）计量转租投资净额。

第三十九条 出租人应当按照固定的周期性利率计算并确认租赁期内各个期间的利息收入。该周期性利率，是按照本准则第三十八条规定所采用的折现率，或者按照本准则第四十四条规定所采用的修订后的折现率。

第四十条 出租人应当按照《企业会计准则第 22 号——金融工具确认和计量》和《企业会计准则第 23 号——金融资产转移》的规定，对应收融资租赁款的终止确认和减值进行会计处理。

出租人将应收融资租赁款或其所在的处置组划分为持有待售类别的，应当按照《企业会计准则第 42 号——持有待售的非流动资产、处置组和终止经营》进行会计处理。

第四十一条 出租人取得的未纳入租赁投资净额计量的可变租赁付款额应当在实际发生时计入当期损益。

第四十二条 生产商或经销商作为出租人的融资租赁，在租赁期开始日，该出租人应当按照租赁资产公允价值与租赁收款额按市场利率折现的现值两者孰低确认收入，并按照租赁资产账面价值扣除未担保余值的现值后的余额结转销售成本。

生产商或经销商出租人为取得融资租赁发生的成本，应当在租赁期开始日计入当期损益。

第四十三条 融资租赁发生变更且同时符合下列条件的，出租人应当将该变更作为一项单独租赁进行会计处理：

（一）该变更通过增加一项或多项租赁资产的使用权而扩大了租赁范围；

（二）增加的对价与租赁范围扩大部分的单独价格按该合同情况调整后的金额相当。

第四十四条 融资租赁的变更未作为一项单独租赁进行会计处理的，出租人应当分别下列情形对变更后的租赁进行处理：

（一）假如变更在租赁开始日生效，该租赁会被分类为经营租赁的，出租人应当自租赁变更生效日开始将其作为一项新租赁进行会计处理，并以租赁变更生效前的租赁投资净额作为租赁资产的账面价值；

（二）假如变更在租赁开始日生效，该租赁会被分类为融资租赁的，出租人应当按照

《企业会计准则第 22 号——金融工具确认和计量》关于修改或重新议定合同的规定进行会计处理。

9.4.3　出租人对经营租赁的会计处理

第四十五条　在租赁期内各个期间，出租人应当采用直线法或其他系统合理的方法，将经营租赁的租赁收款额确认为租金收入。其他系统合理的方法能够更好地反映因使用租赁资产所产生经济利益的消耗模式的，出租人应当采用该方法。

第四十六条　出租人发生的与经营租赁有关的初始直接费用应当资本化，在租赁期内按照与租金收入确认相同的基础进行分摊，分期计入当期损益。

第四十七条　对于经营租赁资产中的固定资产，出租人应当采用类似资产的折旧政策计提折旧；对于其他经营租赁资产，应当根据该资产适用的企业会计准则，采用系统合理的方法进行摊销。

出租人应当按照《企业会计准则第 8 号——资产减值》的规定，确定经营租赁资产是否发生减值，并进行相应会计处理。

第四十八条　出租人取得的与经营租赁有关的未计入租赁收款额的可变租赁付款额，应当在实际发生时计入当期损益。

第四十九条　经营租赁发生变更的，出租人应当自变更生效日起将其作为一项新租赁进行会计处理，与变更前租赁有关的预收或应收租赁收款额应当视为新租赁的收款额。

9.5　售后租回交易

第五十条　承租人和出租人应当按照《企业会计准则第 14 号——收入》的规定，评估确定售后租回交易中的资产转让是否属于销售。

第五十一条　售后租回交易中的资产转让属于销售的，承租人应当按原资产账面价值中与租回获得的使用权有关的部分，计量售后租回所形成的使用权资产，并仅就转让至出租人的权利确认相关利得或损失；出租人应当根据其他适用的企业会计准则对资产购买进行会计处理，并根据本准则对资产出租进行会计处理。

如果销售对价的公允价值与资产的公允价值不同，或者出租人未按市场价格收取租金，则企业应当将销售对价低于市场价格的款项作为预付租金进行会计处理，将高于市场价格的款项作为出租人向承租人提供的额外融资进行会计处理；同时，承租人按照公允价值调整相关销售利得或损失，出租人按市场价格调整租金收入。

在进行上述调整时，企业应当基于以下两者中更易于确定的项目：销售对价的公允价值与资产公允价值之间的差额、租赁合同中付款额的现值与按租赁市价计算的付款额现值之间的差额。

第五十二条　售后租回交易中的资产转让不属于销售的，承租人应当继续确认被转让资产，同时确认一项与转让收入等额的金融负债，并按照《企业会计准则第 22 号——金融工具确认和计量》对该金融负债进行会计处理；出租人不确认被转让资产，但应当确认一项与转让收入等额的金融资产，并按照《企业会计准则第 22 号——金融工具确认和计量》对该金融资产进行会计处理。

9.6　列报

9.6.1　承租人的列报

第五十三条　承租人应当在资产负债表中单独列示使用权资产和租赁负债。其中，租赁负债通常分别非流动负债和一年内到期的非流动负债列示。

在利润表中，承租人应当分别列示租赁负债的利息费用与使用权资产的折旧费用。租赁负债的利息费用在财务费用项目列示。

在现金流量表中，偿还租赁负债本金和利息所支付的现金应当计入筹资活动现金流出，支付的按本准则第三十二条简化处理的短期租赁付款额和低价值资产租赁付款额以及未纳入租赁负债计量的可变租赁付款额应当计入经营活动现金流出。

第五十四条　承租人应当在附注中披露与租赁有关的下列信息：

（一）各类使用权资产的期初余额、本期增加额、期末余额以及累计折旧额和减值金额；

（二）租赁负债的利息费用；

（三）计入当期损益的按本准则第三十二条简化处理的短期租赁费用和低价值资产租赁费用；

（四）未纳入租赁负债计量的可变租赁付款额；

（五）转租使用权资产取得的收入；

（六）与租赁相关的总现金流出；

（七）售后租回交易产生的相关损益；

（八）其他按照《企业会计准则第 37 号——金融工具列报》应当披露的有关租赁负债的信息。

承租人应用本准则第三十二条对短期租赁和低价值资产租赁进行简化处理的，应当披露这一事实。

第五十五条　承租人应当根据理解财务报表的需要，披露有关租赁活动的其他定性和定量信息。此类信息包括：

（一）租赁活动的性质，如对租赁活动基本情况的描述；

（二）未纳入租赁负债计量的未来潜在现金流出；

（三）租赁导致的限制或承诺；

（四）售后租回交易除第五十四条第（七）项之外的其他信息；

（五）其他相关信息。

9.6.2　出租人的列报

第五十六条　出租人应当根据资产的性质，在资产负债表中列示经营租赁资产。

第五十七条　出租人应当在附注中披露与融资租赁有关的下列信息：

（一）销售损益、租赁投资净额的融资收益以及与未纳入租赁投资净额的可变租赁付款额相关的收入；

（二）资产负债表日后连续五个会计年度每年将收到的未折现租赁收款额，以及剩余年度将收到的未折现租赁收款额总额；

（三）未折现租赁收款额与租赁投资净额的调节表。

第五十八条　出租人应当在附注中披露与经营租赁有关的下列信息：

（一）租赁收入，并单独披露与未计入租赁收款额的可变租赁付款额相关的收入；

（二）将经营租赁固定资产与出租人持有自用的固定资产分开，并按经营租赁固定资产的类别提供《企业会计准则第 4 号——固定资产》要求披露的信息；

（三）资产负债表日后连续五个会计年度每年将收到的未折现租赁收款额，以及剩余年度将收到的未折现租赁收款额总额。

第五十九条　出租人应当根据理解财务报表的需要，披露有关租赁活动的其他定性和定量信息。此类信息包括：

（一）租赁活动的性质，如对租赁活动基本情况的描述；

（二）对其在租赁资产中保留的权利进行风险管理的情况；

（三）其他相关信息。

9.7　衔接规定

第六十条　对于首次执行日前已存在的合同，企业在首次执行日可以选择不重新评估其是否为租赁或者包含租赁。选择不重新评估的，企业应当在财务报表附注中披露这一事实，并一致应用于前述所有合同。

第六十一条　承租人应当选择下列方法之一对租赁进行衔接会计处理，并一致应用于其作为承租人的所有租赁：

（一）按照《企业会计准则第 28 号——会计政策、会计估计变更和差错更正》的规定采用追溯调整法处理。

（二）根据首次执行本准则的累积影响数，调整首次执行本准则当年年初留存收益及财务报表其他相关项目金额，不调整可比期间信息。采用该方法时，应当按照下列规定进行衔接处理：

1. 对于首次执行日前的融资租赁，承租人在首次执行日应当按照融资租入资产和应付融资租赁款的原账面价值，分别计量使用权资产和租赁负债。

2. 对于首次执行日前的经营租赁，承租人在首次执行日应当根据剩余租赁付款额按首次执行日承租人增量借款利率折现的现值计量租赁负债，并根据每项租赁选择按照下列两者之一计量使用权资产：

（1）假设自租赁期开始日即采用本准则的账面价值（采用首次执行日的承租人增量借款利率作为折现率）；

（2）与租赁负债相等的金额，并根据预付租金进行必要调整。

3.在首次执行日，承租人应当按照《企业会计准则第 8 号——资产减值》的规定，对使用权资产进行减值测试并进行相应会计处理。

第六十二条　首次执行日前的经营租赁中，租赁资产属于低价值资产且根据本准则第三十二条的规定选择不确认使用权资产和租赁负债的，承租人无需对该经营租赁按照衔接规定进行调整，应当自首次执行日起按照本准则进行会计处理。

第六十三条　承租人采用本准则第六十一条第（二）项进行衔接会计处理时，对于首次执行日前的经营租赁，可根据每项租赁采用下列一项或多项简化处理：

1.将于首次执行日后 12 个月内完成的租赁，可作为短期租赁处理。

2.计量租赁负债时，具有相似特征的租赁可采用同一折现率；使用权资产的计量可不包含初始直接费用。

3.存在续租选择权或终止租赁选择权的，承租人可根据首次执行日前选择权的实际行使及其他最新情况确定租赁期，无需对首次执行日前各期间是否合理确定行使续租选择权或终止租赁选择权进行估计。

4.作为使用权资产减值测试的替代，承租人可根据《企业会计准则第 13 号——或有事项》评估包含租赁的合同在首次执行日前是否为亏损合同，并根据首次执行日前计入资产负债表的亏损准备金额调整使用权资产。

5.首次执行本准则当年年初之前发生租赁变更的，承租人无需按照本准则第二十八条、第二十九条的规定对租赁变更进行追溯调整，而是根据租赁变更的最终安排，按照本准则进行会计处理。

第六十四条　承租人采用本准则第六十三条规定的简化处理方法的，应当在财务报表附注中披露所采用的简化处理方法以及在合理可能的范围内对采用每项简化处理方法的估计影响所作的定性分析。

第六十五条　对于首次执行日前划分为经营租赁且在首次执行日后仍存续的转租赁，转租出租人在首次执行日应当基于原租赁和转租赁的剩余合同期限和条款进行重新评估，并按照本准则的规定进行分类。按照本准则重分类为融资租赁的，应当将其作为一项新的融资租赁进行会计处理。

除前款所述情形外，出租人无需对其作为出租人的租赁按照衔接规定进行调整，而应当自首次执行日起按照本准则进行会计处理。

第六十六条　对于首次执行日前已存在的售后租回交易，企业在首次执行日不重新评估资产转让是否符合《企业会计准则第 14 号——收入》作为销售进行会计处理的规定。

对于首次执行日前应当作为销售和融资租赁进行会计处理的售后租回交易，卖方（承租人）应当按照与首次执行日存在的其他融资租赁相同的方法对租回进行会计处理，并继续在租赁期内摊销相关递延收益或损失。

对于首次执行日前应当作为销售和经营租赁进行会计处理的售后租回交易，卖方（承租人）应当按照与首次执行日存在的其他经营租赁相同的方法对租回进行会计处理，并根据首次执行日前计入资产负债表的相关递延收益或损失调整使用权资产。

第六十七条　承租人选择按照本准则第六十一条第（二）项规定对租赁进行衔接会计处理的，还应当在首次执行日披露以下信息：

（一）首次执行日计入资产负债表的租赁负债所采用的承租人增量借款利率的加权平均值；

（二）首次执行日前一年度报告期末披露的重大经营租赁的尚未支付的最低租赁付款额按首次执行日承租人增量借款利率折现的现值，与计入首次执行日资产负债表的租赁负债的差额。

9.8　附则

第六十八条　本准则自 2019 年 1 月 1 日起施行。

第 10 章
《企业会计准则第 21 号——租赁》修订说明

10.1　修订背景

2006 年 2 月，财政部发布《企业会计准则第 21 号——租赁》（以下简称"旧准则"），对企业发生的租赁业务的确认、计量和相关信息的列报进行了规范。

在旧准则下，承租人和出租人在租赁开始日，应当根据与资产所有权有关的全部风险和报酬是否转移，将租赁分为融资租赁和经营租赁。对于融资租赁，承租人应当在资产负债表中确认租入资产和相关负债，对于经营租赁，承租人在资产负债表中不确认其取得的资产使用权和租金支付义务。由于经营租赁未纳入承租人的资产负债表，导致其财务报表无法全面反映因租赁交易取得的权利和承担的义务，也为实务中构建交易以符合经营租赁条件创造了动机和机会，降低了财务报表的可比性。

此外，国际会计准则理事会于 2016 年 1 月修订发布了《国际财务报告准则第 16 号——租赁》（以下简称"国际租赁准则"），自 2019 年 1 月 1 日起实施。该准则的核心变化是取消了承租人关于融资租赁与经营租赁的分类，要求承租人对所有租赁（短期租赁和低价值资产租赁除外）确认使用权资产和租赁负债，并分别确认折旧和利息费用。

在此背景下，为进一步规范租赁的确认、计量和相关信息的列报，同时保持我国企业会计准则与国际财务报告准则持续趋同，财政部借鉴国际租赁准则，并结合我国实际，起草了《企业会计准则第 21 号——租赁》的修订稿，并于 2018 年 12 月发布了《企业会计准则第 21 号——租赁》（以下简称"新准则"）。

10.2　修订过程

在国际租赁准则修订过程中，财政部就相应问题成立了项目组，跟进研究国际租赁准则修订进程和变化，并结合我国实务积极反馈意见和建议。国际租赁准则发布后，财政部即启动了我国租赁准则修订项目，先后开展了以下工作。

一是全面研究我国新形势下修订租赁准则的需要和预计修订的主要内容，并组织翻译了《国际财务报告准则第 16 号——租赁》。

二是在充分听取国内部分承租人、出租人、会计师事务所以及学术界代表意见的基础上，结合我国实际起草了修订初稿，并就修订初稿采取多种方式内部征求意见和开展研讨。

三是在汇总整理和深入分析各方面意见的基础上，形成征求意见稿，于 2018 年 1 月印发《企业会计准则第 21 号——租赁（修订）（征求意见稿）》，公开征求意见。

四是采取与准则咨询专家、相关企业和专业机构深入探讨、与有关监管部门进行座谈沟通、实地调研、选取部分企业模拟测试等方式，对反馈意见进行了认真研究吸收，对征求意见稿作了进一步修改完善，形成修订稿。

10.3　征求意见情况

征求意见稿印发后，财政部收到来自国务院有关部委、财政部驻地方财政监察专员办事处、地方财政部门、行业协会、相关企业、会计师事务所、个人的反馈意见 70 余份，共提出具体意见 400 余条。总体上，大多数反馈意见认为租赁准则修订内容符合我国企业会计准则国际趋同要求，也有助于承租人全面反映租赁资产负债，避免构造交易，具有积极意义和重要作用，同时希望尽快配套制定准则应用指南，提供信息披露范例，为实务操作提供更多指引。少部分反馈意见对新准则实施成本和影响表示担忧，因为新准则下承租人会计处理更为复杂，且会引起基于资产负债表计算的部分关键财务指标发生变动。

此外，较多反馈意见提出鉴于准则变动较大，希望结合我国国情就新准则实施留出足够的过渡期。

10.4　修订的主要内容

本次修订的主要内容如下。

1. 完善了租赁的定义，增加了租赁识别、分拆、合并等内容

新准则将租赁定义为"在一定期间内，出租人将资产的使用权让与承租人以获取对价的合同"，并进一步说明如果合同中一方让渡了在一定期间内控制一项或多项已识别资产使用的权利以换取对价，则该合同为租赁或者包含租赁。同时，新准则还对包含租赁和非租赁成分的合同如何分拆，以及何种情形下应将多份合同合并为一项租赁合同进行会计处理作了规定。

2. 取消承租人经营租赁和融资租赁的分类，要求对所有租赁（短期租赁和低价值资产租赁除外）确认使用权资产和租赁负债

新准则下，承租人不再将租赁区分为经营租赁或融资租赁，而是采用统一的会计处理模型，对短期租赁和低价值资产租赁以外的所有其他租赁均确认使用权资产和租赁负债，并分别计提折旧和利息费用。

短期租赁，是指在租赁期开始日，租赁期不超过 12 个月的租赁。低价值资产租赁，是指单项租赁资产为全新资产时价值较低的租赁。承租人对于短期租赁和低价值资产租赁可以选择不确认使用权资产和租赁负债，而是采用与原经营租赁相似的方式进行会计处理。

3. 改进承租人后续计量，增加选择权重估和租赁变更情形下的会计处理

旧准则未对租赁期开始日后选择权重估或合同变更等情形下的会计处理作出明确规范，

导致实务中多有争议且会计处理不统一。新准则明确规定发生承租人可控范围内的重大事件或变化，且影响承租人是否合理确定将行使相应选择权的，承租人应当对其是否合理确定将行使续租选择权、购买选择权或不行使终止租赁选择权进行重新评估。租赁变更，是指原合同条款之外的租赁范围、租赁对价、租赁期限的变更。企业应视其变更情况将其作为一项单独租赁进行会计处理或重新计量租赁负债。

4. 丰富出租人披露内容，为报表使用者提供更多有用信息

关于出租人发生的经营租赁，旧准则仅要求出租人披露各类租出资产的账面价值。新准则要求出租人增加披露相关租赁收入及未折现租赁收款额等信息。此外，出租人还应当根据理解财务报表的需要，披露有关租赁活动的其他定性和定量信息。

10.5 准则实施影响的分析

为有效评估新准则对实务界的影响，财政部多次听取相关方面意见，并实地走访了多家单位。实施新准则的主要影响是个别行业由于大量运用经营租赁，在新准则下可能导致资产负债率有所提升。新准则下，经营租赁作为表外融资的优势将不复存在，原采用经营租赁方式取得的资产及支付义务需在资产负债表中列示，资产、负债同时增加，引起企业资产负债率上升，对经营租赁资产规模较大的行业有一定影响。经营租赁资产和负债的入表，相应也会导致根据资产负债表计算的其他关键指标的变动，包括资产周转率、流动比率等。

需要说明的是，企业源于经营租赁的债务无论是否入表均真实存在。新准则将其予以揭示，有助于报表使用者掌握企业真实的杠杆率，做好金融风险的评估和防控。同时，也有利于倒逼企业加强债务和风险管理。就此问题，财政部与相关企业以及有关监管部门进行了多次沟通。相关企业与有关监管部门均认为，尽管新准则的执行并非导致资产负债率上升的原因，而是执行新准则能更为真实地反映企业的资产负债率，且该问题并非我国特有，但为避免相关方面产生由于准则执行导致资产负债率上升的误解，建议给除境内外同时上市的企业之外的其他企业留出较为充足的准备时间，以便于相关企业调整业务模式，提前做好资产负债管理。对于境内外同时上市的企业，建议自 2019 年 1 月 1 日起与国际租赁准则同步实施，以保证相关企业在境内外资本市场披露信息的可比性。

此外，虽然出租人会计处理没有大的变化，但经营租赁资产的入表会导致承租人重新衡量"买"或"租"的决策，对租赁企业业务带来一定影响。同时，新准则规定售后租回业务中，资产转让不属于销售的应当按融资而非租赁进行会计处理（更符合经济实质，减少"通道"业务），对融资租赁企业的售后租回业务有一定影响。为此，有关监管部门希望对新准则实施给出充足过渡期，以帮助相关企业调整业务结构。

10.6　需要说明的问题

1. 关于承租人转租建筑物类使用权资产

考虑到我国房地产市场的实际情况，为避免公允价值滥用和误导信息使用者，承租人转租建筑物类使用权资产按照新准则使用权资产的有关规定进行会计处理。

2. 关于以出让、划拨或转让方式取得的土地使用权

考虑到我国城市土地国有等实际情况，以出让、划拨或转让方式取得的土地使用权继续适用《企业会计准则第 6 号——无形资产》，不确认为使用权资产。

3. 关于承租人增量借款利率

旧准则下，承租人在计算最低租赁付款额的现值时，无法取得出租人的租赁内含利率且租赁合同没有规定利率的，应当采用同期银行贷款利率作为折现率。新准则参考国际租赁准则，规定在计算租赁付款额的现值时，承租人无法确定租赁内含利率的，应当采用承租人增量借款利率作为折现率。承租人增量借款利率，是指承租人在类似经济环境下为获得与使用权资产价值接近的资产，在类似期间以类似抵押条件借入资金须支付的利率。财政部认为，随着我国金融市场发展，目前引入承租人增量借款利率的环境已经成熟，该利率能够体现承租人自身信用风险等特征对折现率的影响，更加符合企业实际。

4. 关于准则的实施范围和时间安排

国际租赁准则自 2019 年 1 月 1 日起实施。为稳妥推进新准则实施，经专题研究，兼顾我国市场环境和企业实际情况，采取分步实施策略。即：在境内外同时上市的企业以及在境外上市并按国际财务报告准则或企业会计准则编制财务报表的企业自 2019 年 1 月 1 日起实施；其他执行企业会计准则的企业自 2021 年 1 月 1 日起实施，其中母公司或子公司在境外上市且按照国际财务报告准则或企业会计准则编制其境外财务报表的企业可以提前实施。这样既满足了首批企业与国际同步执行的实际需求，避免出现境内外报表适用准则差异，也为其他企业顺利过渡至新准则留有更多准备时间，减轻部分企业面临的资产债务约束压力，确保新准则实施效果。

5. 关于准则实施的衔接规定

鉴于租赁准则新旧变动较大，为帮助相关企业顺利过渡至新准则，新准则提供两种方法：一是允许企业采用追溯调整；二是根据首次执行新准则的累积影响数，调整首次执行新准则当年年初留存收益及财务报表其他相关项目金额，不调整可比期间信息。同时，在第二种方法下提供了多项简化处理安排。

第 11 章
《企业会计准则第 21 号——租赁》应用指南 2019

11.1　总体要求

《企业会计准则第 21 号——租赁》（修订后，以下简称"本准则"）规范了租赁的确认、计量和相关信息的列报。本准则明确了租赁的定义和识别标准，并分别承租人和出租人对租赁业务的会计处理进行了规定。

租赁，是指在一定期间内，出租人将资产的使用权让与承租人以获取对价的合同。与旧准则相比，承租人会计处理不再区分经营租赁和融资租赁，而是采用单一的会计处理模型，也就是说，除采用简化处理的短期租赁和低价值资产租赁外，对所有租赁均确认使用权资产和租赁负债，参照《企业会计准则第 4 号——固定资产》对使用权资产计提折旧，采用固定的周期性利率确认每期利息费用。新准则仍将出租人租赁分为融资租赁和经营租赁两大类，并分别规定了不同的会计处理方法。

企业应基于单项租赁应用本准则规范进行会计处理。为便于实务操作，如果企业能够合理预计，将本准则规定应用于具有类似特征的租赁组合与应用于该组合中的各单项租赁相比，不会对财务报表产生显著不同的影响，则企业可将本准则应用于该租赁组合。此时，企业应当采用能够反映该组合规模和构成的估计和假设。

11.2　适用范围

本准则适用于所有租赁，但下列各项除外：一是承租人通过许可使用协议取得的电影、录像、剧本、文稿等版权、专利等项目的权利，以及以出让、划拨或转让方式取得的土地使用权，适用《企业会计准则第 6 号——无形资产》；二是出租人授予的知识产权许可，适用《企业会计准则第 14 号——收入》；三是勘探或使用矿产、石油、天然气及类似不可再生资源的租赁，适用其他相关准则；四是承租人承租生物资产，适用其他相关准则；五是采用建设经营移交等方式参与公共基础设施建设、运营的特许经营权合同，适用其他相关准则和规定。

11.3　应设置的相关会计科目和主要账务处理

企业通常应当设置以下科目，正确记录和反映企业发生的租赁业务。本部分仅涉及适用于本准则进行会计处理时需要设置的主要会计科目、相关会计科目的主要核算内容以及通常情况下的账务处理。企业在进行具体会计处理时需依据本准则规定对相关事项进行判断并确定适用的会计处理方法。企业在不违反会计准则确认、计量和报告规定的前提下，可以根据本企业的实际情况自行增设、分拆、合并会计科目。对于明细科目，企业可以比照本部分的规定自行设置。

11.3.1 承租人使用的相关会计科目

1. "使用权资产"

（1）本科目核算承租人持有的使用权资产的原价。

（2）本科目可按租赁资产的类别和项目进行明细核算。

（3）主要账务处理。

①在租赁期开始日，承租人应当按成本借记本科目，按尚未支付的租赁付款额的现值贷记"租赁负债"科目；对于租赁期开始日之前支付租赁付款额的（扣除已享受的租赁激励），贷记"预付账款"等科目；按发生的初始直接费用，贷记"银行存款"等科目；按预计将发生的为拆卸及移除租赁资产、复原租赁资产所在场地或将租赁资产恢复至租赁条款约定状态等成本的现值，贷记"预计负债"科目。

②在租赁期开始日后，承租人按变动后的租赁付款额的现值重新计量租赁负债的，当租赁负债增加时，应当按增加额借记本科目，贷记"租赁负债"科目；除下述③中的情形外，当租赁负债减少时，应当按减少额借记"租赁负债"科目，贷记本科目；若使用权资产的账面价值已调减至零，应当按仍需进一步调减的租赁负债金额，借记"租赁负债"科目，贷记"制造费用""销售费用""管理费用""研发支出"等科目。

③租赁变更导致租赁范围缩小或租赁期缩短的，承租人应当按缩小或缩短的相应比例，借记"租赁负债""使用权资产累计折旧""使用权资产减值准备"科目，贷记本科目，差额借记或贷记"资产处置损益"科目。

④企业转租使用权资产形成融资租赁的，应当借记"应收融资租赁款""使用权资产累计折旧""使用权资产减值准备"科目，贷记本科目，差额借记或贷记"资产处置损益"科目。

（4）本科目期末借方余额，反映承租人使用权资产的原价。

（5）承租人应当在资产负债表中单独列示"使用权资产"项目。

2. "使用权资产累计折旧"

（1）本科目核算使用权资产的累计折旧。

（2）本科目可按租赁资产的类别和项目进行明细核算。

（3）主要账务处理。

①承租人通常应当自租赁期开始日起按月计提使用权资产的折旧，借记"主营业务成本""制造费用""销售费用""管理费用""研发支出"等科目，贷记本科目。当月计提确有困难的，也可从下月起计提折旧，并在附注中予以披露。

②因租赁范围缩小、租赁期缩短或转租等原因减记或终止确认使用权资产时，承租人应同时结转相应的使用权资产累计折旧。

（4）本科目期末贷方余额，反映使用权资产的累计折旧额。

3."使用权资产减值准备"

（1）本科目核算使用权资产的减值准备。

（2）本科目可按租赁资产的类别和项目进行明细核算。

（3）主要账务处理。

①使用权资产发生减值的，按应减记的金额，借记"资产减值损失"科目，贷记本科目。

②因租赁范围缩小、租赁期缩短或转租等原因减记或终止确认使用权资产时，承租人应同时结转相应的使用权资产累计减值准备。

（4）使用权资产减值准备一旦计提，不得转回。

（5）本科目期末贷方余额，反映使用权资产的累计减值准备金额。

4."租赁负债"

（1）本科目核算承租人尚未支付的租赁付款额的现值。

（2）本科目可分别设置"租赁付款额""未确认融资费用"等进行明细核算。

（3）主要账务处理。

①在租赁期开始日，承租人应当按尚未支付的租赁付款额，贷记"租赁负债——租赁付款额"科目；按尚未支付的租赁付款额的现值，借记"使用权资产"科目；按尚未支付的租赁付款额与其现值的差额，借记"租赁负债——未确认融资费用"科目。

②承租人在确认租赁期内各个期间的利息时，应当借记"财务费用——利息费用""在建工程"等科目，贷记"租赁负债——未确认融资费用"科目。

③承租人支付租赁付款额时，应当借记"租赁负债——租赁付款额"等科目，贷记"银行存款"等科目。

④在租赁期开始日后，承租人按变动后的租赁付款额的现值重新计量租赁负债的，当租赁负债增加时，应当按租赁付款额现值的增加额，借记"使用权资产"科目；按租赁付款额的增加额，贷记"租赁负债——租赁付款额"科目；按其差额，借记"租赁负债——未确认融资费用"科目。除下述⑤中的情形外，当租赁负债减少时，应当按租赁付款额的减少额，借记"租赁负债——租赁付款额"科目；按租赁付款额现值的减少额，贷记"使用权资产"科目；按其差额，贷记"租赁负债——未确认融资费用"科目。若使用权资产的账面价值已调减至零，应当按仍需进一步调减的租赁付款额，借记"租赁负债——租赁付款额"科目；按仍需进一步调减的租赁付款额现值，贷记"主营业务成本""制造费用""销售费用""管理费用""研发支出"等科目；按其差额，贷记"租赁负债——未确认融资费用"科目。

⑤租赁变更导致租赁范围缩小或租赁期缩短的，承租人应当按缩小或缩短的相应比例，借记"租赁负债——租赁付款额""使用权资产累计折旧""使用权资产减值准备"科目，贷记"租赁负债——未确认融资费用""使用权资产"科目，差额借记或贷记"资产处置损益"科目。

（4）本科目期末贷方余额，反映承租人尚未支付的租赁付款额的现值。

11.3.2　出租人使用的相关会计科目

1."融资租赁资产"

（1）本科目核算租赁企业作为出租人为开展融资租赁业务取得资产的成本。租赁业务不多的企业，也可通过"固定资产"等科目核算。租赁企业和其他企业对于融资租赁资产在未融资租赁期间的会计处理遵循《企业会计准则第 4 号——固定资产》或其他适用的会计准则。

（2）本科目可按租赁资产类别和项目进行明细核算。

（3）主要账务处理。

①出租人购入和以其他方式取得融资租赁资产的，借记本科目，贷记"银行存款"等科目。

②在租赁期开始日，出租人应当按尚未收到的租赁收款额，借记"应收融资租赁款——租赁收款额"科目；按预计租赁期结束时的未担保余值，借记"应收融资租赁款——未担保余值"科目；按已经收取的租赁款，借记"银行存款"等科目；按融资租赁方式租出资产的账面价值，贷记本科目；融资租赁方式租出资产的公允价值与账面价值的差额，借记或贷记"资产处置损益"科目；按发生的初始直接费用，贷记"银行存款"等科目；差额贷记"应收融资租赁款——未实现融资收益"科目。

（4）本科目期末借方余额，反映企业融资租赁资产的成本。

2."应收融资租赁款"

（1）本科目核算出租人融资租赁产生的租赁投资净额。

（2）本科目可分别设置"租赁收款额""未实现融资收益""未担保余值"等进行明细核算。租赁业务较多的，出租人还可以在"租赁收款额"明细科目下进一步设置明细科目核算。

（3）主要账务处理。

①在租赁期开始日，出租人应当按尚未收到的租赁收款额，借记"应收融资租赁款——租赁收款额"科目；按预计租赁期结束时的未担保余值，借记"应收融资租赁款——未担保余值"科目；按已经收取的租赁款，借记"银行存款"等科目；按融资租赁方式租出资产的账面价值，贷记"融资租赁资产"等科目；按融资租赁方式租出资产的公允价值与其账面价值的差额，借记或贷记"资产处置损益"科目；按发生的初始直接费用，贷记"银行存款"等科目；差额贷记"应收融资租赁款——未实现融资收益"科目。

企业认为有必要对发生的初始直接费用进行单独核算的，也可以按照发生的初始直接费用的金额，借记"应收融资租赁款——初始直接费用"科目，贷记"银行存款"等科目；然后借记"应收融资租赁款——未实现融资收益"科目，贷记"应收融资租赁款——初始直接费用"科目。

②出租人在确认租赁期内各个期间的利息收入时，应当借记"应收融资租赁款——未实现融资收益"科目，贷记"租赁收入——利息收入""其他业务收入"等科目。

③出租人收到租赁收款额时，应当借记"银行存款"科目，贷记"应收融资租赁款——租赁收款额"科目。

（4）本科目期末借方余额，反映未担保余值和尚未收到的租赁收款额的现值之和。

（5）本科目余额在"长期应收款"项目中填列，其中，自资产负债表日起一年内（含一年）到期的，在"一年内到期的非流动资产"中填列。出租业务较多的出租人，也可在"长期应收款"项目下单独列示为"其中：应收融资租赁款"。

3. "应收融资租赁款减值准备"

（1）本科目核算应收融资租赁款的减值准备。

（2）主要账务处理。

应收融资租赁款的预期信用损失，按应减记的金额，借记"信用减值损失"科目，贷记本科目。转回已计提的减值准备时，做相反的会计分录。

（3）本科目期末贷方余额，反映应收融资租赁款的累计减值准备金额。

4. "租赁收入"

（1）本科目核算租赁企业作为出租人确认的融资租赁和经营租赁的租赁收入。一般企业根据自身业务特点确定租赁收入的核算科目，例如"其他业务收入"等。

（2）本科目可按租赁资产类别和项目进行明细核算。

（3）主要账务处理。

①出租人在经营租赁下，将租赁收款额采用直线法或其他系统合理的方法在租赁期内进行分摊确认时，应当借记"银行存款""应收账款"等科目，贷记"租赁收入——经营租赁收入"科目。

出租人在融资租赁下，在确认租赁期内各个期间的利息收入时，应当借记"应收融资租赁款——未实现融资收益"科目，贷记"租赁收入——利息收入""其他业务收入"等科目。出租人为金融企业的，在融资租赁下，在确认租赁期内各个期间的利息收入时，应当借记"应收融资租赁款——未实现融资收益"科目，贷记"利息收入"等科目。

②出租人确认未计入租赁收款额的可变租赁付款额时，应当借记"银行存款""应收账款"等科目，贷记"租赁收入——可变租赁付款额"科目。

（4）期末，应将本科目余额转入"本年利润"科目，结转后本科目无余额。

对于日常经营活动为租赁的企业，其利息收入和租赁收入可以作为营业收入列报。

11.4 租赁的识别

11.4.1 租赁的定义

在合同开始日，企业应当评估合同是否为租赁或者包含租赁。租赁，是指在一定期间内，出租人将资产的使用权让与承租人以获取对价的合同。如果合同一方让渡了在一定期间内控制一项或多项已识别资产使用的权利以换取对价，则该合同为租赁或者包含租赁。

一项合同要被分类为租赁，必须要满足三要素：一是存在一定期间；二是存在已识别资产；三是资产供应方向客户转移对已识别资产使用权的控制。

在合同中，"一定期间"也可以表述为已识别资产的使用量，例如，某项设备的产出量。如果客户有权在部分合同期内控制已识别资产的使用，则合同包含一项在该部分合同期间的租赁。

企业应当就合同进行评估，判断其是否为租赁或包含租赁。本准则规定，同时符合下列条件的，使用已识别资产的权利构成一项单独租赁：（1）承租人可从单独使用该资产或将其与易于获得的其他资源一起使用中获利；（2）该资产与合同中的其他资产不存在高度依赖或高度关联关系。

另外，接受商品或服务的合同可能由合营安排或合营安排的代表签订（合营安排的定义参见《企业会计准则第40号——合营安排》）。在这种情况下，企业评估合同是否包含一项租赁时，应将整个合营安排视为该合同中的客户，评估该合营安排是否在使用期间有权控制已识别资产的使用。

除非合同条款或条件发生变化，企业无需重新评估合同是否为租赁或者是否包含租赁。

11.4.2 已识别资产

1. 对资产的指定

按照本准则第六条，已识别资产通常由合同明确指定，也可以在资产可供客户使用时隐性指定。

【例11-1】对资产的指定

甲公司（客户）与乙公司（供应方）签订了使用乙公司一节火车车厢的5年期合同。该车厢专门为运输甲公司生产过程中使用的特殊材料而设计，未经重大改造不适合其他客户使用。合同中没有明确指定轨道车辆（例如，通过序列号），但是乙公司仅拥有一节适合甲公司使用的火车车厢。如果车厢不能正常工作，合同要求乙公司修理或更换车厢。

【分析】

具体哪节火车车厢虽未在合同中明确指定，但是被隐含指定，因为乙公司仅拥有一节适合甲公司使用的火车车厢，必须使用其来履行合同，乙公司无法自由替换该车厢。因此，火车车厢是一项已识别资产。

2. 物理可区分

如果资产的部分产能在物理上可区分（例如，建筑物的一层），则该部分产能属于已识别资产。如果资产的某部分产能与其他部分在物理上不可区分（例如，光缆的部分容量），则该部分不属于已识别资产，除非其实质上代表该资产的全部产能，从而使客户获得因使用该资产所产生的几乎全部经济利益的权利。

【例 11-2】如何判定对资产的物理可区分

情形 1：甲公司（客户）与乙公司（公用设施公司）签订了一份为期 15 年的合同，以取得连接 A、B 城市光缆中 3 条指定的物理上可区分的光纤使用权。若光纤损坏，乙公司应负责修理和维护。乙公司拥有额外的光纤，但仅可因修理、维护或故障等原因替换指定给甲公司使用的光纤。

情形 2：甲公司（客户）与乙公司（公用设施公司）签订了一份为期 15 年的合同，以取得连接 A、B 城市光缆中约定带宽的光纤使用权。甲公司约定的带宽相当于使用光缆中 3 条光纤的全部传输容量（乙公司的光缆包含 15 条传输容量相近的光纤）。

【分析】

情形 1 下，合同明确指定了 3 条光纤，并且这些光纤与光缆中的其他光纤在物理上可区分，乙公司不可因修理、维护或故障以外的原因替换光纤，因此情形 1 中 3 条光纤为已识别资产。

情形 2 下，甲公司仅使用光缆的部分传输容量，提供给甲公司使用的光纤与其余光纤在物理上不可区分，且不代表光缆的几乎全部传输容量，因此情形 2 中不存在已识别资产。

3. 实质性替换权

按照本准则第六条，即使合同已对资产进行指定，如果资产供应方在整个使用期间拥有对该资产的实质性替换权，则该资产不属于已识别资产。其原因在于，如果资产供应方在整个使用期间均能自由替换合同资产，那么实际上，合同只规定了满足客户需求的一类资产，而不是被唯一识别出的一项或几项资产。也就是说，在这种情况下，合同资产并未和资产供应方的同类其他资产明确区分开来，并未被识别出来。

同时符合下列条件时，表明资产供应方拥有资产的实质性替换权。

（1）资产供应方拥有在整个使用期间替换资产的实际能力。

例如，客户无法阻止资产供应方替换资产，且用于替换的资产对于资产供应方而言易于获得或者可以在合理期间内取得。

（2）资产供应方通过行使替换资产的权利将获得经济利益。即，替换资产的预期经济利益将超过替换资产所需成本。

需要注意的是，如果合同仅赋予资产供应方在特定日期或者特定事件发生日或之后拥有替换资产的权利或义务，考虑到资产供应方没有在整个使用期间替换资产的实际能力，资产供应方的替换权不具有实质性。

企业在评估资产供应方的替换权是否为实质性权利时，应基于合同开始日的事实和情况，而不应考虑在合同开始日企业认为不可能发生的未来事件，例如：①未来某个客户为使用该资产同意支付高于市价的价格；②引入了在合同开始日尚未实质开发的新技术；③客户对资产的实际使用或资产实际性能与在合同开始日认为可能的使用或性能存在重大差异；④使用期间资产市价与合同开始日认为可能的市价存在重大差异。

与资产位于资产供应方所在地相比，如果资产位于客户所在地或其他位置，替换资产所需要的成本更有可能超过其所能获取的利益。资产供应方在资产运行结果不佳或者进行技术升级的情况下，因修理和维护而替换资产的权利或义务不属于实质性替换权。

企业难以确定资产供应方是否拥有实质性替换权的，应视为资产供应方没有对该资产的实质性替换权。

【例 11-3】对实质性替换权的判定情形 1

甲公司（客户）与乙公司（供应方）签订合同，合同要求乙公司在 5 年内按照约定的时间表使用指定型号的火车车厢为甲公司运输约定数量的货物。合同中约定的时间表和货物数量相当于甲公司在 5 年内有权使用 10 节指定型号火车车厢。合同规定了所运输货物的性质。乙公司有大量类似的车厢可以满足合同要求。车厢不用于运输货物时存放在乙公司处。

【分析】

（1）乙公司在整个使用期间有替换每节车厢的实际能力。用于替换的车厢是乙公司易于获得的，且无需甲公司批准即可替换。

（2）乙公司可通过替换车厢获得经济利益。车厢存放在乙公司处，乙公司拥有大量类似的车厢，替换每节车厢的成本极小，乙公司可以通过替换车厢获益，例如，使用已位于任务所在地的车厢执行任务，或利用某客户未使用而闲置的车厢。

因此，乙公司拥有车厢的实质性替换权，合同中用于运输甲公司货物的车厢不属于已识别资产。

【例 11-4】对实质性替换权的判定情形 2

甲公司是一家便利店运营企业，与某机场运营商乙公司签订了使用机场内某处商业区域销售商品的 3 年期合同。合同规定了商业区域的面积，商业区域可以位于机场内的任一登机区域，乙公司有权在整个使用期间随时调整分配给甲公司的商业区域位置。甲公司使用易于移动的自有售货亭销售商品。机场有很多符合合同规定的区域可供甲公司使用。

【分析】

（1）乙公司在整个使用期间有变更甲公司使用的商业区域的实际能力。机场内有许多区域符合合同规定的商业区域，乙公司有权随时将甲公司使用的商业区域的位置变更至其他区域而无需甲公司批准。

（2）乙公司通过替换商业区域将获得经济利益。因为售货亭易于移动，所以乙公司变更甲公司所使用商业区域的成本极小。乙公司能够根据情况变化最有效地利用机场登机区域，因此乙公司能够通过替换机场内的商业区域获益。甲公司控制的是自有的售货亭，而合同约定的是机场内的商业区域，乙公司可随意变更该商业区域，乙公司有替换甲公司所使用商业区域的实质性权利。

因此，尽管合同具体规定了甲公司使用的商业区域的面积，但合同中不存在已识别资产。

【例 11-5】对实质性替换权的判定情形 3

甲公司（客户）与乙公司（供应方）签订了使用一架指定飞机的两年期合同，合同详细规定了飞机的内、外部规格。合同规定，乙公司在两年合同期内可以随时替换飞机，在飞机出现故障时则必须替换飞机；无论哪种情况下，所替换的飞机必须符合合同中规定的内、外部规格。在乙公司的机队中配备符合甲公司要求规格的飞机所需成本高昂。

【分析】

本例中，合同明确指定了飞机，尽管合同允许乙公司替换飞机，但配备另一架符合合同要求规格的飞机会发生高昂的成本，乙公司不会因替换飞机而获益，因此乙公司的替换权不具有实质性。本例中存在已识别资产。

11.4.3　客户是否控制已识别资产使用权的判断

本准则第五条规定，为确定合同是否让渡了在一定期间内控制已识别资产使用的权利，企业应当评估合同中的客户是否有权获得在使用期间因使用已识别资产所产生的几乎全部经济利益，并有权在该使用期间主导已识别资产的使用。

1. 客户是否有权获得因使用资产所产生的几乎全部经济利益

在评估客户是否有权获得因使用已识别资产所产生的几乎全部经济利益时，企业应当在约定的客户权利范围内考虑其所产生的经济利益。

例如：（1）如果合同规定汽车在使用期间仅限在某一特定区域使用，则企业应当仅考虑在该区域内使用汽车所产生的经济利益，而不包括在该区域外使用汽车所产生的经济利益；（2）如果合同规定客户在使用期间仅能在特定里程范围内驾驶汽车，则企业应当仅考虑在允许的里程范围内使用汽车所产生的经济利益，而不包括超出该里程范围使用汽车所产生的经济利益。

为了控制已识别资产的使用，客户应当有权获得整个使用期间使用该资产所产生的几乎全部经济利益（例如，在整个使用期间独家使用该资产）。客户可以通过多种方式直接或间接获得使用资产所产生的经济利益，例如，通过使用、持有或转租资产。使用资产所产生的经济利益包括资产的主要产出和副产品（包括来源于这些项目的潜在现金流量）以及通过与第三方之间的商业交易实现的其他经济利益。

如果合同规定客户应向资产供应方或另一方支付因使用所产生的部分现金流量作为对价，该现金流量仍应视为客户因使用资产而获得的经济利益的一部分。例如，如果客户因使用零售区域需向供应方支付零售收入的一定比例作为对价，该条款本身并不妨碍客户拥有获得使用零售区域所产生的几乎全部经济利益的权利。因为零售收入所产生的现金流量是客户使用零售区域而获得的经济利益，而客户支付给零售区域供应方的部分现金流量是使用零售区域的权利的对价。

2. 客户是否有权主导资产的使用

按照本准则第八条，存在下列情形之一的，可视为客户有权主导对已识别资产在整个使用期间的使用。

（1）客户有权在整个使用期间主导已识别资产的使用目的和使用方式。

（2）已识别资产的使用目的和使用方式在使用期间前已预先确定，并且客户有权在整个使用期间自行或主导他人按照其确定的方式运营该资产，或者客户设计了已识别资产（或资产的特定方面）并在设计时已预先确定了该资产在整个使用期间的使用目的和使用方式。

关于上述第一种情况，如果客户有权在整个使用期间在合同界定的使用权范围内改变资产的使用目的和使用方式，则视为客户有权在该使用期间主导资产的使用目的和使用方式。在判断客户是否有权在整个使用期间主导已识别资产的使用目的和使用方式时，企业应当考虑在该使用期间与改变资产的使用目的和使用方式最为相关的决策权。相关决策权是指对使用资产所产生的经济利益产生影响的决策权。最为相关的决策权可能因资产性质、合同条款和条件的不同而不同。此类例子包括：①变更资产产出类型的权利。例如，决定将集装箱用于运输商品还是储存商品，或者决定在零售区域销售的产品组合。②变更资产的产出时间的权利。例如，决定机器或发电厂的运行时间。③变更资产的产出地点的权利。例如，决定卡车或船舶的目的地，或者决定设备的使用地点。④变更资产是否产出以及产出数量的权利。例如，决定是否使用发电厂发电以及发电量的多少。

某些决策权并未授予客户改变资产的使用目的和使用方式的权利，例如，在资产的使用目的和使用方式未预先确定的情况下，客户仅拥有运行或维护资产的权利。这些决策权对于资产的高效使用通常是必要的，但它们往往取决于有关于资产使用目的和使用方式，而并非主导资产的使用目的和使用方式的权利。

关于上述第二种情况，与资产使用目的和使用方式相关的决策可以通过很多方式预先确定，例如，通过设计资产或在合同中对资产的使用做出限制来预先确定相关决策。

【例 11-6】客户是否有权主导资产的使用的判定情形 1

甲公司（客户）与乙公司（供应方）就使用一辆卡车在一周时间将货物从 A 地运至 B 地签订了合同。根据合同，乙公司只提供卡车、发运及到货的时间和站点，甲公司负责派人驾车自甲地到乙地。合同中明确指定了卡车，并规定在合同期内该卡车只允许用于运输合同中指定的货物，乙公司没有替换权。合同规定了卡车可行驶的最大里程。甲公司可在合同规定的范围内选择具体的行驶速度、路线、停车休息地点等。甲公司在指定路程完成后无权继续使用这辆卡车。

【分析】

本例中，合同明确指定了一辆卡车，且乙公司无权替换，因此合同存在已识别资产。合同预先确定了卡车的使用目的和使用方式，即在规定时间内将指定货物从甲地运至乙地。

甲公司有权在整个使用期间操作卡车（例如决定行驶速度、路线、停车休息地点），因此甲公司主导了卡车的使用，甲公司通过控制卡车的操作在整个使用期间全权决定卡车的使用。

【例 11-7】客户是否有权主导资产的使用的判定情形 2

甲公司（客户）与乙公司（供应方）签订了购买某一新太阳能电厂 20 年生产的全部电力的合同。合同明确指定了太阳能电厂，且乙公司没有替换权。太阳能电厂的产权归乙公司所有，乙公司不能通过其他电厂向甲公司供电。太阳能电厂在建造之前由甲公司设计，甲公司聘请了太阳能专家协助其确定太阳能电厂的选址和设备工程。乙公司负责按照甲公司的设计建造太阳能电厂，并负责电厂的运行和维护。关于是否发电、发电时间和发电量无需再进行决策，该项资产在设计时已经预先确定了这些决策。

【分析】

本例中，合同明确指定了太阳能电厂，且乙公司无权替换，因此合同存在已识别资产。由于太阳能电厂使用目的、使用方式等相关决策在太阳能电厂设计时已预先确定，因此，尽管太阳能电厂的运营由乙公司负责，但是该电厂由甲公司设计这一事实赋予了甲公司主导电厂使用的权利，甲公司在整个 20 年使用期有权主导太阳能电厂的使用。

在评估客户是否有权主导资产的使用时，除非资产（或资产的特定方面）由客户设计，企业应当仅考虑在使用期间对资产使用做出决策的权利。例如，如果客户仅能在使用期间之前指定资产的产出而没有与资产使用相关的任何其他决策权，则该客户享有的权利与任何购买该项商品或服务的其他客户享有的权利并无不同。

【例 11-8】客户是否有权主导资产的使用的判定情形 3

沿用【例 11-7】，但电厂由乙公司在签订合同前自行设计。

【分析】

本例中，合同明确指定了电厂，且乙公司无权替换，因此合同存在已识别资产。电厂的使用目的和使用方式，即是否发电、发电时间和发电量，在合同中已预先确定。甲公司在使用期间无权改变电厂的使用目的和使用方式，没有关于电厂使用的其他决策权（例如，甲公司不运营电厂），也未参与电厂的设计，因此甲公司在使用期间无权主导电厂的使用。

【例 11-9】客户是否有权主导资产的使用的判定情形 4

甲公司（客户）与乙公司（供应方）签订合同，使用指定的乙公司船只将货物从甲地运至乙地。合同明确规定了船只、运输的货物以及装卸日期。乙公司没有替换船只的权利。运输的货物将占据该船只几乎全部的运力。乙公司负责船只的操作和维护，并负责船上货物的安全运输。合同期间，甲公司不得雇用其他人员操作船只或自行操作船只。

【分析】

本例中，合同明确指定了船只，且乙公司无权替换，因此合同存在已识别资产。合同预先确定了船只的使用目的和使用方式，即在规定的装卸日期将指定货物从甲地运至乙地。甲公司在使用期间无权改变船只的使用目的和使用方式，也没有关于船只使用的其他决策权（例如，甲公司无权操作船只），也未参与该船只的设计，因此甲公司在使用期间无权主导船只的使用。

【例 11-10】 客户是否有权主导资产的使用的判定情形 5

甲公司（客户）与电信公司乙公司（供应方）签订了两年期的网络服务合同，合同要求乙公司提供约定传输速度和质量的网络服务。为提供这项服务，乙公司在甲公司处安装并配置了服务器。在保证约定的甲公司在网络上使用服务器传输数据的速度和质量的前提下，乙公司有权决定使用服务器传输数据的方式（包括服务器接入的网络）、是否重新配置服务器以及是否将服务器用于其他用途。甲公司并不操作服务器或对其使用作出任何重大决定。

【分析】

乙公司是使用期间唯一可就服务器的使用作出相关决策的一方。尽管甲公司可以在使用期开始前决定网络的服务水平（网络的传输速度和质量），但其不能直接影响网络服务的配置，也不能决定服务器的使用方式和使用目的，因此甲公司在使用期间不能主导服务器的使用。

合同可能包含一些旨在保护资产供应方在已识别资产或其他资产中的权益、保护资产供应方的工作人员或者确保资产供应方不因客户使用租赁资产而违反法律法规的条款和条件。例如，合同可能规定资产使用的最大工作量，限制客户使用资产的地点或时间，要求客户遵守特定的操作惯例，或者要求客户在变更资产使用方式时通知资产供应方。这些权利虽然对客户使用资产权利的范围作出了限定，但是其本身不足以否定客户拥有主导资产使用的权利。

【例 11-11】 客户是否有权主导资产的使用的判定情形 6

甲公司（客户）与乙公司（供应方）签订了使用指定船只的 5 年期合同。合同明确规定了船只，且乙公司没有替换权。甲公司在整个 5 年使用期决定运输的货物、船只是否航行以及航行的时间和目的港，但需遵守合同规定的限制条件。这些限制条件是为了防止甲公司将船只驶入遭遇海盗风险较高的水域或装载危险品。乙公司负责船只的操作与维护，并负责船上货物的安全运输。合同期间，甲公司不得雇佣其他人员操作船只或自行操作船只。

【分析】

本例中，合同明确指定了船只，且乙公司无权替换，因此存在已识别资产。合同中关于船只可航行水域和可运输货物的限制限定了甲公司使用船只的权利的范围，但目的仅是保护乙公司船只和人员安全。因为甲公司在使用权范围内可以决定船只是否航行、航行的时间和地点以及所运输的货物，所以甲公司在整个 5 年使用期可以决定船只的使用目的和使用方式，并有权改变这些决定。尽管船只的操作和维护对于船只的有效使用必不可少，但乙公司在这些方面的决策并未赋予其主导船只使用目的和使用方式的权利。相反，乙公司的决策取决于甲公司关于船只使用目的和使用方式的决定。

因此，甲公司在整个 5 年使用期有权主导该船只的使用。

11.4.4 评估流程

综上，合同开始日，企业评估合同是否为租赁或是否包括租赁可参考图 11-1。

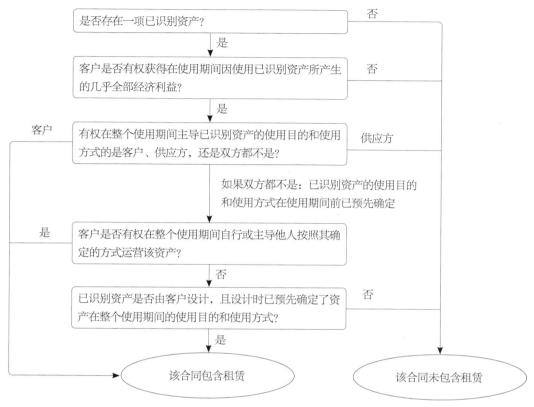

图 11-1 评估合同是否为租赁或是否包括租赁

【例 11-12】如何评估是否为租赁或是否包括租赁的情形 1

甲公司（客户）与乙公司（货运商）签订了一份使用 10 个指定型号集装箱的 5 年期合同。合同指定了具体的集装箱，集装箱归乙公司所有。甲公司有权决定何时何地使用这些集装箱以及用其运输什么货物。不用时，集装箱存放在甲公司处。甲公司可将集装箱用于其他目的（如用于存储）。但合同明确规定甲公司不能运输特定类型的货物（如爆炸物）。若某个集装箱需要保养或维修，乙公司应以同类型的集装箱替换。除非甲公司违约，乙公司在这合同期内不得收回集装箱。除集装箱外，合同还约定乙公司应按照甲公司的要求提供运输集装箱的卡车和司机。卡车存放在乙公司处，乙公司向司机发出指示详细说明甲公司的货物运输要求。乙公司可使用任一卡车满足甲公司的需求，卡车既可以用于运输甲公司的货物，也可以运输其他客户的货物，即，如果其他客户要求运输货物的目的地与甲公司要求的目的地距离不远且时间接近，乙公司可以用同一卡车运送甲公司使用的集装箱及其他客户的货物。

【分析】

本例中，合同明确指定了 10 个集装箱，乙公司一旦交付集装箱给甲公司，仅在集装箱需要保养或维修时方可替换，因此，这 10 个集装箱是已识别资产。合同既未明确也未隐性指定卡车，因此运输集装箱的卡车不属于已识别资产。甲公司在整个 5 年使用期内控制这 10 个集装箱的使用，原因如下：（1）甲公司有权获得在 5 年使用期使用集装箱所产生的几乎全部经济利益。本例中甲公司在整个使用期间（包括不使用集装箱运输货物的期间）拥有这些集装箱的独家使用权。（2）合同中关于集装箱可运输货物的限制并未赋予乙公司主导集装箱使用目的和使用方式的权利。在合同约定的使用权范围内，甲公司可以主导集装箱的使用目的和使用方式，决定何时何地使用集装箱以及使用集装箱运输什么货物。当集装箱不用于运输货物时，甲公司还可决定是否使用以及如何使用集装箱（如用于存储）。甲公司在 5 年使用期内有权改变这些决定，因此甲公司有权主导集装箱的使用。尽管乙公司控制了运输集装箱的卡车和司机，但乙公司在这方面的决策并未赋予其主导集装箱使用目的和使用方式的权利。因此，乙公司在使用期间不能主导集装箱的使用。

基于上述分析可以得出结论，该合同包含集装箱的租赁，甲公司拥有 10 个集装箱的 5 年使用权。关于卡车的合同条款并不构成一项租赁，而是一项服务。

【例 11-13】 如何评估是否为租赁或是否包括租赁的情形 2

甲公司（客户）与乙公司（某商场物业所有者）签订了一份使用商铺 A 的 5 年期合同。商铺 A 是某商场的一部分，该商场包含许多商铺。合同授予了甲公司商铺 A 的使用权。乙公司可以要求甲公司搬至另一商铺，在这种情况下，乙公司应向甲公司提供与商铺 A 面积和位置类似的商铺，并支付搬迁费用。仅当有新的重要租户决定租用较大零售区域，并支付至少足够涵盖甲公司及零售区域内其他租户搬迁费用的租赁费时，乙公司才能因甲公司搬迁而获得经济利益。尽管不能完全排除发生这种情形的可能性，但根据合同开始日情况来看，这种情况属于不可能发生的情况。合同要求甲公司在商场的营业时间内使用商铺 A 经营其知名店铺品牌以销售商品。甲公司在使用期间就商铺 A 的使用作出决定。例如，甲公司决定该商铺所销售的商品组合、商品价格和存货量。合同要求甲公司向乙公司支付固定付款额，并按商铺 A 销售额的一定比例支付可变付款额。作为合同的一部分，乙公司提供清洁、安保及广告服务。

【分析】

本例中，合同中明确指定乙公司有替换商铺 A 的实际能力，但仅在特定情况下才能获益，根据合同开始日的情形分析不太可能出现这种情况，因此，乙公司的替换权不具有实质性，商铺 A 属于已识别资产。甲公司在整个 5 年使用期控制商铺 A 的使用，原因如下：（1）甲公司有权获得在 5 年使用期使用商铺 A 所产生的几乎全部经济利益。本例中，甲公司在整个使用期间拥有商铺 A 的独家使用权。尽管商铺 A 销售所产生的部分现金流量将从甲公司流向乙公司，但这仅代表甲公司为使用商铺 A 而支付给乙公司的对价，并不妨碍甲公司拥有获得使用商铺 A 所产生的几乎全部经济利益的权利。（2）合同关于商铺 A 销售的商品以及营业时间的限制限定了甲公司使用商铺 A 的权利的范围。在合同界定的使用权范围内，甲公司可以决定商铺 A 的使用目的和使用方式，例如，甲公司能够决定在商铺 A 销售的商品组合以及商品售价。甲公司在 5 年使用期有权改变这些决定。因此甲公司有权主导商铺 A 的使用。尽管清洁、安保和广告服务对于商铺 A 的有效使用必不可少，但乙公司在这些方面的决定并未赋予其主导商铺 A 使用目的和使用方式的权利。

基于上述分析可以得出结论，该合同包含商铺 A 的租赁，甲公司拥有商铺 A 5 年的使用权。

【例 11-14】如何评估是否为租赁或是否包括租赁的情形 3

甲公司（客户）与乙公司（制造商）签订了 3 年期合同，购买一定数量特定材质、版型和尺码的西装。乙公司仅有一家能生产符合甲公司需求的西装的工厂，且乙公司无法用另一家工厂生产的西装供货或从第三方公司购买西装供货。乙公司工厂的产能超过与甲公司签订的合同中的数量（即甲公司未就工厂的几乎全部产能签订合同）。乙公司全权决定该工厂的运营，包括工厂的产出水平以及将不用于满足该合同的产出用以履行哪些客户合同。

【分析】

本例中，乙公司仅可通过使用一家工厂履行合同，工厂是隐性指定的，因此是已识别资产。但是，甲公司无权获得使用该工厂所产生的几乎全部经济利益，因为乙公司在使用期间可以使用该工厂履行其他客户合同。另外，甲公司在 3 年使用期内也无权主导工厂的使用目的和使用方式，因为乙公司有权决定工厂的产出水平以及将生产的产品用于履行哪些客户合同，所以乙公司有权主导工厂的使用。甲公司的权利仅限于合同中规定的工厂的特定产出。甲公司对工厂的使用享有与从工厂购买西装的其他客户同样的权利。

单凭甲公司无权获得使用工厂所产生的几乎全部经济利益这一事实，或单凭甲公司无权主导工厂的使用这一事实，均足以判断甲公司在使用期间不能控制工厂的使用权。因此，该合同不是租赁或包括租赁。

【例 11-15】如何评估是否为租赁或是否包括租赁的情形 4

甲公司（客户）与乙公司（信息技术公司）签订了使用一台指定服务器的 3 年期合同。乙公司根据甲公司的指示在甲公司处交付和安装服务器，并在整个使用期间根据需要提供服务器的维修和保养服务。乙公司仅在服务器发生故障时替换服务器。甲公司决定在服务器中存储哪些数据以及如何将服务器与其运营整合，并在整个使用期间有权改变这些决定。

【分析】

本例中，合同明确指定了服务器，乙公司仅在服务器发生故障时方可替换，合同存在已识别资产。甲公司在整个 3 年使用期控制服务器的使用，原因如下：（1）甲公司有权获得在 3 年使用期使用服务器所产生的几乎全部经济利益。因此，甲公司在整个使用期间拥有服务器的独家使用权。（2）甲公司有权决定使用该服务器支持其运营的哪些方面以及存储哪些数据，甲公司可就服务器的使用目的和使用方式作出相关决定，且甲公司是使用期间唯一可对服务器的使用作出决定的一方，因此甲公司有权主导服务器的使用。

基于上述分析可以得出结论，该合同包含服务器的租赁，甲公司拥有服务器 3 年的使用权。

11.5　租赁的分拆与合并

11.5.1　租赁的分拆

本准则规定，合同中同时包含多项单独租赁的，承租人和出租人应当将合同予以分拆，并分别各项单独租赁进行会计处理。合同中同时包含租赁和非租赁部分的，承租人和出租人应当将租赁和非租赁部分进行分拆，除非企业适用本准则第十二条的规定进行会计处理。分拆时，各租赁部分应当分别按照本准则进行会计处理，非租赁部分应当按照其他适用的企业会计准则进行会计处理。

同时符合下列条件，使用已识别资产的权利构成合同中的一项单独租赁。

（1）承租人可从单独使用该资产或将其与易于获得的其他资源一起使用中获利。易于获得的资源是指出租人或其他供应方单独销售或出租的商品或服务，或者承租人已从出租人或其他交易中获得的资源。

（2）该资产与合同中的其他资产不存在高度依赖或高度关联关系。例如，若承租人租入资产的决定不会对承租人使用合同中的其他资产的权利产生重大影响，则表明该项资产与合同中的其他资产不存在高度依赖或高度关联关系。

出租人可能要求承租人承担某些款项，却并未向承租人转移商品或服务。例如，出租人可能将管理费或与租赁相关的其他成本计入应付金额，而并未向承租人转移商品或服务。此类应付金额不构成合同中单独的组成部分，而应视为总对价的一部分分摊至单独识别的合同组成部分。

1. 承租人的处理

在分拆合同包含的租赁和非租赁部分时，承租人应当按照各项租赁部分的单独价格及非租赁部分的单独价格之和的相对比例分摊合同对价。租赁和非租赁部分的相对单独价格，应当根据出租人或类似资产供应方就该部分或类似部分向企业单独收取的价格确定。如果可观察的单独价格不易于获得，承租人应当最大限度地利用可观察的信息估计单独价格。

本准则第十二条规定，为简化处理，承租人可以按照租赁资产的类别选择是否分拆合同包含的租赁和非租赁部分。承租人选择不分拆的，应当将各租赁部分及与其相关的非租赁部分分别合并为租赁，按照本准则进行会计处理。但是，对于按照《企业会计准则第22号——金融工具确认和计量》应分拆的嵌入衍生工具，承租人不应将其与租赁部分合并进行会计处理。

【例 11-16】租赁分拆时承租人的会计处理

甲公司从乙公司租赁一台推土机、一辆卡车和一台长臂挖掘机用于采矿业务，租赁期为 4 年。乙公司同意在整个租赁期内维护各项设备。合同固定对价为 3 000 000 元，按年分期支付，每年支付 750 000 元。合同对价包含了各项设备的维护费用。

【分析】

甲公司未采用简化处理，而是将非租赁部分（维护服务）与租入的各项设备分别进行会计处理。甲公司认为租入的推土机、卡车和长臂挖掘机分别属于单独租赁，原因如下：（1）甲公司可从单独使用这三项设备中的每一项，或将其与易于获得的其他资源一起使用中获利（例如，甲公司易于租入或购买其他卡车或挖掘机用于其采矿业务）；（2）尽管甲公司租入这三项设备只有一个目的（即从事采矿业务），但这些设备不存在高度依赖或高度关联关系。因此，甲公司得出结论，合同中存在三个租赁部分和对应的三个非租赁部分（维护服务）。甲公司将合同对价分摊至三个租赁部分和对应的三个非租赁部分。

市场上有多家供应方提供类似推土机和卡车的维护服务，因此这两项租入设备的维护服务存在可观察的单独价格。假设其他供应方的支付条款与甲、乙公司签订的合同条款相似，甲公司能够确定推土机和卡车维护服务的可观察单独价格分别为 160 000 元和 80 000 元。长臂挖掘机是高度专业化机械，其他供应方不出租类似挖掘机或为其提供维护服务。乙公司对从本公司购买相似长臂挖掘机的客户提供 4 年的维护服务，可观察对价为固定金额 280 000 元，分 4 年支付。因此，甲公司估计长臂挖掘机维护服务的单独价格为 280 000 元。甲公司观察到乙公司在市场上单独出租租赁期为 4 年的推土机、卡车和长臂挖掘机的价格分别为 900 000 元、580 000 元和 1 200 000 元。

甲公司将合同固定对价 3 000 000 元分摊至租赁和非租赁部分的情况如表 11-1 所示。

表 11-1　合同对价的分摊

金额单位：元

		推土机	卡车	长臂挖掘机	合计
可观察的单独价格	租赁	900 000	580 000	1 200 000	2 680 000
	非租赁				520 000[*]
	合计				3 200 000
	固定对价总额				3 000 000
分摊率	分摊率（%）[**]				83.75

注：*160 000 +80 000 +280 000 =520 000。

** 按照本准则规定，承租人按照推土机、卡车、长臂挖掘机这三个租赁部分单独价格 900 000 元、580 000 元、1 200 000 元和非租赁部分的单独价格之和 520 000 元的相对比例，来分摊合同对价。分拆后，推土机、卡车和长臂挖掘机的租赁付款额（折现前）分别为 843 750 元、543 750 元和 1 125 000 元。

2. 出租人的处理

出租人应当分拆租赁部分和非租赁部分，根据《企业会计准则第 14 号——收入》第二十条至第二十五条关于交易价格分摊的规定分摊合同对价。

11.5.2　租赁的合并

企业与同一交易方或其关联方在同一时间或相近时间订立的两份或多份包含租赁的合同，在满足下列条件之一时，应当合并为一份合同进行会计处理。

（1）该两份或多份合同基于总体商业目的而订立并构成一揽子交易，若不作为整体考虑则无法理解其总体商业目的。

（2）该两份或多份合同中的某份合同的对价金额取决于其他合同的定价或履行情况。

（3）该两份或多份合同让渡的资产使用权合起来构成一项单独租赁。

两份或多份合同合并为一份合同进行会计处理的，仍然需要区分这一份合同中的租赁部分和非租赁部分。

11.6 租赁期

本准则规定，租赁期是指承租人有权使用租赁资产且不可撤销的期间。承租人有续租选择权，即有权选择续租该资产，且合理确定将行使该选择权的，租赁期还应当包含续租选择权涵盖的期间。承租人有终止租赁选择权，即有权选择终止租赁该资产，但合理确定将不会行使该选择权的，租赁期应当包含终止租赁选择权涵盖的期间。

11.6.1 租赁期开始日

租赁期自租赁期开始日起计算。租赁期开始日，是指出租人提供租赁资产使其可供承租人使用的起始日期。如果承租人在租赁协议约定的起租日或租金起付日之前，已获得对租赁资产使用权的控制，则表明租赁期已经开始。租赁协议中对起租日或租金支付时间的约定，并不影响租赁期开始日的判断。

【例11-17】租赁期开始日的确定

在某商铺的租赁安排中，出租人于2×18年1月1日将房屋钥匙交付承租人，承租人在收到钥匙后，就可以自主安排对商铺的装修布置，并安排搬迁。合同约定有3个月的免租期，起租日为2×18年4月1日，承租人自起租日开始支付租金。

【分析】

此交易中，由于承租人自2×18年1月1日起就已拥有对商铺使用权的控制，因此租赁期开始日为2×18年1月1日，即租赁期包含出租人给予承租人的免租期。

11.6.2 不可撤销期间

在确定租赁期和评估不可撤销租赁期间时，企业应根据租赁条款约定确定可强制执行合同的期间。

如果承租人和出租人双方均有权在未经另一方许可的情况下终止租赁，且罚款金额不重大，则该租赁不再强制执行。如果只有承租人有权终止租赁，则在确定租赁期时，应将该项权利视为承租人可行使的终止租赁选择权予以考虑。如果只有出租人有权终止租赁，则不可撤销的租赁期包括终止租赁选择权所涵盖的期间。

【例11-18】不可撤销租赁期间的确定

承租人与出租人签订了一份租赁合同，约定自租赁期开始日1年内不可撤销，如果撤销，双方将支付重大罚金；1年期满后，经双方同意可再延长1年，如有一方不同意，将不再续期，且没有罚款。假设承租人对于租赁资产并不具有重大依赖。

【分析】

在此情况下，自租赁期开始日起的第 1 年有强制的权利和义务，是不可撤销期间。而此后 1 年的延长期并非不可撤销期间，因为承租人或出租人均可单方面选择不续约而无需支付任何罚款。

11.6.3　续租选择权和终止租赁选择权

在租赁期开始日，应当评估承租人是否合理确定将行使续租或购买标的资产的选择权，或者将不行使终止租赁选择权。在评估时，应当考虑对承租人行使续租选择权或不行使终止租赁选择权带来经济利益的所有相关事实和情况，包括自租赁期开始日至选择权行使日之间的事实和情况的预期变化。

需考虑的因素包括但不限于以下方面。

（1）与市价相比，选择权期间的合同条款和条件。例如：选择权期间内为使用租赁资产而需支付的租金；可变租赁付款额或其他或有款项，如因终止租赁罚款和余值担保导致的应付款项；初始选择权期间后可行使的其他选择权的条款和条件，如续租期结束时可按低于市价的价格行使购买选择权。

（2）在合同期内，承租人进行或预期进行重大租赁资产改良的，在可行使续租选择权、终止租赁选择权或者购买租赁资产选择权时，预期能为承租人带来的重大经济利益。

（3）与终止租赁相关的成本。例如，谈判成本、搬迁成本、寻找与选择适合承租人需求的替代资产所发生的成本、将新资产融入运营所发生的整合成本、终止租赁的罚款、将租赁资产恢复至租赁条款约定状态的成本、将租赁资产归还至租赁条款约定地点的成本等。

（4）租赁资产对承租人运营的重要程度。例如，租赁资产是否为一项专门资产，租赁资产位于何地以及是否可获得合适的替换资产等。

（5）与行使选择权相关的条件及满足相关条件的可能性。例如，租赁条款约定仅在满足一项或多项条件时方可行使选择权，此时还应考虑相关条件及满足相关条件的可能性。

租赁的不可撤销期间的长短会影响对承租人是否合理确定将行使或不行使选择权的评估。通常，租赁的不可撤销期间越短，承租人行使续租选择权或不行使终止租赁选择权的可能性就越大，原因在于不可撤销期间越短，获取替代资产的相对成本就越高。此外，评估承租人是否合理确定将行使或不行使选择权时，如果承租人以往曾经使用过特定类型的租赁资产或自有资产，则可以参考承租人使用该类资产的通常期限及原因。例如，承租人通常在特定时期内使用某类资产，或承租人时常对某类租赁资产行使选择权，则承租人应考虑以往这些做法的原因，以评估是否合理确定将对此类租赁资产行使选择权。

续租选择权或终止租赁选择权可能与租赁的其他条款相结合。例如，无论承租人是否行使选择权，均保证向出租人支付基本相等的最低或固定现金，在此情形下，应假定承租人合理确定将行使续租选择权或不行使终止租赁选择权。又如，同时存在原租赁和转租赁时，转租赁期限超过原租赁期限，如原租赁包含 5 年的不可撤销期间和 2 年的续租选择权，而转租赁的不可撤销期限为 7 年，此时应考虑转租赁期限及相关租赁条款对续租选择权评估的可能影响。

购买选择权的评估方式应与续租选择权或终止租赁选择权的评估方式相同，购买选择权在经济上与将租赁期延长至租赁资产全部剩余经济寿命的续租选择权类似。

【例 11-19】租赁期的判定 1

承租人签订了一份设备租赁合同，包括 4 年不可撤销期限和 2 年期固定价格续租选择权，续租选择权期间的合同条款和条件与市价接近。

【分析】

在此情况下，没有终止罚款或其他因素表明承租人合理确定将行使续租选择权。因此，在租赁期开始日，确定租赁期为 4 年。

【例 11-20】租赁期的判定 2

承租人签订了一份建筑租赁合同，包括 4 年不可撤销期限和 2 年按照市价行使的续租选择权。在搬入该建筑之前，承租人花费了大量资金对租赁建筑进行了改良，预计在 4 年结束时租赁资产改良仍将具有重大价值，且该价值仅可通过继续使用租赁资产实现。

【分析】

在此情况下，承租人合理确定将行使续租选择权，因为如果在 4 年结束时放弃该租赁资产改良，将蒙受重大经济损失。因此，在租赁开始时，承租人确定租赁期为 6 年。

11.6.4　对租赁期和购买选择权的重新评估

本准则规定，发生承租人可控范围内的重大事件或变化，且影响承租人是否合理确定将行使相应选择权的，承租人应当对其是否合理确定将行使续租选择权、购买选择权或不行使终止租赁选择权进行重新评估，并根据重新评估结果修改租赁期。承租人可控范围内的重大事件或变化包括但不限于下列情形。

（1）在租赁期开始日未预计到的重大租赁资产改良，在可行使续租选择权、终止租赁选择权或购买选择权时，预期将为承租人带来重大经济利益。

（2）在租赁期开始日未预计到的租赁资产的重大改动或定制化调整。

（3）承租人做出的与行使或不行使选择权直接相关的经营决策。例如，决定续租互补性资产、处置可替代的资产或处置包含相关使用权资产的业务。

如果不可撤销的租赁期间发生变化，企业应当修改租赁期。例如，在下述情况下，不可撤销的租赁期将发生变化：一是承租人实际行使了选择权，但该选择权在之前确定租赁期时未涵盖；二是承租人未实际行使选择权，但该选择权在之前确定租赁期时已涵盖；三是某些事件的发生，导致根据合同规定承租人有义务行使选择权，但该选择权在之前确定租赁期时未涵盖；四是某些事件的发生，导致根据合同规定禁止承租人行使选择权，但该选择权在之前确定租赁期时已涵盖。

11.7 承租人的会计处理

本准则规定，在租赁期开始日，承租人应当对租赁确认使用权资产和租赁负债，应用短期租赁和低价值资产租赁简化处理的除外。

11.7.1 租赁负债的初始计量

租赁负债应当按照租赁期开始日尚未支付的租赁付款额的现值进行初始计量。识别应纳入租赁负债的相关付款项目是计量租赁负债的关键。

1. 租赁付款额

租赁付款额，是指承租人向出租人支付的与在租赁期内使用租赁资产的权利相关的款项。

租赁付款额包括以下五项内容。

（1）固定付款额及实质固定付款额，存在租赁激励的，扣除租赁激励相关金额。

本准则中的实质固定付款额是指在形式上可能包含变量但实质上无法避免的付款额。例如：

①付款额设定为可变租赁付款额，但该可变条款几乎不可能发生，没有真正的经济实质。例如，付款额仅需在租赁资产经证实能够在租赁期间正常运行时支付，或者仅需在不可能不发生的事件发生时支付。又如，付款额初始设定为与租赁资产使用情况相关的可变付款额，但其潜在可变性将于租赁期开始日之后的某个时点消除，在可变性消除时，该类付款额成为实质固定付款额。

②承租人有多套付款额方案，但其中仅有一套是可行的。在此情况下，承租人应采用该可行的付款额方案作为租赁付款额。

③承租人有多套可行的付款额方案，但必须选择其中一套。在此情况下，承租人应采用总折现金额最低的一套作为租赁付款额。

【例 11-21】可变租赁付款额情形下租赁付款额的确定

甲公司是一家知名零售商，从乙公司处租入已成熟开发的零售场所开设一家商店。根据租赁合同，甲公司在正常工作时间内必须经营该商店，且甲公司不得将商店闲置或进行分租。合同中关于租赁付款额的条款为：如果甲公司开设的这家商店没有发生销售，则甲公司应付的年租金为 100 元；如果这家商店发生了任何销售，则甲公司应付的年租金为 1 000 000 元。

【分析】

本例中，该租赁包含每年 1 000 000 元的实质固定付款额。该金额不是取决于销售额的可变付款额。因为甲公司是一家知名零售商，根据租赁合同，甲公司应在正常工作时间内经营该商店，所以甲公司开设的这家商店不可能不发生销售。

【例 11-22】 存在多套付款额方案时租赁付款额的确定

承租人甲公司签订了一份为期 5 年的卡车租赁合同。合同中关于租赁付款额的条款为：如果该卡车在某月份的行驶里程不超过 1 万千米，则该月应付的租金为 10 000 元；如果该卡车在某月份的行驶里程超过 1 万千米但不超过 2 万千米，则该月应付的租金为 16 000元；该卡车 1 个月内的行驶里程最高不能超过 2 万千米，否则承租人需支付巨额罚款。

【分析】

本例中，租赁付款额中包含基于使用情况的可变性，且在某些月份里确实可避免支付较高租金，然而，月付款额 10 000 元是不可避免的。因此，月付款额 10 000 元属于实质固定付款额，应被纳入租赁负债的初始计量中。

【例 11-23】 存在激励租赁的情形下租赁付款额的确定

承租人甲公司租入一台预计使用寿命为 5 年的机器。不可撤销的租赁期为 3 年。在第 3 年年末，甲公司必须以 20 000 元购买该机器，或者必须将租赁期延长 2 年，如延长，则在续租期内每年年末支付 10 500 元。

【分析】

甲公司在租赁期开始时评估认为，不能合理确定在第 3 年年末是购买该机器，还是将租赁期延长 2 年。如果甲公司单独考虑购买选择权或续租选择权，那么在租赁期开始时，购买选择权的行权价格与续租期内的应付租金都不会纳入租赁负债中。然而，该安排在第 3 年年末包含一项实质固定付款额。这是因为，甲公司必须行使上述两种选择权中的其中一个，且不论在哪种选择权下，甲公司都必须进行付款。因而在该安排中，实质固定付款额的金额是下述两项金额中的较低者：购买选择权的行权价格（20 000 元）的现值与续租期内付款额（每年年末支付 10 500 元）的现值。

租赁激励，是指出租人为达成租赁向承租人提供的优惠，包括出租人向承租人支付的与租赁有关的款项、出租人为承租人偿付或承担的成本等。存在租赁激励的，承租人在确定租赁付款额时，应扣除租赁激励相关金额。

（2）取决于指数或比率的可变租赁付款额。

可变租赁付款额，是指承租人为取得在租赁期内使用租赁资产的权利，而向出租人支付的因租赁期开始日后的事实或情况发生变化（而非时间推移）而变动的款项。可变租赁付款额可能与下列各项指标或情况挂钩。

①由于市场比率或指数数值变动导致的价格变动。例如，基准利率或消费者价格指数变动可能导致租赁付款额调整。

②承租人源自租赁资产的绩效。例如，零售业不动产租赁可能会要求基于使用该不动产取得的销售收入的一定比例确定租赁付款额。

③租赁资产的使用。例如，车辆租赁可能要求承租人在超过特定里程数时支付额外的租赁付款额。

需要注意的是，可变租赁付款额中，仅取决于指数或比率的可变租赁付款额纳入租赁负债的初始计量中，包括与消费者价格指数挂钩的款项、与基准利率挂钩的款项和为反映市场租金费率变化而变动的款项等。此类可变租赁付款额应当根据租赁期开始日的指数或比率确定。除了取决于指数或比率的可变租赁付款额之外，其他可变租赁付款额均不纳入租赁负债的初始计量中。

【例 11-24】取决于指数或比率的可变租赁付款额如何确定

承租人甲公司签订了一项为期 10 年的不动产租赁合同，每年的租赁付款额为 50 000元，于每年年初支付。合同规定，租赁付款额在租赁期开始日后每两年基于过去 24 个月消费者价格指数的上涨进行上调。租赁期开始日的消费者价格指数为 125。

【分析】

甲公司在初始计量租赁负债时，应基于租赁期开始日的消费者价格指数确定租赁付款额，无需对后续年度因消费者价格指数而导致的租金变动作出估计。因此，在租赁期开始日，甲公司应以每年 50 000 元的租赁付款额为基础计量租赁负债。

（3）购买选择权的行权价格，前提是承租人合理确定将行使该选择权。

在租赁期开始日，承租人应评估是否合理确定将行使购买标的资产的选择权。在评估时，承租人应考虑对其行使或不行使购买选择权产生经济激励的所有相关事实和情况。如果承租人合理确定将行使购买标的资产的选择权，则租赁付款额中应包含购买选择权的行权价格。

【例 11-25】存在购买选择权时租赁付款额的确定

承租人甲公司与出租人乙公司签订了一份不可撤销的 5 年期设备租赁合同。合同规定，甲公司可以选择在租赁期结束时以 5 000 元购买这台设备。已知该设备应用于不断更新、迅速变化的科技领域，租赁期结束时其公允价值可能出现大幅波动，估计在 4 000 元至9 000 元，在 5 年租赁期内可能会有更好的替代产品出现。

【分析】

在租赁期开始日，甲公司对于其是否将行使购买选择权的经济动机作出全面评估，并最终认为不能合理确定将行使购买选择权。该评估包括：租赁期结束时该设备公允价值的重大波动性，以及在租赁期间内可能出现更好替代产品的可能性等。评估甲公司是否合理确定将行使购买选择权可能涉及重大判断。假设甲公司租赁设备时，约定更短的租赁期限（例如，1 年或 2 年）或设备所处环境不同（例如，租赁设备并非应用于不断更新的科技领域，而是应用于相对稳定的行业，并且其未来的公允价值能够可靠预测和估计），则甲公司是否行使购买选择权的判断可能不同。

（4）行使终止租赁选择权需支付的款项，前提是租赁期反映出承租人将行使终止租赁选择权。

在租赁期开始日，承租人应评估是否合理确定将行使终止租赁的选择权。在评估时，承租人应考虑对其行使或不行使终止租赁选择权产生经济激励的所有相关事实和情况。如果承租人合理确定将行使终止租赁选择权，则租赁付款额中应包含行使终止租赁选择权需支付的款项，并且租赁期不应包含终止租赁选择权涵盖的期间。

【例 11-26】行使终止租赁选择权时租赁付款额的确定

承租人甲公司租入某办公楼的一层楼，为期 10 年。甲公司有权选择在第 5 年后提前终止租赁，并以相当于 6 个月的租金作为罚金。每年的租赁付款额为固定金额 120 000 元。该办公楼是全新的，并且在周边商业园区的办公楼中处于技术领先水平。上述租赁付款额与市场租金水平相符。

【分析】

在租赁期开始日，甲公司评估后认为，6 个月的租金对于甲公司而言金额重大，同等条件下，也难以按更优惠的价格租入其他办公楼，可以合理确定不会选择提前终止租赁，因此其租赁负债不应包括提前终止租赁时需支付的罚金，租赁期确定为 10 年。

（5）根据承租人提供的担保余值预计应支付的款项。

担保余值，是指与出租人无关的一方向出租人提供担保，保证在租赁结束时租赁资产的价值至少为某指定的金额。如果承租人提供了对余值的担保，则租赁付款额应包含该担保下预计应支付的款项，它反映了承租人预计将支付的金额，而不是承租人担保余值下的最大敞口。

【例 11-27】根据承租人提供的担保余值预计应支付的款项

承租人甲公司与出租人乙公司签订了汽车租赁合同，租赁期为 5 年。合同中就担保余值的规定为：如果标的汽车在租赁期结束时的公允价值低于 40 000 元，则甲公司需向乙公司支付 40 000 元与汽车公允价值之间的差额。因此，甲公司在该担保余值下的最大敞口为 40 000 元。

【分析】

在租赁期开始日，甲公司预计标的汽车在租赁期结束时的公允价值为 40 000 元，即，甲公司预计在担保余值下将支付的金额为 0。因此，甲公司在计算租赁负债时，与担保余值相关的付款额为 0。

2. 折现率

租赁负债应当按照租赁期开始日尚未支付的租赁付款额的现值进行初始计量。在计算租赁付款额的现值时，承租人应当采用租赁内含利率作为折现率；无法确定租赁内含利率的，应当采用承租人增量借款利率作为折现率。

租赁内含利率，是指使出租人的租赁收款额的现值与未担保余值的现值之和等于租赁资产公允价值与出租人的初始直接费用之和的利率。

其中，未担保余值，是指租赁资产余值中，出租人无法保证能够实现或仅由与出租人有关的一方予以担保的部分。

初始直接费用，是指为达成租赁所发生的增量成本。增量成本是指若企业不取得该租赁，则不会发生的成本，如佣金、印花税等。无论是否实际取得租赁都会发生的支出，不属于初始直接费用，例如为评估是否签订租赁而发生的差旅费、法律费用等，此类费用应当在发生时计入当期损益。

【例 11-28】租赁内含利率的计算

承租人甲公司与出租人乙公司签订了一份车辆租赁合同，租赁期为 5 年。在租赁开始日，该车辆的公允价值为 100 000 元，乙公司预计在租赁结束时其公允价值（即未担保余值）将为 10 000 元。租赁付款额为每年 23 000 元，于年末支付。乙公司发生的初始直接费用为 5 000 元。

【分析】

乙公司计算租赁内含利率 r 的方法如下。

23 000×（ $P/A,r,5$ ）+10 000×（ $P/F,r,5$ ）=100 000 +5 000

本例中，计算得出的租赁内含利率 r 为 5.79%。

承租人增量借款利率，是指承租人在类似经济环境下为获得与使用权资产价值接近的资产，在类似期间以类似抵押条件借入资金须支付的利率。该利率与下列事项相关：（1）承租人自身情况，即承租人的偿债能力和信用状况；（2）"借款"的期限，即租赁期；（3）"借入"资金的金额，即租赁负债的金额；（4）"抵押条件"，即租赁资产的性质和质量；（5）经济环境，包括承租人所处的司法管辖区、计价货币、合同签订时间等。

在具体操作时，承租人可以先根据所处经济环境，以可观察的利率作为确定增量借款利率的参考基础，然后根据承租人自身情况、标的资产情况、租赁期和租赁负债金额等租赁业务具体情况对参考基础进行调整，得出适用的承租人增量借款利率。企业应当对确定承租人增量借款利率的依据和过程做好记录。

实务中，承租人增量借款利率常见的参考基础包括承租人同期银行贷款利率、相关租赁合同利率、承租人最近一期类似资产抵押贷款利率、与承租人信用状况相似的企业发行的同期债券利率等，但承租人还需根据上述事项在参考基础上相应进行调整。

【例 11-29】采用增量借款利率作为折现率来计算租赁付款额的现值

2×19 年 1 月 1 日，承租人甲公司签订了一份为期 10 年的不动产租赁协议，并拥有 5 年的续租选择权。每年的租赁付款额固定为人民币 900 000 元，于每年年末支付。

在租赁期开始日，甲公司评估后认为，不能合理确定将行使续租选择权，因此将租赁期确定为 10 年。甲公司无法确定租赁内含利率，需采用增量借款利率作为折现率来计算租赁付款额的现值。

甲公司现有的借款包括以下两笔。

①一笔为期 6 个月的短期借款，金额为 500 000 元，借款起始日为 2×18 年 10 月 1 日，到期日为 2×19 年 3 月 31 日，利率为 4.0%，每季末支付利息，到期时一次性偿还本金，无任何抵押。

②一笔为期 15 年的债券，金额为 50 000 000 元，发行日为 2×17 年 1 月 1 日，到期日为 2×31 年 12 月 31 日，票面利率为 9.0%，每年年末支付利息，到期时一次性偿还本金，无任何抵押。

【分析】

为确定该租赁的增量借款利率，甲公司需要找到类似期限（即租赁期10年）、类似抵押条件（即以租赁资产作为抵押）、类似经济环境下（例如，借入时点是租赁期开始日，偿付方式是每年等额偿付900 000元，10年后拥有与续租权类似的借款选择权）、借入与使用权资产价值接近的资金（即人民币9 000 000元）须支付的固定利率。由于无法直接获取满足上述全部条件的利率，甲公司以其现有的借款利率以及市场可参考信息（如相同期限的国债利率等）作为基础，估计该租赁的增量借款利率。

以可观察的借款利率作为参考基础确定增量借款利率时，通常需要考虑的调整事项包括但不限于以下事项。

（1）本息偿付方式不同，例如，作为参考基础的借款是每年付息且到期一次性偿还本金，而不是每年等额偿付本息。

（2）借款金额不同，例如，作为参考基础的借款金额远高于租赁负债。

（3）借款期限不同，例如，作为参考基础的借款短于或长于租赁期。

（4）抵押、担保情况不同，例如，作为参考基础的借款为无抵押借款。

（5）资金借入时间的不同，例如，作为参考基础的债券是2年前发行的，而市场利率水平在2年内发生了较大变化。

（6）提前偿付或其他选择权的影响。

（7）借款币种不同，例如，作为参考基础的借款为人民币借款，但租赁付款额的币种为美元。

情形一：甲公司发行的债券有公开市场。

当甲公司发行的债券有公开市场时，通常需考虑该债券的市场价格及市场利率，因为其反映了甲公司的现有信用状况以及债券投资者所要求的现时回报率。甲公司结合其自身情况判断后认为，以自己发行的15年期债券利率作为估计增量借款利率的起点最为恰当。

甲公司在15年期债券利率的基础上，执行了如下步骤，以确定该租赁的增量借款利率。

第一步，确定15年期债券的市场利率。甲公司根据该债券的市场价格和剩余13年的还款情况（即，每年年末根据票面利率支付利息、到期一次性偿还本金），计算该债券的市场利率。该市场利率反映了甲公司的现有信用状况以及债券投资者所要求的现时回报率，甲公司无需因该债券的发行时间（即2年前）而进行额外调整。

第二步，调整借款金额的不同。15年期债券的金额为50 000 000元，租赁付款总额为9 000 000。甲公司根据估计日市场情况考虑上述借款金额的不同是否影响借款利率并相应进行调整。

第三步，调整本息偿付方式的不同。该租赁是每年支付固定的租赁付款额，而15年期债券是每年年末付息并到期一次性偿还本金。甲公司应考虑该事项对借款利率的影响并进行相应调整。

第四步，调整借款期间的不同。该租赁的租赁期为10年，而15年期债券的剩余期间为13年。甲公司应考虑该事项对借款利率的影响并进行相应调整。

第五步，调整抵押情况的不同。在确定增量借款利率时，租赁合同视为以租赁资产作为抵押而获得借款，而 15 年期债券无任何抵押。甲公司应考虑该事项对借款利率的影响并进行相应调整。

情形二：甲公司发行的债券没有公开市场。

当甲公司发行的债券没有公开市场但甲公司存在可观察的信用评级时，可考虑以与甲公司信用评级相同的企业所发行的公开交易的债券利率为基础，确定上述第一步的参考利率。

当甲公司发行的债券没有公开市场且甲公司没有可观察的信用评级时，在市场利率水平和甲公司信用状况在债券发行日至增量借款利率估计日期间没有发生重大变化的情况下，可考虑以该 15 年期债券发行时的实际利率为基础，作为估计增量借款利率的起点。

确定参考利率后，将其调整为增量借款利率的步骤与情形一基本相同。

情形三：甲公司没有任何借款。

当甲公司没有任何借款时，可考虑通过向银行询价的方式获取同期借款利率，并进行适当调整后确定其增量借款利率；或者，可考虑聘用第三方评级机构获取其信用评级，参考情形一下的方法确定其增量借款利率。

11.7.2　使用权资产的初始计量

使用权资产，是指承租人可在租赁期内使用租赁资产的权利。在租赁期开始日，承租人应当按照成本对使用权资产进行初始计量。该成本包括下列四项。

（1）租赁负债的初始计量金额。

（2）在租赁期开始日或之前支付的租赁付款额；存在租赁激励的，应扣除已享受的租赁激励相关金额。

（3）承租人发生的初始直接费用。

（4）承租人为拆卸及移除租赁资产、复原租赁资产所在场地或将租赁资产恢复至租赁条款约定状态预计将发生的成本。前述成本属于为生产存货而发生的，适用《企业会计准则第 1 号——存货》。

关于上述第四项成本，承租人有可能在租赁期开始日就承担了上述成本的支付义务，也可能在特定期间内因使用标的资产而承担了相关义务。承租人应在其有义务承担上述成本时，将这些成本确认为使用权资产成本的一部分。但是，承租人由于在特定期间内将使用权资产用于生产存货而发生的上述成本，应按照《企业会计准则第 1 号——存货》进行会计处理。承租人应当按照《企业会计准则第 13 号——或有事项》对上述成本的支付义务进行确认和计量。

在某些情况下，承租人可能在租赁期开始前就发生了与标的资产相关的经济业务或事项。例如，租赁合同双方经协商在租赁合同中约定，标的资产需经建造或重新设计后方可供承租人使用；根据合同条款与条件，承租人需支付与资产建造或设计相关的成本。承租人如发生与标的资产建造或设计相关的成本，应适用其他相关准则（如《企业会计准则第

4 号——固定资产》）进行会计处理。同时需要注意的是，与标的资产建造或设计相关的成本不包括承租人为获取标的资产使用权而支付的款项，此类款项无论在何时支付，均属于租赁付款额。

【例 11-30】使用权资产的初始计量

承租人甲公司就某栋建筑物的某一层楼与出租人乙公司签订了为期 10 年的租赁协议，并拥有 5 年的续租选择权。有关资料如下：（1）初始租赁期内的不含税租金为每年 50 000 元，续租期间为每年 55 000 元，所有款项应于每年年初支付；（2）为获得该项租赁，甲公司发生的初始直接费用为 20 000 元，其中，15 000 元为向该楼层前任租户支付的款项，5 000 元为向促成此租赁交易的房地产中介支付的佣金；（3）作为对甲公司的激励，乙公司同意补偿甲公司 5 000 元的佣金；（4）在租赁期开始日，甲公司评估后认为，不能合理确定将行使续租选择权，因此，将租赁期确定为 10 年；（5）甲公司无法确定租赁内含利率，其增量借款利率为每年 5%，该利率反映的是甲公司以类似抵押条件借入期限为 10 年、与使用权资产等值的相同币种的借款而必须支付的利率。

为简化处理，假设不考虑相关税费影响。

【分析】

承租人甲公司的会计处理如下。

第一步，计算租赁期开始日租赁付款额的现值，并确认租赁负债和使用权资产。

在租赁期开始日，甲公司支付第 1 年的租金 50 000 元，并以剩余 9 年租金（每年 50 000 元）按 5% 的年利率折现后的现值计量租赁负债。计算租赁付款额现值的过程如下。

剩余 9 期租赁付款额 =50 000×9 =450 000（元）

租赁负债 = 剩余 9 期租赁付款额的现值 =50 000×（P/A，5%，9）=355 390（元）

未确认融资费用 = 剩余 9 期租赁付款额 − 剩余 9 期租赁付款额的现值 =450 000−355 390= 94 610（元）

借：使用权资产	405 390
租赁负债——未确认融资费用	94 610
贷：租赁负债——租赁付款额	450 000
银行存款（第 1 年的租赁付款额）	50 000

第二步，将初始直接费用计入使用权资产的初始成本。

借：使用权资产	20 000
贷：银行存款	20 000

第三步，将已收的租赁激励相关金额从使用权资产入账价值中扣除。

借：银行存款	5 000
贷：使用权资产	5 000

综上，甲公司使用权资产的初始成本 =405 390+20 000−5 000 =420 390（元）。

11.7.3　租赁负债的后续计量

1. 计量基础

在租赁期开始日后，承租人应当按以下原则对租赁负债进行后续计量。

（1）确认租赁负债的利息时，增加租赁负债的账面金额。

（2）支付租赁付款额时，减少租赁负债的账面金额。

（3）因重估或租赁变更等原因导致租赁付款额发生变动时，重新计量租赁负债的账面价值。

承租人应当按照固定的周期性利率计算租赁负债在租赁期内各期间的利息费用，并计入当期损益，但按照《企业会计准则第 17 号——借款费用》等其他准则规定应当计入相关资产成本的，从其规定。

此处的周期性利率，是指承租人对租赁负债进行初始计量时所采用的折现率，或者因租赁付款额发生变动或因租赁变更而需按照修订后的折现率对租赁负债进行重新计量时，承租人所采用的修订后的折现率。

【例 11-31】对租赁负债进行后续计量 1

承租人甲公司与出租人乙公司签订了为期 7 年的商铺租赁合同。每年的租赁付款额为 450 000 元，在每年年末支付。甲公司无法确定租赁内含利率，其增量借款利率为 5.04%。

【分析】

在租赁期开始日，甲公司按租赁付款额的现值所确认的租赁负债为 2 600 000 元。在第 1 年年末，甲公司向乙公司支付第 1 年的租赁付款额 450 000 元，其中，131 040（2 600 000×5.04%）元是当年的利息，318 960（450 000 -131 040）元是本金，即租赁负债的账面价值减少 318 960 元。甲公司的账务处理如下。

借：租赁负债——租赁付款额 　　　　　　　　　　　　　　　　 450 000

　　贷：银行存款 　　　　　　　　　　　　　　　　　　　　　　 450 000

借：财务费用——利息费用 　　　　　　　　　　　　　　　　　 131 040

　　贷：租赁负债——未确认融资费用 　　　　　　　　　　　　 131 040

未纳入租赁负债计量的可变租赁付款额，即，并非取决于指数或比率的可变租赁付款额，应当在实际发生时计入当期损益，但按照《企业会计准则第 1 号——存货》等其他准则规定应当计入相关资产成本的，从其规定。

【例 11-32】对租赁负债进行后续计量 2

沿用【例 11-31】，除固定付款额外，合同还规定租赁期间甲公司商铺当年销售额超过 1 000 000 元的，当年应再支付按销售额的 2% 计算的租金，于当年年末支付。

【分析】

该可变租赁付款额与未来的销售额挂钩，而并非取决于指数或比率，因此不应被纳入租赁负债的初始计量中。假设在租赁的第 3 年，该商铺的销售额为 1 500 000 元。甲公司第 3 年年末应支付的可变租赁付款额为 30 000（1 500 000 ×2%）元，在实际发生时计入当期损益。甲公司的账务处理如下。

借：主营业务成本（或销售费用） 30 000

　　贷：银行存款等 30 000

2. 租赁负债的重新计量

在租赁期开始日后，当发生下列四种情形时，承租人应当按照变动后的租赁付款额的现值重新计量租赁负债，并相应调整使用权资产的账面价值。使用权资产的账面价值已调减至零，但租赁负债仍需进一步调减的，承租人应当将剩余金额计入当期损益。

（1）实质固定付款额发生变动。

如果租赁付款额最初是可变的，但在租赁期开始日后的某一时点转为固定，那么，在潜在可变性消除时，该付款额成为实质固定付款额，应纳入租赁负债的计量中。承租人应当按照变动后租赁付款额的现值重新计量租赁负债。在该情形下，承租人采用的折现率不变，即，采用租赁期开始日确定的折现率。

【例 11-33】实质固定付款额发生变动

承租人甲公司签订了一份为期 10 年的机器租赁合同。租金于每年年末支付，并按以下方式确定：第 1 年，租金是可变的，根据该机器在第 1 年下半年的实际产能确定；第 2 至 10 年，每年的租金根据该机器在第 1 年下半年的实际产能确定，即，租金将在第 1 年年末转变为固定付款额。在租赁期开始日，甲公司无法确定租赁内含利率，其增量借款利率为 5%。假设在第 1 年年末，根据该机器在第 1 年下半年的实际产能所确定的租赁付款额为每年 20 000 元。

【分析】

本例中，在租赁期开始时，由于未来的租金尚不确定，因此甲公司的租赁负债为零。在第 1 年年末，租金的潜在可变性消除，成为实质固定付款额（即每年 20 000 元），因此甲公司应基于变动后的租赁付款额重新计量租赁负债，并采用不变的折现率（即 5%）进行折现。在支付第 1 年的租金之后，甲公司后续年度需支付的租赁付款额为 180 000（20 000×9）元，租赁付款额在第 1 年年末的现值为 142 156[20 000×（P/A，5%，9）]元，未确认融资费用为 37 844（180 000 -142 156）元。甲公司在第 1 年年末的相关账务处理如下。

支付第 1 年租金。

借：制造费用等 20 000

　　贷：银行存款 20 000

确认使用权资产和租赁负债。

借：使用权资产 142 156

　　租赁负债——未确认融资费用 37 844

　　贷：租赁负债——租赁付款额 180 000

（2）担保余值预计的应付金额发生变动。

在租赁期开始日后，承租人应对其在担保余值下预计支付的金额进行估计。该金额发生变动的，承租人应当按照变动后租赁付款额的现值重新计量租赁负债。在该情形下，承租人采用的折现率不变。

【例 11-34】 担保余值预计的应付金额发生变动

沿用【例 11-27】，在租赁期开始日后，承租人甲公司对该汽车在租赁期结束时的公允价值进行监测。假设在第 1 年年末，甲公司预计该汽车在租赁期结束时的公允价值为 30 000 元。

【分析】

甲公司应将该担保余值下预计应付的金额 10 000（40 000 − 30 000）元纳入租赁付款额，并使用不变的折现率来重新计量租赁负债。

（3）用于确定租赁付款额的指数或比率发生变动。

在租赁期开始日后，因浮动利率的变动而导致未来租赁付款额发生变动的，承租人应当按照变动后租赁付款额的现值重新计量租赁负债。在该情形下，承租人应采用反映利率变动的修订后的折现率进行折现。

在租赁期开始日后，因用于确定租赁付款额的指数或比率（浮动利率除外）的变动而导致未来租赁付款额发生变动的，承租人应当按照变动后租赁付款额的现值重新计量租赁负债。在该情形下，承租人采用的折现率不变。

需要注意的是，仅当现金流量发生变动时，即租赁付款额的变动生效时，承租人才应重新计量租赁负债，以反映变动后的租赁付款额。承租人应基于变动后的合同付款额，确定剩余租赁期内的租赁付款额。

【例 11-35】 用于确定租赁付款额的指数或比率发生变动

沿用【例 11-24】，假设在租赁第 3 年年初的消费者价格指数为 135，甲公司在租赁期开始日采用的折现率为 5%。在第 3 年年初，在对因消费者价格指数变化而导致未来租赁付款额的变动进行会计处理以及支付第 3 年的租赁付款额之前，租赁负债为 339 320[50 000 +50 000×（P/A，5%，7）]元。经消费者价格指数调整后的第 3 年租赁付款额为 54 000（50 000×135÷125）元。

【分析】

本例中，因用于确定租赁付款额的消费者价格指数的变动，而导致未来租赁付款额发生变动，甲公司应当于第 3 年年初重新计量租赁负债，以反映变动后的租赁付款额，即租赁负债应当以每年 54 000 元的租赁付款额（剩余 8 笔）为基础进行重新计量。在第 3 年年初，甲公司按以下金额重新计量租赁负债：每年 54 000 元的租赁付款额按不变的折现率（即 5%）进行折现，为 366 466[54 000 +54 000×（P/A，5%，7）]元。因此，甲公司的租赁负债将增加 27 146 元，即重新计量后的租赁负债（366 466 元）与重新计量前的租赁负债（339 320 元）之间的差额。不考虑其他因素，甲公司相关账务处理如下。

借：使用权资产   27 146

　　租赁负债—— 未确认融资费用   4 854

　　　贷：租赁负债—— 租赁付款额   32 000

（4）购买选择权、续租选择权或终止租赁选择权的评估结果或实际行使情况发生变化。

租赁期开始日后，发生下列情形的，承租人应采用修订后的折现率对变动后的租赁付款额进行折现，以重新计量租赁负债。

①发生承租人可控范围内的重大事件或变化，且影响承租人是否合理确定将行使续租选择权或终止租赁选择权的，承租人应当对其是否合理确定将行使相应选择权进行重新评估。上述选择权的评估结果发生变化的，承租人应当根据新的评估结果重新确定租赁期和租赁付款额。前述选择权的实际行使情况与原评估结果不一致等导致租赁期变化的，也应当根据新的租赁期重新确定租赁付款额。

②发生承租人可控范围内的重大事件或变化，且影响承租人是否合理确定将行使购买选择权的，承租人应当对其是否合理确定将行使购买选择权进行重新评估。评估结果发生变化的，承租人应根据新的评估结果重新确定租赁付款额。

上述两种情形下，承租人在计算变动后租赁付款额的现值时，应当采用剩余租赁期间的租赁内含利率作为折现率；无法确定剩余租赁期间的租赁内含利率的，应当采用重估日的承租人增量借款利率作为折现率。

【例11-36】购买选择权、续租选择权或终止租赁选择权的评估结果变化1

承租人甲公司与出租人乙公司签订了一份为期5年的设备租赁合同。甲公司计划开发自有设备以替代租赁资产，自有设备计划在5年内投入使用。甲公司拥有在租赁期结束时以5 000元购买该设备的选择权。每年的租赁付款额固定为10 000元，于每年年末支付。甲公司无法确定租赁内含利率，其增量借款利率为5%。在租赁期开始日，甲公司对行使购买选择权的可能性进行评估后认为，不能合理确定将行使购买选择权。这是因为，甲公司计划开发自有设备，继而在租赁期结束时替代租赁资产。

【分析】

在租赁期开始日，甲公司确认的租赁负债为43 300[10 000×（P/A，5%，5）]元。租赁负债将按以下方法摊销（如表11-2所示）。

表11-2　租赁负债的摊销（1）

单位：元

年度	租赁负债年初金额 ①	利息 ②=①×5%	租赁付款额 ③	租赁负债年末金额 ④=①+②-③
1	43 300*	2 165	10 000	35 465
2	35 465	1 773	10 000	27 238
3	27 238	1 362	10 000	18 600
4	18 600	930	10 000	9 530
5	9 530	470**	10 000	

注：* 为便于计算，本例中，年金现值系数取两位小数。

** 第5年的利息费用470 =10 000 -9 530。

假设在第3年年末，甲公司作出削减开发项目的战略决定，包括上述替代设备的开发。该决定在甲公司的可控范围内，并影响其是否合理确定将行使购买选择权。此外，甲公司预计该设备在租赁期结束时的公允价值为 20 000 元。甲公司重新评估其行使购买选择权的可能性后认为，其合理确定将行使该购买选择权。

在租赁期结束时不大可能有可用的替代设备，并且该设备在租赁期结束时的预期市场价值（20 000 元）远高于行权价格（5 000 元）。因此，甲公司应在第3年年末将购买选择权的行权价格纳入租赁付款额中。假设甲公司无法确定剩余租赁期间的租赁内含利率，其第3年年末的增量借款利率为5.5%。在第3年年末，甲公司重新计量租赁负债以涵盖购买选择权的行权价格，并采用修订后的折现率5.5%进行折现。重新计量后的租赁负债（支付前3年的付款额后）为 22 960[10 000 × （P/F, 5.5%, 1）+（10 000 +5 000）× （P/F, 5.5%, 2）]元。此后，租赁负债将按表11-3所述方法进行后续计量。

表 11-3 租赁负债的摊销（2）

单位：元

年度	租赁负债年初金额 ①	利息 ② = ① × 5.5%	租赁付款额 ③	租赁负债年末金额 ④ = ① + ② − ③
4	22 960	1 263	10 000	14 223
5	14 223	777*	15 000	

注：* 第5年的利息费用 777 =10 000+5 000 −14 223（行权价格）

【例 11-37】 购买选择权、续租选择权或终止租赁选择权的评估结果变化2

承租人甲公司租入一层办公楼，为期10年，并拥有可续租5年的选择权。初始租赁期间（即10年）的租赁付款额为每年 50 000 元，可选续租期间（即5年）的租赁付款额为每年 55 000 元，均在每年年初支付。在租赁期开始日，甲公司评估后认为，不能合理确定将会行使续租选择权，因此确定租赁期为10年。甲公司无法确定租赁内含利率，其增量借款利率为5%。在租赁期开始日，甲公司支付第1年的租赁付款额 50 000 元，并确认租赁负债 355 390[50 000 × （P/A, 5%, 9）]元。在第5至6年，甲公司的业务显著增长，其日益壮大的人员规模意味着需要扩租办公楼。为了最大限度降低成本，甲公司额外签订了一份为期8年、在同一办公楼内其他楼层的租赁合同，在第7年年初起租。

【分析】

将扩张的人员安置到在同一办公楼内其他楼层的决定，在甲公司的可控范围内，并影响其是否合理确定将行使现有租赁合同下的续租选择权。如果在其他办公楼中租入一个类似的楼层，甲公司可能会产生额外的费用，因为其人员将处于两栋不同的办公楼中，而将全部人员搬迁到其他办公楼的费用可能会更高。在第6年年末，甲公司重新评估后认为，其合理确定将行使现有租赁合同下的续租选择权，因此该租赁的租赁期由10年变为15年。在对租赁期的变化进行会计处理前，即基于10年租赁期时，甲公司在第6年年末的租赁负债（支付前6年的付款额后）为 186 160[50 000 +50 000 × （P/A, 5%, 3）]元。

在第6年年末，甲公司重新评估后的租赁期为15年，因此应将剩余租赁期（第7至

15年）内的租赁付款额（共9笔）纳入租赁负债，并采用修订后的折现率进行折现。假设甲公司无法确定剩余租赁期间的租赁内含利率，其第6年年末的增量借款利率为4.5%。因此，甲公司重新计量后的租赁负债为399 030[50 000 +50 000×（P/A，4.5%，3）+ 55 000×（P/A，4.5%，5）×（P/F，4.5%，3）]元。

【例11-38】购买选择权、续租选择权或终止租赁选择权的评估结果变化3

承租人甲公司与出租人乙公司签订为期5年的库房租赁合同，每年年末支付固定租金10 000元。甲公司拥有在租赁期结束时以300 000元购买该库房的选择权。在租赁期开始日，甲公司评估后认为，不能合理确定将行使该购买选择权。

第3年年末，该库房所在地房价显著上涨，甲公司预计租赁期结束时该库房的市价为600 000元，甲公司重新评估后认为，能够合理确定将行使该购买选择权。

【分析】

该库房所在地的房价上涨属于市场情况发生的变化，不在甲公司的可控范围内。因此，虽然该事项导致购买选择权的评估结果发生变化，但甲公司不应在第3年年末重新计量租赁负债。

然而，如果甲公司在第3年年末不可撤销地通知乙公司，其将在第5年年末行使购买选择权，则属于购买选择权实际行使情况发生了变化，甲公司需要在第3年年末按修订后的折现率对变动后的租赁付款额进行折现，重新计量租赁负债。

【例11-39】购买选择权、续租选择权或终止租赁选择权的评估结果变化4

承租人甲公司与出租人乙公司签订了一份办公楼租赁合同，每年的租赁付款额为50 000元，于每年年末支付。甲公司无法确定租赁内含利率，其增量借款利率为5%。

不可撤销租赁期为5年，并且合同约定在第5年年末，甲公司有权选择以每年50 000元续租5年，也有权选择以1 000 000元购买该房产。甲公司在租赁期开始时评估认为，可以合理确定将行使续租选择权，而不会行使购买选择权，因此将租赁期确定为10年。

【分析】

在租赁期开始日，甲公司确认的租赁负债和使用权资产为386 000[50 000×（P/A，5%，10）]元。租赁负债将按表11-4所述方法进行后续计量。

表11-4　租赁负债的摊销（3）

单位：元

年度	租赁负债年初金额 ①	利息 ②=①×5%	租赁付款额 ③	租赁负债年末金额 ④=①+②-③
1	386 000*	19 300	50 000	355 300
2	355 300	17 765	50 000	323 065
3	323 065	16 153	50 000	289 218
4	289 218	14 461	50 000	253 679
5	253 679	12 684	50 000	216 363
6	216 363	10 818	50 000	177 308

（续表）

年度	租赁负债年初金额 ①	利息 ②＝①×5%	租赁付款额 ③	租赁负债年末金额 ④＝①＋②－③
7	177 308	8 865	50 000	136 173
8	136 173	6 809	50 000	92 982
9	92 982	4 649	50 000	47 631
10	47 631	2 369	50 000	

注：*为便于计算，本例中，年金现值系数取两位小数。

在租赁期开始日，甲公司的账务处理如下。

借：使用权资产 386 000

　　租赁负债—— 未确认融资费用 （500 000 －386 000）114 000

　　贷：租赁负债—— 租赁付款额 500 000

在第 4 年，该房产所在地房价显著上涨，甲公司预计租赁期结束时该房产的市价为 2 000 000 元，甲公司在第 4 年年末重新评估后认为，能够合理确定将行使上述购买选择权，而不会行使上述续租选择权。该房产所在地的房价上涨属于市场情况发生的变化，不在甲公司的可控范围内。因此，虽然该事项导致购买选择权及续租选择权的评估结果发生变化，但甲公司不需重新计量租赁负债。

在第 5 年年末，甲公司实际行使了购买选择权。截至该时点，使用权资产的原值为 386 000 元，累计折旧为 193 000（386 000×5÷10）元；支付了第 5 年租赁付款额之后，租赁负债的账面价值为 216 490 元，其中，租赁付款额为 250 000 元，未确认融资费用为 33 510（250 000－216 490）元。甲公司行使购买选择权的会计分录如下。

借：固定资产—— 办公楼 976 510

　　使用权资产累计折旧 193 000

　　租赁负债—— 租赁付款额 250 000

　　贷：使用权资产 386 000

　　　　租赁负债—— 未确认融资费用 33 510

　　　　银行存款 1 000 000

11.7.4 使用权资产的后续计量

1. 计量基础

在租赁期开始日后，承租人应当采用成本模式对使用权资产进行后续计量，即，以成本减累计折旧及累计减值损失计量使用权资产。

承租人按照本准则有关规定重新计量租赁负债的，应当相应调整使用权资产的账面价值。

2. 使用权资产的折旧

承租人应当参照《企业会计准则第 4 号—— 固定资产》有关折旧规定，自租赁期开始日起对使用权资产计提折旧。使用权资产通常应自租赁期开始的当月计提折旧，当月计提确有困难的，为便于实务操作，承租人也可以选择自租赁期开始的下月计提折旧，但应对同类使用权资产采取相同的折旧政策。计提的折旧金额应根据使用权资产的用途，计入相关资产的成本或者当期损益。

承租人在确定使用权资产的折旧方法时，应当根据与使用权资产有关的经济利益的预期实现方式做出决定。通常，承租人按直线法对使用权资产计提折旧，其他折旧方法更能反映使用权资产有关经济利益预期实现方式的，应采用其他折旧方法。

承租人在确定使用权资产的折旧年限时，应遵循以下原则：承租人能够合理确定租赁期届满时取得租赁资产所有权的，应当在租赁资产剩余使用寿命内计提折旧；承租人无法合理确定租赁期届满时能够取得租赁资产所有权的，应当在租赁期与租赁资产剩余使用寿命两者孰短的期间内计提折旧。如果使用权资产的剩余使用寿命短于前两者，则应在使用权资产的剩余使用寿命内计提折旧。

3. 使用权资产的减值

在租赁期开始日后，承租人应当按照《企业会计准则第8号——资产减值》的规定，确定使用权资产是否发生减值，并对已识别的减值损失进行会计处理。使用权资产发生减值的，按应减记的金额，借记"资产减值损失"科目，贷记"使用权资产减值准备"科目。使用权资产减值准备一旦计提，不得转回。承租人应当按照扣除减值损失之后的使用权资产的账面价值，进行后续折旧。

【例 11–40】使用权资产的减值计提

承租人甲公司签订了一份为期 10 年的机器租赁合同，用于甲公司生产经营。相关使用权资产的初始账面价值为 100 000 元，按直线法在 10 年内计提折旧，年折旧费为 10 000元。在第 5 年年末，确认该使用权资产发生的减值损失 20 000 元，计入当期损益。

【分析】

该使用权资产在减值前的账面价值为 50 000（100 000×5÷10）元。计提减值损失之后，该使用权资产的账面价值减至 30 000（50 000–20 000）元，之后每年的折旧费也相应减至 6 000（30 000÷5）元。

企业执行本准则后，《企业会计准则第 13 号——或有事项》有关亏损合同的规定仅适用于采用短期租赁和低价值资产租赁简化处理方法的租赁合同以及在租赁开始日前已是亏损合同的租赁合同，不再适用于其他租赁合同。

11.7.5　租赁变更的会计处理

租赁变更，是指原合同条款之外的租赁范围、租赁对价、租赁期限的变更，包括增加或终止一项或多项租赁资产的使用权，延长或缩短合同规定的租赁期等。租赁变更生效日，是指双方就租赁变更达成一致的日期。

1. 租赁变更作为一项单独租赁处理

租赁发生变更且同时符合下列条件的，承租人应当将该租赁变更作为一项单独租赁进行会计处理。

（1）该租赁变更通过增加一项或多项租赁资产的使用权而扩大了租赁范围或延长了租赁期限。

（2）增加的对价与租赁范围扩大部分或租赁期限延长部分的单独价格按该合同情况调整后的金额相当。

【例 11-41】租赁变更作为一项单独租赁处理

承租人甲公司与出租人乙公司就 2 000 平方米的办公场所签订了一项为期 10 年的租赁合同。在第 6 年年初，甲公司和乙公司同意对原租赁合同进行变更，以扩租同一办公楼内 3 000 平方米的办公场所。扩租的场所于第 6 年第 2 季度末可供甲公司使用。增加的租赁对价与新增 3 000 平方米办公场所的当前市价（根据甲公司获取的扩租折扣进行调整后的金额）相当。扩租折扣反映了乙公司节约的成本，即，若将相同场所租赁给新租户，乙公司将会发生的额外成本（如营销成本）。

【分析】

在本例中，甲公司应当将该变更作为一项单独的租赁，与原来的 10 年期租赁分别进行会计处理。原因在于，该租赁变更通过增加 3 000 平方米办公场所的使用权而扩大了租赁范围，并且增加的租赁对价与新增使用权的单独价格按该合同情况调整后的金额相当。据此，在新租赁的租赁期开始日（即第 6 年第 2 季度末），甲公司确认与新增 3 000 平方米办公场所租赁相关的使用权资产和租赁负债。甲公司对原有 2 000 平方米办公场所租赁的会计处理不会因为该租赁变更而进行任何调整。

2. 租赁变更未作为一项单独租赁处理

租赁变更未作为一项单独租赁进行会计处理的，在租赁变更生效日，承租人应当按照本准则有关租赁分拆的规定对变更后合同的对价进行分摊；按照本准则有关租赁期的规定确定变更后的租赁期；并采用变更后的折现率对变更后的租赁付款额进行折现，以重新计量租赁负债。在计算变更后租赁付款额的现值时，承租人应当采用剩余租赁期间的租赁内含利率作为折现率；无法确定剩余租赁期间的租赁内含利率的，应当采用租赁变更生效日的承租人增量借款利率作为折现率。

就上述租赁负债调整的影响，承租人应区分以下情形进行会计处理。

（1）租赁变更导致租赁范围缩小或租赁期缩短的，承租人应当调减使用权资产的账面价值，以反映租赁的部分终止或完全终止。承租人应将部分终止或完全终止租赁的相关利得或损失计入当期损益。

（2）其他租赁变更，承租人应当相应调整使用权资产的账面价值。

【例 11-42】租赁变更未作为一项单独租赁处理 1

承租人甲公司与出租人乙公司就 5 000 平方米的办公场所签订了 10 年期的租赁合同。

年租赁付款额为 100 000 元，在每年年末支付。甲公司无法确定租赁内含利率。在租赁期开始日，甲公司的增量借款利率为 6%，相应的租赁负债和使用权资产的初始确认金额均为 736 000[100 000×（P/A，6%，10）] 元。在第 6 年年初，甲公司和乙公司同意对原租赁合同进行变更，即自第 6 年年初起，将原租赁场所缩减至 2 500 平方米。每年的租赁付款额（自第 6 至 10 年）调整为 60 000 元。承租人在第 6 年年初的增量借款利率为 5%。

【分析】

在租赁变更生效日（即第 6 年年初），甲公司基于以下情况对租赁负债进行重新计量：①剩余租赁期为 5 年；②年付款额为 60 000 元；③采用修订后的折现率 5% 进行折现。据此，计算得出租赁变更后的租赁负债为 259 770[60 000×（P/A，5%，5）] 元。

甲公司应基于原使用权资产部分终止的比例（即缩减的 2 500 平方米占原使用权资产的 50%），来确定使用权资产账面价值的调减金额。在租赁变更之前，原使用权资产的账面价值为 368 000（736 000×5÷10）元，50% 的账面价值为 184 000 元；原租赁负债的账面价值为 421 240[100 000×（P/A，6%，5）] 元，50% 的账面价值为 210 620 元。因此，在租赁变更生效日（第 6 年年初），甲公司终止确认 50% 的原使用权资产和原租赁负债，并将租赁负债减少额与使用权资产减少额之间的差额 26 620（210 620-184 000）元，作为利得计入当期损益。其中，租赁负债的减少额（210 620 元）包括：租赁付款额的减少额 250 000（100 000×50%×5）元，以及未确认融资费用的减少额 39 380（250 000-210 620）元。甲公司终止确认 50% 的原使用权资产和原租赁负债的账务处理如下。

借：租赁负债——租赁付款额 250 000
　　贷：租赁负债——未确认融资费用 39 380
　　　　使用权资产 184 000
　　　　资产处置损益 26 620

此外，甲公司将剩余租赁负债（210 620 元）与变更后重新计量的租赁负债（259 770 元）之间的差额 49 150 元，相应调整使用权资产的账面价值。其中，租赁负债的增加额（49 150 元）包括两部分：租赁付款额的增加额 50 000[（60 000-100 000 ×50%）×5] 元，以及未确认融资费用的增加额 850（50 000 － 49 150）元。甲公司调整现使用权资产价值的账务处理如下。

借：使用权资产 49 150
　　租赁负债——未确认融资费用 850
　　贷：租赁负债——租赁付款额 50 000

注：100 000×（P/A，6%，10）=736 010（元），为便于计算，本题中，进行尾数调整，取 736 000 元。

【例 11-43】租赁变更未作为一项单独租赁处理 2

承租人甲公司与出租人乙公司就 5 000 平方米的办公场所签订了一项为期 10 年的租赁。年租赁付款额为 100 000 元，在每年年末支付。甲公司无法确定租赁内含利率。甲公司在租赁期开始日的增量借款利率为 6%。在第 7 年年初，甲公司和乙公司同意对原租赁合同进行变更，即，将租赁期延长 4 年。每年的租赁付款额不变（即在第 7 至 14 年的每年年末支付 100 000 元）。甲公司在第 7 年年初的增量借款利率为 7%。

【分析】

在租赁变更生效日（即第 7 年年初），甲公司基于下列情况对租赁负债进行重新计量：①剩余租赁期为 8 年；②年付款额为 100 000 元；③采用修订后的折现率 7% 进行折现。据此，计算得出租赁变更后的租赁负债为 597 130[100 000×（P/A，7%，8）] 元。租赁变更前的租赁负债为 346 510[100 000×（P/A，6%，4）] 元。甲公司将变更后租赁负债的账面价值与变更前的账面价值之间的差额 250 620（597 130 － 346 510）元，相应调整使用权资产的账面价值。

11.7.6 短期租赁和低价值资产租赁

本准则规定，对于短期租赁和低价值资产租赁，承租人可以选择不确认使用权资产和租赁负债。作出该选择的，承租人应当将短期租赁和低价值资产租赁的租赁付款额，在租赁期内各个期间按照直线法或其他系统合理的方法计入相关资产成本或当期损益。其他系统合理的方法能够更好地反映承租人的受益模式的，承租人应当采用该方法。

1. 短期租赁

本准则规定，短期租赁，是指在租赁期开始日，租赁期不超过 12 个月的租赁。包含购买选择权的租赁不属于短期租赁。

对于短期租赁，承租人可以按照租赁资产的类别作出采用简化会计处理的选择。如果承租人对某类租赁资产作出了简化会计处理的选择，未来该类资产下所有的短期租赁都应采用简化会计处理。某类租赁资产是指企业运营中具有类似性质和用途的一组租赁资产。

按照简化会计处理的短期租赁发生租赁变更或者其他原因导致租赁期发生变化的，承租人应当将其视为一项新租赁，重新按照上述原则判断该项新租赁是否可以选择简化会计处理。

【例 11-44】 短期租赁

承租人与出租人签订了一份租赁合同，约定不可撤销期间为 9 个月，且承租人拥有 4 个月的续租选择权。在租赁期开始日，承租人判断可以合理确定将行使续租选择权，因为续租期的月租赁付款额明显低于市场价格。

【分析】

在此情况下，承租人确定租赁期为 13 个月，不属于短期租赁，承租人不能选择上述简化会计处理。

2. 低价值资产租赁

低价值资产租赁，是指单项租赁资产为全新资产时价值较低的租赁。

承租人在判断是否是低价值资产租赁时，应基于租赁资产的全新状态下的价值进行评估，不应考虑资产已被使用的年限。

对于低价值资产租赁，承租人可根据每项租赁的具体情况作出简化会计处理选择。低价值资产同时还应满足本准则第十条的规定，即，只有承租人能够从单独使用该低价值资产或将其与承租人易于获得的其他资源一起使用中获利，且该项资产与其他租赁资产没有高度依赖或高度关联关系时，才能对该项资产租赁选择进行简化会计处理。

低价值资产租赁的标准应该是一个绝对金额，即仅与资产全新状态下的绝对价值有关，不受承租人规模、性质等影响，也不考虑该资产对于承租人或相关租赁交易的重要性。常见的低价值资产的例子包括平板电脑、普通办公家具、电话等小型资产。

但是，如果承租人已经或者预期要把相关资产进行转租赁，则不能将原租赁按照低价值资产租赁进行简化会计处理。

值得注意的是，符合低价值资产租赁的，也并不代表承租人若采取购入方式取得该资产时该资产不符合固定资产确认条件。

【例11-45】低价值资产租赁

承租人与出租人签订了一份租赁合同，约定的租赁资产包括：（1）IT设备，包括供员工个人使用的笔记本电脑、计算机、平板电脑、桌面打印机和手机等；（2）服务器，其中包括增加服务器容量的单独组件，这些组件根据承租人需要陆续添加到大型服务器以增加服务器存储容量；（3）办公家具，如桌椅和办公隔断等；（4）饮水机。

通常，办公笔记本电脑全新时的单独价格不超过人民币10 000元，计算机、平板电脑、桌面打印机和手机全新时的单独价格不超过人民币5 000元，普通办公家具的单独价格不超过人民币10 000元，饮水机的单独价格不超过人民币1 000元，服务器单个组件的单独价格不超过人民币10 000元。

【分析】

上述租赁资产中，各种IT设备、办公家具、饮水机都能够单独使承租人获益，且与其他租赁资产没有高度依赖或高度关联关系。通常情况下，符合低价值资产租赁的资产全新状态下的绝对价值应低于人民币40 000元。本例中，承租人将IT设备、办公家具、饮水机租赁作为低价值资产租赁，选择按照简化方法进行会计处理。对于服务器中的组件，尽管单个组件的单独价格较低，但由于每个组件都与服务器中的其他部分高度相关，承租人若不租赁服务器就不会租赁这些组件，这些组件不构成单独的租赁部分，因此不能作为低价值资产租赁进行会计处理。

11.8 出租人的会计处理

11.8.1 出租人的租赁分类

1.融资租赁和经营租赁

本准则规定，出租人应当在租赁开始日将租赁分为融资租赁和经营租赁。

租赁开始日，是指租赁合同签署日与租赁各方就主要租赁条款作出承诺日中的较早者。

租赁开始日可能早于租赁期开始日，也可能与租赁期开始日重合。

一项租赁属于融资租赁还是经营租赁取决于交易的实质，而不是合同的形式。如果一项租赁实质上转移了与租赁资产所有权有关的几乎全部风险和报酬，出租人应当将该项租赁分类为融资租赁。出租人应当将除融资租赁以外的其他租赁分类为经营租赁。

在本准则中，出租人的租赁分类是以租赁转移与租赁资产所有权相关的风险和报酬的程度为依据的。风险包括由于生产能力的闲置或技术陈旧可能造成的损失，以及由于经济状况的改变可能造成的回报变动。报酬可以表现为在租赁资产的预期经济寿命期间经营的盈利以及因增值或残值变现可能产生的利得。

租赁开始日后，除非发生租赁变更，出租人无需对租赁的分类进行重新评估。租赁资产预计使用寿命、预计余值等会计估计变更或发生承租人违约等情况变化的，出租人不对租赁进行重分类。

租赁合同可能包括因租赁开始日与租赁期开始日之间发生的特定变化而需对租赁付款额进行调整的条款与条件（例如，出租人标的资产的成本发生变动，或出租人对该租赁的融资成本发生变动）。在此情况下，出于租赁分类目的，此类变动的影响均视为在租赁开始日已发生。

2. 融资租赁的分类标准

一项租赁存在下列一种或多种情形的，通常分类为融资租赁。

（1）在租赁期届满时，租赁资产的所有权转移给承租人。即，如果在租赁协议中已经约定，或者根据其他条件，在租赁开始日就可以合理地判断，租赁期届满时出租人会将资产的所有权转移给承租人，那么该项租赁通常分类为融资租赁。

（2）承租人有购买租赁资产的选择权，所订立的购买价款预计将远低于行使选择权时租赁资产的公允价值，因而在租赁开始日就可以合理确定承租人将行使该选择权。

（3）资产的所有权虽然不转移，但租赁期占租赁资产使用寿命的大部分。实务中，这里的"大部分"一般指租赁期占租赁开始日租赁资产使用寿命的 75% 以上（含 75%）。需要说明的是，这里的量化标准只是指导性标准，在具体运用时，必须以准则规定的相关条件进行综合判断。这条标准强调的是租赁期占租赁资产使用寿命的比例，而非租赁期占该项资产全部可使用年限的比例。如果租赁资产是旧资产，在租赁前已使用年限超过资产自全新时起算可使用年限的 75% 以上时，则这条判断标准不适用，不能使用这条标准确定租赁的分类。

（4）在租赁开始日，租赁收款额的现值几乎相当于租赁资产的公允价值。实务中，这里的"几乎相当于"，通常指 90% 以上。需要说明的是，这里的量化标准只是指导性标准，企业在具体运用时，必须以准则规定的相关条件进行综合判断。

（5）租赁资产性质特殊，如果不作较大改造，只有承租人才能使用。租赁资产由出租人根据承租人对资产型号、规格等方面的特殊要求专门购买或建造的，具有专购、专用性质。这些租赁资产如果不作较大的重新改制，其他企业通常难以使用。这种情况下，通常也分类为融资租赁。

一项租赁存在下列一项或多项迹象的，也可能分类为融资租赁。

（1）若承租人撤销租赁，撤销租赁对出租人造成的损失由承租人承担。

（2）资产余值的公允价值波动所产生的利得或损失归属于承租人。

例如，租赁结束时，出租人以相当于资产销售收益的绝大部分金额作为对租金的退还，说明承租人承担了租赁资产余值的几乎所有风险和报酬。

（3）承租人有能力以远低于市场水平的租金继续租赁至下一期间。

此经济激励政策与购买选择权类似，如果续租选择权行权价远低于市场水平，可以合理确定承租人将继续租赁至下一期间。

值得注意的是，出租人判断租赁类型时，上述情形和迹象并非总是决定性的，而是应综合考虑经济激励的有利方面和不利方面。若有其他特征充分表明，租赁实质上没有转移与租赁资产所有权相关的几乎全部风险和报酬，则该租赁应分类为经营租赁。例如，若租赁资产的所有权在租赁期结束时是以相当于届时其公允价值的可变付款额转让至承租人，或者因存在可变租赁付款额导致出租人实质上没有转移几乎全部风险和报酬，就可能出现这种情况。

11.8.2 出租人对融资租赁的会计处理

1. 初始计量

本准则规定，在租赁期开始日，出租人应当对融资租赁确认应收融资租赁款，并终止确认融资租赁资产。出租人对应收融资租赁款进行初始计量时，应当以租赁投资净额作为应收融资租赁款的入账价值。

租赁投资净额为未担保余值和租赁期开始日尚未收到的租赁收款额按照租赁内含利率折现的现值之和。租赁内含利率，是指使出租人的租赁收款额的现值与未担保余值的现值之和（即租赁投资净额）等于租赁资产公允价值与出租人的初始直接费用之和的利率。因此，出租人发生的初始直接费用包括在租赁投资净额中，也即包括在应收融资租赁款的初始入账价值中。

租赁收款额，是指出租人因让渡在租赁期内使用租赁资产的权利而应向承租人收取的款项，包括以下几个部分。

（1）承租人需支付的固定付款额及实质固定付款额。存在租赁激励的，应当扣除租赁激励相关金额。

（2）取决于指数或比率的可变租赁付款额。该款项在初始计量时根据租赁期开始日的指数或比率确定。

（3）购买选择权的行权价格，前提是合理确定承租人将行使该选择权。

（4）承租人行使终止租赁选择权需支付的款项，前提是租赁期反映出承租人将行使终止租赁选择权。

（5）由承租人、与承租人有关的一方以及有经济能力履行担保义务的独立第三方向出租人提供的担保余值。

【例 11-46】出租人对融资租赁的会计处理

2×19 年 12 月 1 日，甲公司与乙公司签订了一份租赁合同，从乙公司租入塑钢机一台。租赁合同主要条款如下。

（1）租赁资产：全新塑钢机。

（2）租赁期开始日：2×20 年 1 月 1 日。

（3）租赁期：2×20 年 1 月 1 日—2×25 年 12 月 31 日，共 6 年。

（4）固定租金支付：自 2×20 年 1 月 1 日，每年年末支付租金 160 000 元。如果甲公司能够在每年年末的最后一天及时付款，则给予减少租金 10 000 元的奖励。

（5）取决于指数或比率的可变租赁付款额：租赁期限内，如遇中国人民银行贷款基准利率调整时，出租人将对租赁利率进行同方向、同幅度的调整。基准利率调整日之前各期和调整日当期租金不变，从下一期租金开始按调整后的租金金额收取。

（6）租赁开始日租赁资产的公允价值：该机器在 2×19 年 12 月 31 日的公允价值为 700 000 元，账面价值为 600 000 元。

（7）初始直接费用：签订租赁合同过程中乙公司发生可归属于租赁项目的手续费、佣金为 10 000 元。

（8）承租人的购买选择权：租赁期届满时，甲公司享有优惠购买该机器的选择权，购买价为 20 000 元，估计该日租赁资产的公允价值为 80 000 元。

（9）取决于租赁资产绩效的可变租赁付款额：2×21 年和 2×22 年两年，甲公司每年按该机器所生产的产品——塑钢窗户的年销售收入的 5% 向乙公司支付。

（10）承租人的终止租赁选择权：甲公司享有终止租赁选择权。在租赁期间，如果甲公司终止租赁，需支付的款项为剩余租赁期间的固定租金支付金额。

（11）担保余值和未担保余值均为 0。

（12）全新塑钢机的使用寿命为 7 年。

【分析】

出租人乙公司的会计处理如下。

第一步，判断租赁类型。

本例存在优惠购买选择权，优惠购买价 20 000 元远低于行使选择权日租赁资产的公允价值 80 000 元，因此在 2×19 年 12 月 31 日就可合理确定甲公司将会行使这种选择权。另外，在本例中，租赁期 6 年，占租赁开始日租赁资产使用寿命的 86%（占租赁资产使用寿命的大部分）。同时，乙公司综合考虑其他各种情形和迹象，认为该租赁实质上转移了与该项设备所有权有关的几乎全部风险和报酬，因此将这项租赁认定为融资租赁。

第二步，确定租赁收款额。

（1）承租人的固定付款额为考虑扣除租赁激励后的金额。

承租人的固定付款额 =（160 000 -10 000）×6 =900 000（元）

（2）取决于指数或比率的可变租赁付款额。

该款项在初始计量时根据租赁期开始日的指数或比率确定，因此本例在租赁期开始日不做考虑。

（3）承租人购买选择权的行权价格。

租赁期届满时，甲公司享有优惠购买该机器的选择权，购买价为 20 000 元，估计该日租赁资产的公允价值为 80 000 元。优惠购买价 20 000 元远低于行使选择权日租赁资产的公允价值，因此在 2×19 年 12 月 31 日就可合理确定甲公司将会行使这种选择权。

结论：租赁付款额中应包括承租人购买选择权的行权价格 20 000 元。

（4）终止租赁的罚款。

虽然甲公司享有终止租赁选择权，但若终止租赁，甲公司需支付的款项为剩余租赁期间的固定租金支付金额。

结论：根据上述条款，可以合理确定甲公司不会行使终止租赁选择权

（5）由承租人向出租人提供的担保余值：甲公司向乙公司提供的担保余值为 0 元。

综上所述，租赁收款额 ＝900 000 ＋20 000＝920 000（元）

第三步，确认租赁投资总额。

租赁投资总额 ＝ 在融资租赁下出租人应收的租赁收款额 ＋ 未担保余值

本例中，租赁投资总额 ＝ 920 000＋0＝920 000（元）

第四步，确认租赁投资净额的金额和未实现融资收益。

租赁投资净额在金额上等于租赁资产在租赁期开始日公允价值（700 000 元）与出租人发生的租赁初始直接费用（10 000 元）之和（710 000 元）。

未实现融资收益 ＝ 租赁投资总额 － 租赁投资净额 ＝ 920 000－710 000＝210 000（元）

第五步，计算租赁内含利率。

租赁内含利率是使租赁投资总额的现值（即租赁投资净额）等于租赁资产在租赁开始日的公允价值与出租人的初始直接费用之和的利率。

本例中，列出公式 150 000×（$P/A, r, 6$）+20 000×（$P/F, r, 6$）=710 000，计算得到租赁的内含利率为 7.82%。

第六步，账务处理。

2×20 年 1 月 1 日。

借：应收融资租赁款——租赁收款额	920 000
贷：银行存款	10 000
融资租赁资产	600 000
资产处置损益	100 000
应收融资租赁款——未实现融资收益	210 000

若某融资租赁合同必须以收到租赁保证金为生效条件，出租人收到承租人交来的租赁保证金，借记"银行存款"科目，贷记"其他应收款——租赁保证金"科目。承租人到期不交租金，以保证金抵作租金时，借记"其他应收款——租赁保证金"科目，贷记"应收融资租赁款"科目。承租人违约，按租赁合同或协议规定没收保证金时，借记"其他应收

款——租赁保证金"科目，贷记"营业外收入"等科目。

2. 融资租赁的后续计量

出租人应当按照固定的周期性利率计算并确认租赁期内各个期间的利息收入。该周期性利率，是按照本准则第三十八条规定所采用的折现率，或者按照本准则第四十四条规定所采用的修订后的折现率。

【例 11-47】 融资租赁的后续计量 1

沿用【例 11-46】，以下说明出租人如何确认、计量租赁期内各期间的利息收入。

【分析】

第一步，计算租赁期的利息收入，如表 11-5 所示。

表 11-5　计算租赁期的利息收入

单位：元

日期 ①	租金 ②	确认的利息收入 ③ = 期初④ ×7.82%	租赁投资净额余额 期末④ = 期初④ － ② + ③
2×20 年 1 月 1 日			710 000
2×20 年 12 月 31 日	150 000	55 522	615 522
2×21 年 12 月 31 日	150 000	48 134	513 656
2×22 年 12 月 31 日	150 000	40 168	403 824
2×23 年 12 月 31 日	150 000	31 579	285 403
2×24 年 12 月 31 日	150 000	22 319	157 722
2×25 年 12 月 31 日	150 000	12 278*	20 000
2×25 年 12 月 31 日	20 000		
合计	920 000	210 000	

注：* 进行尾数调整，12 278 =150 000 +20 000 −157 722。

第二步，编制会计分录。

2×20 年 12 月 31 日收到第 1 期租金时。

借：银行存款　　　　　　　　　　　　　　　　　　　　150 000

　　贷：应收融资租赁款——租赁收款额　　　　　　　　　　　150 000

借：应收融资租赁款——未实现融资收益　　　　　　　　55 522

　　贷：租赁收入　　　　　　　　　　　　　　　　　　　　　55 522

2×21 年 12 月 31 日收到第 2 期租金时。

借：银行存款　　　　　　　　　　　　　　　　　　　　150 000

　　贷：应收融资租赁款——租赁收款额　　　　　　　　　　　150 000

借：应收融资租赁款——未实现融资收益　　　　　　　　48 134

　　贷：租赁收入　　　　　　　　　　　　　　　　　　　　　48 134

本准则规定，纳入出租人租赁投资净额的可变租赁付款额只包含取决于指数或比率的可变租赁付款额。在初始计量时，应当采用租赁期开始日的指数或比率进行初始计量。出租人应定期复核计算租赁投资总额时所使用的未担保余值。若预计未担保余值降低，出租人应修改租赁期内的收益分配，并立即确认预计的减少额。

出租人取得的未纳入租赁投资净额计量的可变租赁付款额，如与资产的未来绩效或使用情况挂钩的可变租赁付款额，应当在实际发生时计入当期损益。

【例11-48】融资租赁的后续计量2

沿用【例11-46】，假设2×21年和2×22年，甲公司分别实现塑钢窗户年销售收入1 000 000和1 500 000元。根据租赁合同，乙公司2×21年和2×22年应向甲公司收取的与销售收入挂钩的租金分别为50 000元和75 000元。

【分析】

会计分录如下。

2×21年。

借：银行存款（或应收账款）　　　　　　　　　　　　　　　　　50 000

　　贷：租赁收入　　　　　　　　　　　　　　　　　　　　　　　　50 000

2×22年。

借：银行存款（或应收账款）　　　　　　　　　　　　　　　　　75 000

　　贷：租赁收入　　　　　　　　　　　　　　　　　　　　　　　　75 000

【例11-49】融资租赁的后续计量3

沿用【例11-46】，租赁期届满时，承租人行使购买权。

【分析】

会计分录如下。

借：银行存款　　　　　　　　　　　　　　　　　　　　　　　　20 000

　　贷：应收融资租赁款——租赁收款额　　　　　　　　　　　　　　20 000

3. 融资租赁变更的会计处理

本准则规定，融资租赁发生变更且同时符合下列条件的，出租人应当将该变更作为一项单独租赁进行会计处理。

（1）该变更通过增加一项或多项租赁资产的使用权而扩大了租赁范围或延长了租赁期限。

（2）增加的对价与租赁范围扩大部分或租赁期限延长部分的单独价格按该合同情况调整后的金额相当。

【例11-50】融资租赁变更的会计处理1

承租人就某套机器设备与出租人签订了一项为期5年的租赁，构成融资租赁。在第2年年初，承租人和出租人同意对原租赁进行修改，再增加一套机器设备用于租赁，租赁期也为5年。扩租的设备从第2年第2季度末时可供承租人使用。租赁总对价的增加额与新增的该套机器设备的当前出租市价扣减相关折扣相当。其中，折扣反映了出租人节约的成本，即若将同样设备租赁给新租户出租人会发生的成本，如营销成本等。

【分析】

此情况下，该变更通过增加一项或多项租赁资产的使用权而扩大了租赁范围，增加的对价与租赁范围扩大部分的单独价格按该合同情况调整后的金额相当，应将该变更作为一项新的租赁。

本准则规定，如果融资租赁的变更未作为一项单独租赁进行会计处理，且满足假如变更在租赁开始日生效，该租赁会被分类为经营租赁条件的，出租人应当自租赁变更生效日开始将其作为一项新租赁进行会计处理，并以租赁变更生效日前的租赁投资净额作为租赁资产的账面价值。

【例 11-51】融资租赁变更的会计处理 2

承租人就某套机器设备与出租人签订了一项为期 5 年的租赁，构成融资租赁。合同规定，每年年末承租人向出租人支付租金 10 000 元，租赁期开始日，出租资产公允价值为 37 908 元。按照公式 10 000×（$P/A, r, 5$）=37 908，计算得出租赁内含利率为 10%，租赁收款额为 50 000 元，未确认融资收益为 12 092 元。在第 2 年年初，承租人和出租人同意对原租赁进行修改，缩短租赁期限到第 3 年年末，每年支付租金时点不变，租金总额从 50 000 元变更到 33 000 元。假设本例中不涉及未担保余值、担保余值、终止租赁罚款等。

【分析】

本例中，如果原租赁期限设定为 3 年，在租赁开始日，租赁类别被分类为经营租赁。那么，在租赁变更生效日，即第 2 年年初，出租人将租赁投资净额余额 31 699（37 908 +37 908×10%-10 000）元作为该套机器设备的入账价值，并从第 2 年年初开始，将其作为一项新的经营租赁（2 年租赁期，每年年末收取租金 11 500 元）进行会计处理。

第 2 年年初会计分录如下。

借：固定资产 31 699
　　应收融资租赁款——未确认融资收益　　（12 092 -37 908 ×10%）8 301
　　贷：应收融资租赁款——租赁收款额　　（50 000 -10 000）40 000

如果融资租赁的变更未作为一项单独租赁进行会计处理，且满足假如变更在租赁开始日生效，该租赁会被分类为融资租赁条件的，出租人应当按照《企业会计准则第 22 号——金融工具确认和计量》第四十二条关于修改或重新议定合同的规定进行会计处理。即，修改或重新议定租赁合同，未导致应收融资租赁款终止确认，但导致未来现金流量发生变化的，应当重新计算该应收融资租赁款的账面余额，并将相关利得或损失计入当期损益。重新计算应收融资租赁款账面余额时，应当根据重新议定或修改的租赁合同现金流量按照应收融资租赁款的原折现率或按照《企业会计准则第 24 号——套期会计》第二十三条规定重新计算的折现率（如适用）折现的现值确定。对于修改或重新议定租赁合同所产生的所有成本和费用，企业应当调整修改后的应收融资租赁款的账面价值，并在修改后的应收融资租赁款的剩余期限内进行摊销。

【例 11-52】融资租赁变更的会计处理 3

承租人就某套机器设备与出租人签订了一项为期 5 年的租赁，构成融资租赁。合同规定，每年年末承租人向出租人支付租金 10 000 元，租赁期开始日租赁资产公允价值为 37 908 元，如【例 11-51】，租赁内含利率为 10%。在第 2 年年初，承租人和出租人因为设备适用性等原因同意对原租赁进行修改，从第 2 年开始，每年支付租金额变为 9 500 元，租金总额从 50 000 元变更到 48 000 元。

【分析】

如果此付款变更在租赁开始日生效，租赁类别仍被分类为融资租赁。那么，在租赁变更生效日——第 2 年年初，按 10% 原租赁内含利率重新计算租赁投资净额为 30 114 [9 500×（P/A，10%，4）]元，与原租赁投资净额账面余额 31 699 元的差额 1 585 元（其中"应收融资租赁款——租赁收款额"减少 2 000 元，"应收融资租赁款——未确认融资收益"减少 415 元）计入当期损益。

第 2 年年初会计分录如下。

借：租赁收入　　　　　　　　　　　　　　　　　　　　　　　1 585
　　应收融资租赁款——未确认融资收益　　　　　　　　　　　　415
　　贷：应收融资租赁款——租赁收款额　　　　　　　　　　　　　　2 000

11.8.3 出租人对经营租赁的会计处理

1. 租金的处理

在租赁期内各个期间，出租人应采用直线法或者其他系统合理的方法将经营租赁的租赁收款额确认为租金收入。如果其他系统合理的方法能够更好地反映因使用租赁资产所产生经济利益的消耗模式的，则出租人应采用该方法。

2. 出租人对经营租赁提供激励措施

出租人提供免租期的，出租人应将租金总额在不扣除免租期的整个租赁期内，按直线法或其他合理的方法进行分配，免租期内应当确认租金收入。出租人承担了承租人某些费用的，出租人应将该费用自租金收入总额中扣除，按扣除后的租金收入余额在租赁期内进行分配。

3. 初始直接费用

出租人发生的与经营租赁有关的初始直接费用应当资本化至租赁标的资产的成本，在租赁期内按照与租金收入相同的确认基础分期计入当期损益。

4. 折旧和减值

对于经营租赁资产中的固定资产，出租人应当采用类似资产的折旧政策计提折旧；对于其他经营租赁资产，应当根据该资产适用的企业会计准则，采用系统合理的方法进行摊销。

出租人应当按照《企业会计准则第 8 号——资产减值》的规定，确定经营租赁资产是否发生减值，并对已识别的减值损失进行会计处理。

5. 可变租赁付款额

出租人取得的与经营租赁有关的可变租赁付款额，如果是与指数或比率挂钩的，应在租赁期开始日计入租赁收款额；除此之外的，应当在实际发生时计入当期损益。

6. 经营租赁的变更

本准则规定，经营租赁发生变更的，出租人应自变更生效日开始，将其作为一项新的租赁进行会计处理，与变更前租赁有关的预收或应收租赁收款额视为新租赁的收款额。

11.9 特殊租赁业务的会计处理

11.9.1 转租赁

转租赁情况下，原租赁合同和转租赁合同通常都是单独协商的，交易对手也是不同的企业。本准则要求转租出租人对原租赁合同和转租赁合同分别根据承租人和出租人会计处理要求，进行会计处理。

承租人在对转租赁进行分类时，转租出租人应基于原租赁中产生的使用权资产，而不是租赁资产（如作为租赁对象的不动产或设备）进行分类。原租赁资产不归转租出租人所有，原租赁资产也未计入其资产负债表。因此，转租出租人应基于其控制的资产（即使用权资产）进行会计处理。

原租赁为短期租赁，且转租出租人作为承租人已按照本准则采用简化会计处理方法的，应将转租赁分类为经营租赁。

【例 11-53】合同期间转租赁时的会计处理

甲企业（原租赁承租人）与乙企业（原租赁出租人）就 5 000 平方米办公场所签订了一项为期 5 年的租赁（原租赁）。在第 3 年年初，甲企业将该 5 000 平方米办公场所转租给丙企业，期限为原租赁的剩余 3 年时间（转租赁）。假设不考虑初始直接费用。

【分析】

甲企业应基于原租赁形成的使用权资产对转租赁进行分类。本例中，转租赁的期限覆盖了原租赁的所有剩余期限，综合考虑其他因素，甲企业判断其实质上转移了与该项使用权资产有关的几乎全部风险和报酬，甲企业将该项转租赁分类为融资租赁。

甲企业的会计处理为：（1）终止确认与原租赁相关且转给丙企业（转租承租人）的使用权资产，并确认转租赁投资净额；（2）将使用权资产与转租赁投资净额之间的差额确认为损益；（3）在资产负债表中保留原租赁的租赁负债，该负债代表应付原租赁出租人的租赁付款额。在转租期间，中间出租人既要确认转租赁的融资收益，也要确认原租赁的利息费用。

【例 11-54】合同开始日转租赁时的会计处理

甲企业（原租赁承租人）与乙企业（原租赁出租人）就 5 000 平方米办公场所签订了一项为期 5 年的租赁（原租赁）。在原租赁的租赁期开始日，甲企业将该 5 000 平方米办公公场所转租给丙企业，期限为 2 年（转租赁）。

【分析】

甲企业基于原租赁形成的使用权资产对转租赁进行分类，考虑各种因素后，将其分类为经营租赁。签订转租赁时，中间出租人在其资产负债表中继续保留与原租赁相关的租赁负债和使用权资产。在转租期间，甲企业确认使用权资产的折旧费用和租赁负债的利息，并确认转租赁的租赁收入。

11.9.2 生产商或经销商出租人的融资租赁会计处理

生产商或经销商通常为客户提供购买或租赁其产品或商品的选择。如果生产商或经销商出租其产品或商品构成融资租赁，则该交易产生的损益应相当于按照考虑适用的交易量或商业折扣后的正常售价直接销售标的资产所产生的损益。构成融资租赁的，生产商或经销商出租人在租赁期开始日应当按照租赁资产公允价值与租赁收款额按市场利率折现的现值两者孰低确认收入，并按照租赁资产账面价值扣除未担保余值的现值后的余额结转销售成本，收入和销售成本的差额作为销售损益。

由于取得融资租赁所发生的成本主要与生产商或经销商赚取的销售利得相关，生产商或经销商出租人应当在租赁期开始日将其计入损益。即，与其他融资租赁出租人不同，生产商或经销商出租人取得融资租赁所发生的成本不属于初始直接费用，不计入租赁投资净额。

【例 11-55】生产商出租人的融资租赁会计处理 1

甲公司是一家设备生产商，与乙公司（生产型企业）签订了一份租赁合同，向乙公司出租所生产的设备，合同主要条款如下：（1）租赁资产：设备 A；（2）租赁期：2×19 年 1 月 1 日—2×21 年 12 月 31 日，共 3 年；（3）租金支付：自 2×19 年起每年年末支付年租金 1 000 000 元；（4）租赁合同规定的利率：5%（年利率），与市场利率相同；（5）该设备于 2×19 年 1 月 1 日的公允价值为 2 700 000 元，账面价值为 2 000 000 元；（6）甲公司取得该租赁发生的相关成本为 5 000 元；（7）该设备于 2×19 年 1 月 1 日交付给乙公司，预计使用寿命为 8 年，无残值；租赁期届满时，乙公司可以 100 元购买该设备，预计租赁到期日该设备的公允价值不低于 1 500 000 元，乙公司对此金额提供担保；（8）租赁期内该设备的保险、维修等费用均由乙公司自行承担。假设不考虑其他因素和各项税费影响。

【分析】

第一步，判断租赁类型。本例中租赁期满乙公司可以远低于租赁到期日租赁资产公允价值的金额购买租赁资产，甲公司认为其可以合理确定乙公司将行使购买选择权，综合考虑其他因素，与该项资产所有权有关的几乎所有风险和报酬已实质转移给乙公司，因此甲公司将该租赁认定为融资租赁。

第二步，计算租赁期开始日租赁收款额按市场利率折现的现值，确定收入金额。

租赁收款额＝租金 × 期数＋购买价格＝1 000 000 ×3 ＋100＝3 000 100（元）

租赁收款额按市场利率折现的现值 =1 000 000×（P/A, 5％, 3）+100×（P/F, 5％, 3）=2 723 286（元）

按照租赁资产公允价值与租赁收款额按市场利率折现的现值两者孰低的原则，确认收入为 2 700 000 元。

第三步，计算租赁资产账面价值扣除未担保余值的现值后的余额，确定销售成本金额。

销售成本 = 账面价值 − 未担保余值的现值 =2 000 000−0=2 000 000（元）

第四步，编制会计分录。

2×19 年 1 月 1 日（租赁期开始日）。

借：应收融资租赁款——租赁收款额	3 000 100	
贷：主营业务收入		2 700 000
应收融资租赁款——未实现融资收益		300 100
借：主营业务成本	2 000 000	
贷：库存商品		2 000 000
借：销售费用	5 000	
贷：银行存款		5 000

由于甲公司在确定收入和租赁投资净额（即应收融资租赁款）时，是基于租赁资产的公允价值，因此，甲公司需要根据租赁收款额、未担保余值和租赁资产公允价值重新计算租赁内含利率。

即，1 000 000×（P/A, r, 3）+100×（P/F, r, 3）=2 700 000，r=5.4 606％。计算租赁期内各期分摊的融资收益如表 11-6 所示。

表 11-6　租赁期内融资收益的分摊（1）

单位：元

日期	收取租赁款项 ①	确认的融资收入 ②＝期初④×5.4606％	应收租赁款减少额 ③＝①−②	应收租赁款净额 期末④=期初④−③
2×19 年 1 月 1 日				2 700 000
2×19 年 12 月 31 日	1 000 000	147 436	852 564	1 847 436
2×20 年 12 月 31 日	1 000 000	100 881	899 119	948 317
2×21 年 12 月 31 日	1 000 000	51 783*	948 217*	100
2×21 年 12 月 31 日	100		100	
合计	3 000 100	300 100	2 700 000	

注：* 进行尾数调整：948 217 = 948 317−100；51 783 = 1 000 000−948 217。

2×19 年 12 月 31 日会计分录如下。

借：应收融资租赁款——未实现融资收益	147 436	
贷：租赁收入		147 436
借：银行存款	1 000 000	
贷：应收融资租赁款——租赁收款额		1 000 000

2×20 年 12 月 31 日和 2×21 年 12 月 31 日会计分录略。

【例 11-56】生产商出租人的融资租赁会计处理 2

甲公司是一家设备生产商，与乙公司（生产型企业）签订了一份租赁合同，向乙公司出租所生产的设备，合同主要条款如下：（1）租赁资产：设备 A；（2）租赁期：2×19年 1 月 1 日—2×25 年 12 月 31 日，共 7 年；（3）租金支付：自 2×19 年起每年年末支付年租金 475 000 元；（4）租赁合同规定的利率：6％（年利率），与市场利率相同；（5）该设备于 2×19 年 1 月 1 日的公允价值为 2 700 000 元，账面价值为 2 000 000 元，甲公司认为租赁到期时该设备余值为 72 800 元，乙公司及其关联方未对余值提供担保；（6）甲公司取得该租赁发生的相关成本为 5 000 元；（7）该设备于 2×19 年 1 月 1 日交付给乙公司，预计使用寿命为 7 年；（8）租赁期内该设备的保险、维修等费用均由乙公司自行承担。假设不考虑其他因素和各项税费影响。

【分析】

第一步，判断租赁类型。本例中租赁期与租赁资产预计使用寿命一致，另外租赁收款额的现值为 2 651 600 元（计算过程见后文），约为租赁资产公允价值的 98％，综合考虑其他因素，甲公司认为与该项资产所有权有关的几乎所有风险和报酬已实质转移给乙公司，所以将该租赁认定为融资租赁。

第二步，计算租赁期开始日租赁收款额按市场利率折现的现值，确定收入金额。

租赁收款额 = 租金 × 期数 = 475 000×7=3 325 000（元）

租赁收款额按市场利率折现的现值 = 475 000×（P/A，6％，7）=2 651 600（元）

按照租赁资产公允价值与租赁收款额按市场利率折现的现值两者孰低的原则，确认收入为 2 651 600 元。

注：475 000×（P/A，6％，7）=2 651 640，为便于计算，进行尾数调整，取 2 651 600。

第三步，计算租赁资产账面价值扣除未担保余值的现值后的余额，确定销售成本金额。

未担保余值的现值 = 72 800×（P/F，6％，7）=48 400（元）

注：72 800×（P/F，6％，7）=48 412，为便于计算，进行尾数调整，取 48 400。

销售成本 = 账面价值 − 未担保余值的现值 = 2 000 000−48 400=1 951 600（元）

第四步，编制会计分录。

2×19 年 1 月 1 日（租赁期开始日）。

借：应收融资租赁款——租赁收款额	3 325 000
贷：主营业务收入	2 651 600
应收融资租赁款——未实现融资收益	673 400
借：主营业务成本	1 951 600
应收融资租赁款——未担保余值	72 800
贷：库存商品	2 000 000
应收融资租赁款——未实现融资收益	24 400
借：销售费用	5 000
贷：银行存款	5 000

由于甲公司在确定收入和租赁投资净额（即应收融资租赁款）时，是基于租赁收款额按市场利率折现的现值，因此，甲公司无需重新计算租赁内含利率。甲公司按上述折现率6% 计算租赁期内各期分摊的融资收益如表 11-7 所示。

表 11-7　租赁期内融资收益的分摊（2）

单位：元

日期	收取租赁款项 ①	确认的融资收入 * ②＝期初④×6%	应收租赁款减少额 ③＝①－②	应收租赁款净额 期末④＝期初④－③
2×19 年 1 月 1 日				2 700 000
2×19 年 12 月 31 日	475 000	162 000	313 000	2387 000
2×20 年 12 月 31 日	475 000	143 220	331 780	2 055 220
2×21 年 12 月 31 日	475 000	123 313	351 687	1 703 533
2×22 年 12 月 31 日	475 000	102 212	372 788	1 330 745
2×23 年 12 月 31 日	475 000	79 845	395 155	935 590
2×24 年 12 月 31 日	475 000	56 135	418 865	516 725
2×25 年 12 月 31 日	475 000	31 075**	443 925**	72 800
2×25 年 12 月 31 日			72 800	
合计	3 325 000	697 800	2 700 000	

注：* 包括未实现融资收益的摊销和未担保余值产生的利息两部分。

** 进行尾数调整：443 925＝516 725－72 800（假定租赁资产余值估计一直未变）；31 075＝475 000－443 925。

2×19 年 12 月 31 日会计分录如下。

借：应收融资租赁款——未实现融资收益　　　　　　　　　　　159 096
　　应收融资租赁款——未担保余值　　　　　　　　　　　　　2 904
　　贷：租赁收入　　　　　　　　　　　　　　　　　　　　　　　162 000
借：银行存款　　　　　　　　　　　　　　　　　　　　　　　475 000
　　贷：应收融资租赁款——租赁收款额　　　　　　　　　　　　　475 000

2×20—2×24 年会计分录略。

假设 2×25 年 12 月 31 日，乙公司到期归还租赁资产，甲公司将该资产处置，取得处置款 72 800 元，会计分录如下。

借：应收融资租赁款——未实现融资收益　　　　　　　　　　　26 931
　　应收融资租赁款——未担保余值　　　　　　　　　　　　　4 144
　　贷：租赁收入　　　　　　　　　　　　　　　　　　　　　　　31 075
借：银行存款　　　　　　　　　　　　　　　　　　　　　　　475 000
　　贷：应收融资租赁款——租赁收款额　　　　　　　　　　　　　475 000
借：融资租赁资产　　　　　　　　　　　　　　　　　　　　　72 800
　　贷：应收融资租赁款——未担保余值　　　　　　　　　　　　　72 800
借：银行存款　　　　　　　　　　　　　　　　　　　　　　　72 800
　　贷：融资租赁资产　　　　　　　　　　　　　　　　　　　　　72 800

为吸引客户，生产商或经销商出租人有时以较低利率报价。使用该利率会导致出租人在租赁期开始日确认的收入偏高。在这种情况下，生产商或经销商出租人应当将销售利得限制为采用市场利率所能取得的销售利得。

11.9.3　售后租回交易

若企业（卖方兼承租人）将资产转让给其他企业（买方兼出租人），并从买方兼出租人处租回该项资产，则卖方兼承租人和买方兼出租人均应按照售后租回交易的规定进行会计处理。企业应当按照《企业会计准则第 14 号——收入》的规定，评估确定售后租回交易中的资产转让是否属于销售，并区别进行会计处理。

在标的资产的法定所有权转移给出租人并将资产租赁给承租人之前，承租人可能会先获得标的资产的法定所有权。但是，是否具有标的资产的法定所有权本身并非会计处理的决定性因素。如果承租人在资产转移给出租人之前已经取得对标的资产的控制，则该交易属于售后租回交易。然而，如果承租人未能在资产转移给出租人之前取得对标的资产的控制，那么即便承租人在资产转移给出租人之前先获得标的资产的法定所有权，该交易也不属于售后租回交易。

1. 售后租回交易中的资产转让属于销售

卖方兼承租人应当按原资产账面价值中与租回获得的使用权有关的部分，计量售后租回所形成的使用权资产，并仅就转让至买方兼出租人的权利确认相关利得或损失。买方兼出租人根据其他适用的企业会计准则对资产购买进行会计处理，并根据本准则对资产出租进行会计处理。

如果销售对价的公允价值与资产的公允价值不同，或者出租人未按市场价格收取租金，企业应当进行以下调整。

（1）销售对价低于市场价格的款项作为预付租金进行会计处理。

（2）销售对价高于市场价格的款项作为买方兼出租人向卖方兼承租人提供的额外融资进行会计处理。

同时，承租人按照公允价值调整相关销售利得或损失，出租人按市场价格调整租金收入。

在进行上述调整时，企业应当按以下二者中较易确定者进行。

（1）销售对价的公允价值与资产的公允价值的差异。

（2）合同付款额的现值与按市场租金计算的付款额的现值的差异。

2. 售后租回交易中的资产转让不属于销售

卖方兼承租人不终止确认所转让的资产，而应当将收到的现金作为金融负债，并按照《企业会计准则第 22 号——金融工具确认和计量》进行会计处理。买方兼出租人不确认被转让资产，而应当将支付的现金作为金融资产，并按照《企业会计准则第 22 号——金融工具确认和计量》进行会计处理。

3. 售后租回交易示例

（1）售后租回交易中的资产转让不属于销售。

【例 11-57】售后租回交易中的资产转让不属于销售的会计处理

甲公司（卖方兼承租人）以货币资金 24 000 000 元的价格向乙公司（买方兼出租人）出售一栋建筑物，交易前该建筑物的账面原值是 24 000 000 元，累计折旧是 4 000 000 元。与此同时，甲公司与乙公司签订了合同，取得了该建筑物 18 年的使用权（全部剩余使用年限为 40 年），年租金为 2 000 000 元，于每年年末支付，租赁期满时，甲公司将以 100 元购买该建筑物。根据交易的条款和条件，甲公司转让建筑物不满足《企业会计准则第 14 号—— 收入》中关于销售成立的条件。假设不考虑初始直接费用和各项税费的影响。该建筑物在销售当日的公允价值为 36 000 000 元。

【分析】

在租赁期开始日，甲公司对该交易的会计处理如下。

借：银行存款 24 000 000

　　贷：长期应付款 24 000 000

在租赁期开始日，乙公司对该交易的会计处理如下。

借：长期应收款 24 000 000

　　贷：银行存款 24 000 000

（2）售后租回交易中的资产转让属于销售。

【例 11-58】售后租回交易中的资产转让属于销售时的会计处理

甲公司（卖方兼承租人）以货币资金 40 000 000 元的价格向乙公司（买方兼出租人）出售一栋建筑物，交易前该建筑物的账面原值是 24 000 000 元，累计折旧是 4 000 000 元。与此同时，甲公司与乙公司签订了合同，取得了该建筑物 18 年的使用权（全部剩余使用年限为 40 年），年租金为 2 400 000 元，于每年年末支付。根据交易的条款和条件，甲公司转让建筑物符合《企业会计准则第 14 号—— 收入》中关于销售成立的条件。假设不考虑初始直接费用和各项税费的影响。该建筑物在销售当日的公允价值为 36 000 000 元。

【分析】

由于该建筑物的销售对价并非公允价值，甲公司和乙公司分别进行了调整，以按照公允价值计量销售收益和租赁应收款。超额售价 4 000 000（40 000 000-36 000 000）元作为乙公司向甲公司提供的额外融资进行确认。

甲、乙公司均确定租赁内含年利率为 4.5%。年付款额现值为 29 183 980 元（年付款额 2 400 000 元，共 18 期，按每年 4.5% 进行折现），其中 4 000 000 元与额外融资相关，25 183 980 元与租赁相关（分别对应年付款额 328 948 元和 2 071 052 元），具体计算过程如下：年付款额现值 =2 400 000×（P/A，4.5%，18）=29 183 980（元），额外融资年付款额 =4 000 000÷29 183 980×2 400 000=328 948（元），租赁相关年付款额 =2 400 000-328 948 =2 071 052（元）。

（1）在租赁期开始日，甲公司对该交易的会计处理如下。

第一步，按与租回获得的使用权部分占该建筑物的原账面金额的比例计算售后租回所形成的使用权资产。

使用权资产＝（24 000 000－4 000 000）（注1）×[25 183 980（注2）÷36 000 000（注3）]＝13 991 100（元）

注1：该建筑物的账面价值。

注2：18年使用权资产的租赁付款额现值。

注3：该建筑物的公允价值。

第二步，计算与转让至乙公司的权利相关的利得。

出售该建筑物的全部利得＝36 000 000－20 000 000＝16 000 000（元）

其中：①与该建筑物使用权相关的利得＝16 000 000×（25 183 980÷36 000 000）＝11 192 880（元）；②与转让至乙公司的权利相关的利得＝16 000 000－11 192 880＝4 807 120（元）。

第三步，编制会计分录。

①与额外融资相关。

借：银行存款   4 000 000

  贷：长期应付款   4 000 000

②与租赁相关。

借：银行存款   36 000 000

  使用权资产   13 991 100

  固定资产——建筑物——累计折旧   4 000 000

  租赁负债——未确认融资费用   12 094 956

  贷：固定资产——建筑物——原值   24 000 000

    租赁负债——租赁付款额   （注）37 278 936

    资产处置损益   4 807 120

注：该金额为甲公司年付款2 400 000元中的2 071 052元×18。

后续甲公司支付的年付款额2 400 000元中2 071 052元作为租赁付款额处理，328 948元作为以下两项进行会计处理：结算金融负债4 000 000元而支付的款项和利息费用。以第1年年末为例，会计处理如下。

借：租赁负债——租赁付款额   2 071 052

  长期应付款   （注1）148 948

  利息费用   （注2）1 313 279

  贷：租赁负债——未确认融资费用   1 133 279

    银行存款   2 400 000

注1：长期应付款减少额＝328 948－180 000＝148 948（元）。

注2：利息费用＝25 183 980×4.5%＋4 000 000×4.5%＝1 133 279＋180 000＝1 313 279（元）。

（2）综合考虑租赁期占该建筑物剩余使用年限的比例等因素，乙公司将该建筑物的租赁分类为经营租赁。

在租赁期开始日，乙公司对该交易的会计处理如下。

借：固定资产——建筑物 36 000 000

长期应收款 4 000 000

贷：银行存款 40 000 000

租赁期开始日之后，乙公司将从甲公司处年收款额 2 400 000 元中的 2 071 052 元作为租赁收款额进行会计处理。从甲公司处年收款额中的其余 328 948 元作为以下两项进行会计处理：结算金融资产 4 000 000 元而收到的款项；利息收入。以第 1 年年末为例，会计处理如下。

借：银行存款 2 400 000

贷：租赁收入 2 071 052

利息收入 180 000

长期应收款 148 948

11.10 列报和披露

11.10.1 承租人的列报和披露

1. 资产负债表

承租人应当在资产负债表中单独列示使用权资产和租赁负债。其中，租赁负债通常分别非流动负债和一年内到期的非流动负债（即，资产负债表日后 12 个月内租赁负债预期减少的金额）列示。

【例 11-59】租赁负债的披露

沿用【例 11-36】，在租赁期开始日，甲公司确认的租赁负债为 43 300 元，租赁负债将按以下方法进行后续计量（如表 11-8 所示）。

表 11-8 租赁负债的摊销（4）

单位：元

年度	租赁负债年初金额 ①	利息 ②=①×5%	租赁付款额 ③	租赁负债年末金额 ④=①+②-③
1	43 300	2 165	10 000	35 465
2	35 465	1 773	10 000	27 238
3	27 238	1 362	10 000	18 600
4	18 600	930	10 000	9 530
5	9 530	470	10 000	

在第 1 年年末，甲公司的租赁负债为 35 465 元，其中，应列示为非流动负债的金额为 27 238 元，应列示为一年内到期的非流动负债的金额为 8 227（35 465-27 238）元，该金额是资产负债表日后 12 个月内租赁负债预期减少的金额。

2. 利润表

承租人应当在利润表中分别列示租赁负债的利息费用与使用权资产的折旧费用。其中，租赁负债的利息费用在"财务费用"项目列示。对于金融企业，财务报表格式中没有财务费用项目，因此使用权资产的折旧费用和利息费用可以在"业务及管理费用"列示，并在附注中进一步披露。

3. 现金流量表

承租人应当在现金流量表中按照如下方式列示。

（1）偿还租赁负债本金和利息所支付的现金，应当计入筹资活动现金流出。

（2）按照本准则有关规定对短期租赁和低价值资产租赁进行简化处理的，支付的相关付款额，应当计入经营活动现金流出。

（3）支付的未纳入租赁负债计量的可变租赁付款额，应当计入经营活动现金流出。

4. 承租人的披露

承租人应当在财务报表附注中披露有关租赁活动的定性和定量信息，以便财务报表使用者评估租赁活动对承租人的财务状况、经营成果和现金流量的影响。

承租人应当在财务报表的单独附注或单独章节中披露其作为承租人的信息，但无需重复已在财务报表其他部分列报或披露的信息，只需要在租赁的相关附注中通过交叉索引的方式体现该信息。

承租人应当在财务报表附注中披露与租赁有关的下列信息。

（1）各类使用权资产的期初余额、本期增加额、期末余额以及累计折旧额和减值金额。

（2）租赁负债的利息费用。

（3）有关简化处理方法的披露。

承租人按照本准则有关规定对短期租赁和低价值资产租赁进行简化处理的，应当披露这一事实，并且，应当披露计入当期损益的短期租赁费用和低价值资产租赁费用。其中，短期租赁费用无需包含租赁期在 1 个月以内的租赁相关费用，低价值资产租赁费用不应包含已包括在上述短期租赁费用中的低价值资产短期租赁费用。

若承租人在报告期末承诺的短期租赁组合与上述披露的短期租赁费用所对应的短期租赁组合不同，则承租人应当披露简化处理的短期租赁的租赁承诺金额。

（4）计入当期损益的未纳入租赁负债计量的可变租赁付款额。

（5）转租使用权资产取得的收入。

（6）与租赁相关的总现金流出。

（7）售后租回交易产生的相关损益。

（8）按照《企业会计准则第 37 号——金融工具列报》应当披露的有关租赁负债的信息，包括单独披露租赁负债的到期期限分析、对相关流动性风险的管理等。

承租人应当以列表格式披露上述信息，其他格式更为适当的除外。值得注意的是，承租人披露的金额应包含已在当期计入其他资产账面价值的成本。

此外，承租人应当根据理解财务报表的需要，披露有关租赁活动的其他定性和定量信息。此类信息包括以下内容。

（1）租赁活动的性质。例如，租入资产的类别及数量、租赁期、是否存在续租选择权等租赁基本情况信息。

（2）未纳入租赁负债计量的未来潜在现金流出。

未纳入租赁负债计量的未来潜在现金流出主要来源于下列风险敞口：一是可变租赁付款额，二是续租选择权与终止租赁选择权，三是担保余值，四是承租人已承诺但尚未开始的租赁。

①可变租赁付款额。

承租人可能需要根据具体情况披露与可变租赁付款额有关的额外信息，以帮助财务报表使用者进行评估。例如：承租人使用可变租赁付款额的原因，以及使用此类付款额的普遍性；可变租赁付款额相对于固定付款额的大小；可变租赁付款额所依据的主要变量，以及付款额预期将如何随主要变量变化而变动；可变租赁付款额的其他经营及财务影响。

【例 11-60】可变租赁付款额的披露 1

零售商甲公司租入了大量零售店铺，其中许多租赁包含与店铺销售额挂钩的可变付款额条款。甲公司的政策规定，可变租赁付款额条款的使用情形以及所有租赁商洽均须集中审批。租赁付款额受到集中监督。甲公司认为，关于可变租赁付款额的信息对财务报表使用者有重大意义，且无法从财务报表的其他部分获得。此外，甲公司认为，下列信息对财务报表使用者也有重大意义：甲公司就可变租赁付款额所用的不同类型的合同条款，这些条款对其财务状况的影响，以及可变租赁付款额对销售额变化的敏感度等。这些信息与向甲公司的高级管理层报告时所用的有关可变租赁付款额的信息类似。因此，甲公司在其财务报表附注中对租赁进行如下披露。

本集团的许多房地产租赁包含与租入店铺的销售额挂钩的可变租赁付款额条款。在可能的情况下，本集团使用该等条款的目的是将租赁的付款额与产生较多现金流的店铺相匹配。对于单独的店铺，最高可有 100% 的付款额是基于可变租赁付款额的，并且，用于确定付款额的销售额比例范围较大。在某些情况下，可变租赁付款额条款还包含年度付款额的下限或上限。

在 2×17 年度，租赁付款额及条款汇总如表 11-9 所示。

表 11-9　租赁付款额及条款汇总

项目	店铺数量（个）	固定付款额（元）	可变付款额（元）	付款额总额（元）
仅有固定付款额	1 490	1 153 000		1 153 000
有可变付款额且无最低标准	986		562 000	562 000
有可变付款额且有最低标准	3 089	1 091 000	1 435 000	2 526 000
合计	5 565	2 244 000	1 997 000	4 241 000

若本集团全部店铺的销售额增长 1%，租赁付款总额预期将增长 0.6% 至 0.7%；若本集团全部店铺的销售额增长 5%，租赁付款总额预期将增长 2.6% 至 2.8%。

【例 11-61】可变租赁付款额的披露 2

零售商甲公司租入了大量零售店铺。这些租赁包含差异较大的可变租赁付款额条款。租赁条款由当地管理层商洽和监督。甲公司认为，关于可变租赁付款额的信息对财务报表使用者有重大意义，且无法从财务报表的其他部分获得。并且，甲公司认为，关于如何管理房地产租赁组合的信息对财务报表使用者有重大意义。此外，甲公司认为，关于以后年度的可变租赁付款额预计水平的信息（与向甲公司的高级管理层报告时所用的信息类似）对财务报表使用者也有重大意义。因此，甲公司在其财务报表附注中对租赁进行如下披露。

本集团的许多房地产租赁包含可变租赁付款额条款。当地管理层对店铺的利润率负责，因此，租赁条款由当地管理层商洽确定，付款额条款类型多样。使用可变租赁付款额条款有多种原因，包括最小化新开店铺的固定成本额、提升管理利润率以及保持经营灵活性等。本集团的可变租赁付款额条款差异较大：大部分可变租赁付款额条款是基于店铺销售额的一定比例；基于可变条款的付款额占单个房地产租赁付款总额的比例为 0%～20%；部分可变租赁付款额条款包含下限或上限条款。

使用可变租赁付款额条款的总体财务影响是：店铺的销售额越高，租金成本越高。这将有利于本集团的利润管理。预计未来几年可变租赁付款额相关的租赁费用占店铺销售额的比例将保持类似水平。

②续租选择权与终止租赁选择权。

根据具体情况，承租人可能需要披露与续租选择权或终止租赁选择权有关的额外信息，以帮助财务报表使用者进行评估。例如：承租人使用续租选择权或终止选择权的原因，以及此类选择权的普遍性；选择权期间租金相对于租赁付款额的大小；行使未纳入租赁负债计量的选择权的普遍性；此类选择权的其他经营及财务影响。

【例 11-62】续租选择权与终止租赁选择权的披露 1

承租人甲公司有大量设备租赁，这些租赁的条款和条件差异较大。租赁条款由当地管理层商洽和监督。甲公司认为，如何对终止租赁选择权和续租选择权的使用进行管理的信息对财务报表使用者有重大意义，且无法从财务报表的其他部分获得。此外，甲公司认为，下列信息对财务报表使用者也有重大意义：重新评估上述选择权的财务影响，以及在其短期租赁组合中，包含无罚金年度解约条款的租赁所占的比例。因此，甲公司在其财务报表附注中对租赁进行如下披露。

本集团有大量设备租赁包含续租选择权和终止租赁选择权。当地管理层负责管理其租赁。因此，租赁条款是以逐项租赁为基础进行商洽的，并且这些租赁的条款和条件差异较大。在可能的情况下，租赁会使用续租选择权和终止租赁选择权条款，以便当地管理层在取得所需设备与履行客户合同的一致性方面拥有更大的灵活性。本集团所用的租赁具体条款和条件不尽相同。

大部分续租选择权和终止租赁选择权仅可由本集团行使，而非由相应的出租人行使。

若本集团不能合理确定将行使续租选择权，则续租期间的相关付款额不纳入租赁负债的计量。

2×17 年，因续租选择权或终止租赁选择权的评估结果或实际行使情况发生变化导致租赁期变化，本集团确认的租赁负债增加 489 000 元。

此外，本集团有大量租赁安排包含无罚金的年度解约条款。这些租赁被分类为短期租赁，且未包含在租赁负债中。本集团在 2×17 年确认的短期租赁费用为 30 000 元，其中包含年度解约条款的租赁发生的租赁费用为 27 000 元。

【例 11-63】续租选择权与终止租赁选择权的披露 2

承租人甲公司有大量大型设备租赁，这些租赁包含可由甲公司行使的续租选择权。甲公司的政策是，在可能的情况下使用续租选择权，从而使得已承诺的大型设备的租赁期与相关客户合同的初始合同期限一致，同时保留管理大型设备以及在不同合同间重新分配资产的灵活性。甲公司认为，关于续租选择权的信息对财务报表使用者有重大意义，且无法从财务报表的其他部分获得。此外，甲公司认为，下列信息对财务报表使用者也有重大意义：未纳入租赁负债计量的未来租赁付款额的潜在风险敞口，以及过去已行使的续租选择权所占比例。这与向甲公司的高级管理层报告时所用的有关续租选择权的信息类似。因此，甲公司在其财务报表附注中对租赁进行如下披露。

本集团的许多大型设备租赁包含续租选择权。这些条款可最大化合同管理的灵活性。在许多情况下，这些条款并未纳入租赁负债的计量，因为本集团无法合理确定是否将行使这些选择权。表 11-10 汇总了与续租选择权可行权之后的期间相关的潜在未来付款额。

表 11-10　与续租选择权可行权之后的期间相关的潜在未来付款额汇总

业务分部	已确认的租赁负债（已折现）（元）	未纳入租赁负债的潜在未来付款额（未折现）（元）	以往行使续租选择权的比例（%）
分部 A	569 000	799 000	52
分部 B	2 455 000	269 000	69
分部 C	269 000	99 000	75
分部 D	1 002 000	111 000	41
分部 E	914 000	312 000	76
合计	5 209 000	1 590 000	67

③担保余值。

根据具体情况，承租人可能需要披露与担保余值有关的额外信息，以帮助财务报表使用者进行评估。例如：承租人提供担保余值的原因，以及此类条款的普遍性；承租人担保余值风险敞口的相对大小；被担保的标的资产的性质；其他经营及财务影响。

（3）租赁导致的限制或承诺。

根据具体情况，承租人可能需要披露与租赁导致的限制或承诺有关的额外信息，以帮助财务报表使用者进行评估。例如，租赁合同中关于承租人维持特定财务比率的条款。

（4）售后租回交易。

根据具体情况，承租人可能需要披露与售后租回有关的额外信息，以帮助财务报表使用者进行评估。例如：承租人进行售后租回交易的原因，以及此类交易的普遍性；各项售后租回交易的主要条款与条件；未纳入租赁负债计量的付款额；售后租回交易对当期现金流量的影响。

（5）其他相关信息。

在确定有关租赁活动的上述其他定性和定量信息是否属于必要信息时，承租人应考虑以下两个方面。

①该信息是否与财务报表使用者相关。

承租人应当仅在预期其他定性和定量信息与财务报表使用者相关的情况下，才提供这些信息。如果这些信息可帮助财务报表使用者了解以下事项，则可能属于此情形：一是租赁带来的灵活性，租赁可提供一定的灵活性，例如，承租人可通过行使终止选择权或以有利的条款和条件进行续租的方式降低风险敞口；二是租赁施加的限制，租赁可施加多种限制，例如，要求承租人维持特定的财务比率；三是报表信息对关键变量的敏感性，例如，报表信息可能对未来可变租赁付款额较为敏感；四是租赁产生的其他风险敞口；五是偏离行业惯例，例如，此类偏离可能包括一些罕见或特殊的租赁条款与条件，从而影响承租人的租赁组合。

②该信息是否可以从财务报表主表列报或附注中披露的信息直观得出。

承租人无需重复披露已在财务报表其他部分列报或披露的信息。

11.10.2　出租人的列报和披露

出租人应当根据资产的性质，在资产负债表中列示经营租赁资产。

出租人应当在财务报表附注中披露有关租赁活动的定性和定量信息，以便财务报表使用者评估租赁活动对出租人的财务状况、经营成果和现金流量的影响。

1. 与融资租赁有关的信息

出租人应当在附注中披露与融资租赁有关的下列信息。

（1）销售损益（生产商或经销商出租人）、租赁投资净额的融资收益以及与未纳入租赁投资净额的可变租赁付款额相关的收入。

出租人应当以列表形式披露上述信息，其他形式更为适当的除外。

（2）资产负债表日后连续五个会计年度每年将收到的未折现租赁收款额，以及剩余年度将收到的未折现租赁收款额总额；不足五个会计年度的，披露资产负债表日后连续每年将收到的未折现租赁收款额。

出租人应进行上述到期分析，并对融资租赁投资净额账面金额的重大变动提供定性和定量说明，以使财务报表使用者能够更准确地预测未来的租赁现金流量流动性风险。

（3）未折现租赁收款额与租赁投资净额的调节表。

调节表应说明与租赁应收款相关的未实现融资收益、未担保余值的现值。

2. 与经营租赁有关的信息

出租人应当在附注中披露与经营租赁有关的下列信息。

（1）租赁收入，并单独披露与未纳入租赁收款额计量的可变租赁付款额相关的收入。

与融资租赁出租人披露信息类似，出租人应当以列表形式披露上述信息，其他形式更为适当的除外。

（2）将经营租赁固定资产与出租人持有自用的固定资产分开，并按经营租赁固定资产的类别提供《企业会计准则第 4 号——固定资产》要求披露的信息。

出租人对经营租赁下租赁的资产采用与其在其他经营活动中持有和使用的自有资产相似的方式进行会计处理。然而，租赁资产与自有资产通常被用于不同的目的，即租赁资产产生租赁收入，而不是对出租人的其他经营活动作出贡献。因此，将出租人持有和使用的自有资产与产生租赁收入的租赁资产分开披露，有利于财务报表使用者了解更多信息。

（3）资产负债表日后连续五个会计年度每年将收到的未折现租赁收款额，以及剩余年度将收到的未折现租赁收款总额。不足五个会计年度的，披露资产负债表日后连续每年将收到的未折现租赁收款额。

与融资租赁披露类似，上述到期分析将使财务报表使用者能够更准确地预测未来的租赁现金流量流动性风险。

3. 其他信息

出租人应当根据理解财务报表的需要，披露有关租赁活动的其他定性和定量信息。此类信息包括以下内容。

（1）租赁活动的性质。例如，租出资产的类别及数量、租赁期、是否存在续租选择权等租赁基本情况信息。

（2）对其在租赁资产中保留的权利进行风险管理的情况。

出租人应当披露其如何对其在租赁资产中保留的权利进行风险管理的策略，包括出租人降低风险的方式。该方式可包括回购协议、担保余值条款或因超出规定限制使用资产而支付的可变租赁付款额等。例如，租赁设备和车辆的市场价值的下降幅度超过出租人在为租赁定价时的预计幅度，则将对该项租赁的收益能力产生不利影响。租赁期结束时租赁资产余值的不确定性往往是出租人面临的重要风险。披露有关出租人如何对租赁资产中保留的权利进行管理，有利于财务报表使用者了解更多出租人相关风险管理信息。

（3）其他相关信息。

4. 转租赁的列报

原租赁以及转租同一标的资产形成的资产和负债所产生的风险敞口不同于由于单一租赁应收款净额或租赁负债所产生的风险敞口，因此，企业不得以净额为基础对转租赁进行列报。除非满足《企业会计准则第 37 号——金融工具列报》第二十八条关于金融资产负债抵销的规定，转租出租人不得抵销由于原租赁以及转租同一租赁资产而形成的资产和负债，以及与原租赁以及转租同一租赁资产相关的租赁收益和租赁费用。

11.11 衔接规定

11.11.1 首次执行日

本准则所述的首次执行日，是指企业首次采用本准则的年度报告期间的开始日。

11.11.2 租赁定义的实务豁免

对于首次执行日前已存在的合同，企业在首次执行日可以选择不重新评估其是否为租赁或者包含租赁。即，企业可以仅对之前根据旧准则识别为租赁的合同采用本准则；对之前按旧准则未识别为包含租赁的合同不采用本准则。

选择不重新评估的，企业应当在财务报表附注中披露这一事实，并一致应用于前述所有合同。

11.11.3 承租人衔接规定及示例

1. 承租人可以选择的衔接会计处理

承租人应当选择下列方法之一对租赁进行衔接会计处理，并一致应用于其作为承租人的所有租赁。

（1）按照《企业会计准则第 28 号——会计政策、会计估计变更和差错更正》的规定采用追溯调整法处理。

（2）根据首次执行本准则的累积影响数，调整首次执行本准则当年年初留存收益及财务报表其他相关项目金额，不调整可比期间信息（以下简称"简化的追溯调整法"）。

2. 简化的追溯调整法下具体衔接规定

（1）对于首次执行日前的融资租赁，承租人在首次执行日应当按照融资租入资产和应付融资租赁款的原账面价值，分别计量使用权资产和租赁负债。

（2）对于首次执行日前的经营租赁，承租人在首次执行日应当根据剩余租赁付款额按首次执行日承租人增量借款利率折现的现值计量租赁负债，并根据每项租赁选择按照下列两者之一计量使用权资产。

①假设自租赁期开始日即采用本准则的账面价值（采用首次执行日的承租人增量借款利率作为折现率）。

②与租赁负债相等的金额，并根据预付租金进行必要调整。

（3）在首次执行日，承租人应当按照《企业会计准则第 8 号——资产减值》的规定，对使用权资产进行减值测试并进行相应会计处理。

3. 简化的追溯调整法下对于经营租赁的额外可选简化处理

对于首次执行日前的经营租赁，可根据每项租赁采用下列一项或多项简化处理。

（1）将于首次执行日后 12 个月内执行完毕的租赁，可作为短期租赁处理。即，以本准则第三十二条所述的短期租赁处理方式对此类租赁进行会计处理，并在包含首次执行日的年度报告期间披露的短期租赁费用中涵盖与此类租赁有关的费用。

（2）计量租赁负债时，具有相似特征的租赁可采用同一折现率；使用权资产的计量可不包含初始直接费用。

（3）存在续租选择权或终止租赁选择权的，承租人可根据首次执行日前选择权的实际行使及其他最新情况确定租赁期，无需对首次执行日前各期间是否合理确定行使续租选择权或终止租赁选择权进行估计。

（4）作为使用权资产减值测试的替代，承租人可根据《企业会计准则第 13 号——或有事项》评估包含租赁的合同在首次执行日前是否是亏损合同，并根据首次执行日前计入资产负债表的亏损准备金额调整使用权资产。

值得注意的是，该方法只是对使用权减值测试的替代，该方法下计提的使用权资产减值准备后续期间仍不得转回。

（5）首次执行本准则当年年初之前发生租赁变更的，承租人无需按照本准则关于租赁变更的规定进行追溯调整，而是根据租赁变更的最终安排，按照本准则进行会计处理。

4. 其他衔接规定

首次执行日前的经营租赁中，租赁资产属于低价值资产且根据本准则选择不确认使用权资产和租赁负债的，承租人无需对该经营租赁按照衔接规定进行调整，应当自首次执行日起按照本准则进行会计处理。

母公司执行本准则但子公司尚未执行本准则的，母公司在编制合并财务报表时，应当按照本准则规定调整子公司的财务报表。母公司尚未执行本准则而子公司已执行本准则的，母公司在编制合并财务报表时，可以将子公司的财务报表按照母公司的会计政策进行调整后合并，也可以将子公司按照本准则编制的财务报表直接合并。母公司将子公司按照本准则编制的财务报表直接合并的，应当在合并财务报表中披露该事实，并且对母公司和子公司的会计政策及其他相关信息分别进行披露。

【例 11-64】衔接处理

甲公司于 2×19 年 1 月 1 日（假设为首次执行日）存在下列旧准则下的尚未执行完毕的租赁合同，其中第一项为融资租赁，其余各项为经营租赁。具体情况如下（下述合同均不涉及租赁激励，也不考虑相关税费影响）。

（1）于 2×16 年 1 月 1 日（亦为该租赁的租赁期开始日）订立了一项 5 年期机器租赁，约定自 2×16 年 1 月 1 日起，每 6 个月于月末支付租金 1 000 000 元，该机器的保险、维护等费用均由甲公司负担，该机器在 2×16 年 1 月 1 日的公允价值为 7 000 000 元，租赁合同规定的利率为 7%（出租人租赁内含利率未知），甲公司发生租赁初始直接费用 10 000 元，该机器于租赁期开始日的预计剩余使用年限为 7 年，无残值，租赁期届满时，甲公司将以 100 元购买该机器。2×18 年 12 月 31 日（即首次执行日前），该机器原值为 7 010 000 元，累计折旧 3 004 286 元，应付融资租赁款余额为 4 000 100 元，未确认融资费用为 617 398 元。（以下简称"租赁 A"）

（2）于 2×17 年 1 月 1 日（亦为该租赁的租赁期开始日）订立了一项 5 年期通用设备租赁，约定在每年的第 2 天支付 1 000 000 元，该设备在 2×17 年 1 月 1 日的公允价值为 8 000 000 元，预计剩余使用年限为 10 年，甲公司发生租赁初始直接费用 1 000 元，租赁期届满时，甲公司需将该设备归还出租人。（以下简称"租赁 B"）

（3）于 2×17 年 1 月 1 日（亦为该租赁的租赁期开始日）以经营租赁方式租入一条生产线生产仅销售给客户乙的 A 产品，租赁期 4 年，约定在每年的第 2 天支付 500 000 元，未发生租赁初始直接费用；该租赁合同不可撤销。2×18 年，客户乙因自身原因不再向甲公司购买 A 产品，甲公司预计租入的生产线大部分时间将闲置，该租赁合同成为亏损合同。在考虑可能的现金净流入后，甲公司就该亏损合同确认了预计负债。2×18 年 12 月 31 日（即首次执行日前），相关预计负债金额为 694 215 元（计算采用的折现率为 10%）。（以下简称"租赁 C"）

（4）于 2×16 年 6 月 30 日（亦为该租赁的租赁期开始日）订立了一项 3 年期办公设备租赁，约定自 2×16 年 6 月 30 日起，每 12 个月于月末支付租金 20 000 元（即第一次支付日为 2×17 年 6 月 30 日），该设备于租赁期开始日的预计剩余使用年限为 6 年，未发生租赁初始直接费用，租赁到期归还设备。（以下简称"租赁 D"）

（5）于 2×18 年 1 月 1 日（亦为该租赁的租赁期开始日）与某租车公司分别订立了一项 3 年期的 2 辆公务车租赁和一项 3 年期的 2 辆轿车租赁，约定自 2×18 年 1 月 1 日起，于每年年末分别支付租金 35 000 元和 25 000 元（即第一次支付日为 2×18 年 12 月 31 日），这些车辆于租赁期开始日的预计剩余使用年限为 8 年，未发生租赁初始直接费用，租赁到期归还车辆。（以下统称"汽车租赁"）

（6）于 2×16 年 1 月 1 日（亦为该租赁的租赁期开始日）订立了一项 3 年期通用设备租赁，约定自 2×16 年 1 月 1 日起，于每年年末支付 100 000 元（即第一次支付日为 2×16 年 12 月 31 日），并可选择在租赁期满时延长一次 2 年租赁期，租金不变，该选择最迟须在租赁到期前 6 个月书面通知出租人，否则视为放弃该选择权，该设备于租赁期开始日的预计剩余使用年限为 10 年，未发生租赁初始直接费用。2×18 年 6 月 30 日，甲公司书面通知出租人选择延长，延长的租赁期届满时归还设备。（以下简称"租赁 E"）

【分析】

甲公司的衔接处理如下。

2×19 年 1 月 1 日（即首次执行日），甲公司选择不重新评估此前已存在的合同是否为租赁或者是否包含租赁，并将此方法一致应用于所有合同，因此仅对上述在旧准则下识别为租赁的合同采用本准则衔接规定。此外，甲公司对上述租赁合同采用简化的追溯调整法进行衔接会计处理，并对其中的经营租赁根据每项租赁选择使用权资产计量方法和采用相关简化处理，具体如下。

（1）对于租赁 A（旧准则下认定为融资租赁），按照融资租入资产和应付融资租赁款首次执行日前的账面价值，分别计量使用权资产和租赁负债，进行衔接会计处理，会计分录如下。

借：使用权资产——原值——机器　　　　　　　　　　　7 010 000

　　融资租入固定资产——累计折旧——机器　　　　　　3 004 286

　　贷：融资租入固定资产——原值——机器　　　　　　　　　7 010 000

　　　　使用权资产——累计折旧——机器　　　　　　　　　　3 004 286

借：长期应付款——应付融资租赁款　　　　　　　　　　4 000 100

　　租赁负债——未确认融资费用　　　　　　　　　　　 617 398

　　贷：未确认融资费用　　　　　　　　　　　　　　　　　　 617 398

　　　　租赁负债——租赁付款额　　　　　　　　　　　　　　4 000 100

（2）对于租赁 B（旧准则下认定为经营租赁），甲公司确定适用于该租赁的首次执行日承租人增量借款利率为 9%，选择假设自租赁期开始日即采用本准则的账面价值（采用首次执行日的承租人增量借款利率 9% 作为折现率）计量使用权资产，计量时不包含初始直接费用。不采用其他简化处理。甲公司认为该使用权资产按直线法计提折旧是适当的，并按照《企业会计准则第 8 号——资产减值》的规定对使用权资产进行减值测试后确定其无减值。假定甲公司法定盈余公积提取比例为 10%，不考虑其他事项。

首次执行日，租赁负债 = 剩余租赁付款额按首次执行日承租人增量借款利率折现的现值 =1 000 000 +1 000 000×（P/A，9%，2）=2 759 100（元）。

使用权资产原值 =1 000 000 +1 000 000×（P/A，9%，4）=4 239 700（元）

使用权资产累计折旧 =4 239 700÷5×2 =1 695 880（元）

会计分录如下。

借：使用权资产——原值　　　　　　　　　　　　　　4 239 700

　　未分配利润　　　　　　　　　　　　　　　　　　　 193 752

　　盈余公积　　　　　　　　　　　　　　　　　　　　　 21 528

　　租赁负债——未确认融资费用　　（3 000 000–2 759 100）240 900

　　贷：使用权资产——累计折旧　　　　　　　　　　　　　　1 695 880

　　　　租赁负债——租赁付款额　　　　　　　　　　　　　　3 000 000

假设上述情况下，甲公司选择按与租赁负债相等的金额并根据预付租金进行调整的方法计量使用权资产，则使用权资产账面价值为 2 759 100 元（即与租赁负债相等）。

（3）对于租赁 C，甲公司确定适用于该租赁的首次执行日承租人增量借款利率为 10%（与 2×18 年 12 月 31 日确定亏损合同准备金额折现率相等），选择按与租赁负债相等的金额并根据预付租金进行必要调整的方法计量使用权资产，采用前述简化处理第 4 条，即作为使用权资产减值测试的替代，根据首次执行日前亏损准备金额调整使用权资产，不采用其他简化处理。

首次执行日，租赁负债 = 剩余租赁付款额按首次执行日承租人增量借款利率折现的现值 =500 000 +500 000×（P/A，10%，1）=954 550（元）。

使用权资产原值 = 租赁负债 =954 550（元）

使用权资产减值准备 = 相关预计负债金额 = 694 215（元）

会计分录如下。

借：使用权资产——原值——生产线	954 550
预计负债	694 215
租赁负债——未确认融资费用——生产线	45 450
贷：使用权资产减值准备——生产线	694 215
租赁负债——租赁付款额——生产线	1 000 000

（4）对于租赁 D，甲公司仅采用前述简化处理第 1 条，不采用其他简化处理，即将于首次执行日后 12 个月内执行完毕的租赁，作为短期租赁处理，并按照租赁资产类别将租赁付款额在租赁期内按直线法计入当期损益，不确认使用权资产和租赁负债，因此于首次执行日无需进行会计处理。

（5）对于汽车租赁，甲公司计量租赁负债时，认为公务车租赁和轿车租赁具有相似特征，采用前述简化处理第 2 条，即针对各公务车租赁和轿车租赁适用的承租人增量借款利率采用同一折现率（确定适用于该情况的承租人增量借款利率为 8%），对于使用权资产，选择按与租赁负债相等的金额并根据预付租金进行必要调整的方法计量，不采用其他简化处理。同时，甲公司认为上述各项汽车租赁符合组合处理的条件，因此就该组合进行相关会计处理。

首次执行日，租赁负债＝公务车和轿车剩余租赁付款额之和按首次执行日承租人增量借款利率折现的现值＝（35 000+25 000）×（P/A，8%，2）=106 998（元）。

汽车租赁使用权资产原值＝租赁负债=106 998（元）

会计分录如下。

借：使用权资产——原值——汽车租赁	106 998
租赁负债——未确认融资费用——汽车租赁	13 002
贷：租赁负债——租赁付款额——汽车租赁	120 000

（6）对于租赁 E，甲公司采用前述简化处理第 3 条，即根据首次执行日前选择权的实际行使情况确定租赁期，因此剩余租赁期为 2 年，剩余租赁付款额为 200 000 元，确定适用于该租赁的首次执行日承租人增量借款利率为 8%；对于使用权资产，选择按与租赁负债相等的金额并根据预付租金进行必要调整的方法计量，不采用其他简化处理。

首次执行日，租赁负债＝剩余租赁付款额按首次执行日承租人增量借款利率折现的现值 =100 000×（P/A，8%，2）=178 330（元）。

使用权资产原值＝租赁负债=178 330（元）

会计分录如下。

借：使用权资产——原值——设备租赁	178 330
租赁负债——未确认融资费用——设备租赁	21 670
贷：租赁负债——租赁付款额——设备租赁	200 000

11.11.4 出租人衔接规定

除下面所述情形外，出租人无需对作为出租人的租赁按照衔接规定进行调整，而应当自首次执行日起按照本准则进行会计处理。

对于首次执行日前划分为经营租赁且在首次执行日后仍存续的转租赁，转租出租人在首次执行日应当基于原租赁和转租赁的剩余合同期限和条款进行重新评估，并按照本准则的规定进行分类。按照本准则重分类为融资租赁的，应当将其作为一项新的融资租赁进行会计处理。

11.11.5　之前确认的有关企业合并的金额

承租人如果之前根据《企业会计准则第 20 号——企业合并》，对作为企业合并一部分购买的经营租赁的有利或不利条款确认了资产或负债，则应当终止确认该资产或负债，并相应调整首次执行日的使用权资产的账面金额。

11.11.6　售后租回交易的衔接规定

对于首次执行日前已存在的售后租回交易，企业在首次执行日不重新评估资产转让是否满足《企业会计准则第 14 号——收入》作为销售进行会计处理的规定。

对于首次执行日前应当作为销售和融资租赁进行会计处理的售后租回交易，卖方（承租人）应当按照与首次执行日存在的其他融资租赁相同的方法对租回进行会计处理，并继续在租赁期内摊销相关递延收益或损失。

对于首次执行日前应当作为销售和经营租赁进行会计处理的售后租回交易，卖方（承租人）应当按照与首次执行日存在的其他经营租赁相同的方法对租回进行会计处理，并根据首次执行日前计入资产负债表的相关递延收益或损失调整使用权资产。

11.11.7　披露要求

承租人采用本准则第六十三条规定的简化处理方法的，应当在财务报表附注中披露所采用的简化处理方法以及在合理可能的范围内对采用每项简化处理方法的估计影响所作的定性分析。

承租人选择简化的追溯调整法对租赁进行衔接会计处理的，还应当在首次执行日披露以下信息。

（1）首次执行日计入资产负债表的租赁负债所采用承租人增量借款利率的加权平均值。

（2）首次执行日前一年度报告期末披露的重大经营租赁的尚未支付的最低租赁付款额按首次执行日承租人增量借款利率折现的现值，与计入首次执行日资产负债表的租赁负债的差额。

第 12 章
《企业会计准则第 21 号——租赁》深度解读

《企业会计准则第 21 号——租赁》（简称"租赁准则"）的内容概述如图 12-1 所示。

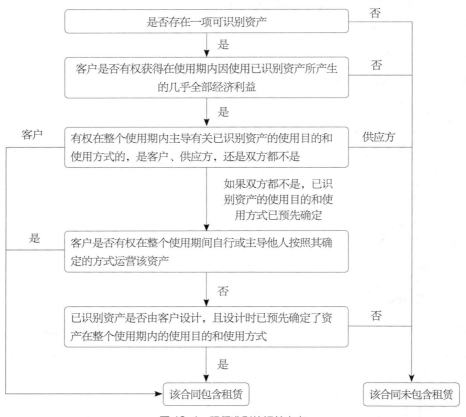

图 12-1 租赁准则的相关内容

根据《企业会计准则第 21 号——租赁》对租赁的定义，租赁，是指在一定期间内，出租人将资产的使用权让与承租人以获取对价的合同。如果合同一方让出了在一定期间内控制一项或者多项已识别资产使用的权利以换取对价，则该合同为租赁合同。

12.1 租赁基础

根据企业会计准则应用指南，租赁的主要特征是转让已识别资产的使用权，而不是转移资产的所有权，并且这种转移是有偿的，取得使用权以支付租赁合同对价为代价，从而使租赁有别于资产购置和不把资产的使用权从合同的一方转移给另一方的服务性合同，如劳务合同、运输合同、保管合同、仓储合同等以及无偿提供使用权的借用合同。

相关概念如下。

（1）租赁期。根据《企业会计准则第 21 号——租赁》，租赁期，是指承租人有权使用租赁资产且不可撤销的期间。

承租人有续租选择权，即有权选择续租该资产，且合理确定将行使该选择权的，租赁期还应当包含续租选择权涵盖的期间。

承租人有终止租赁选择权，即有权选择终止租赁该资产，但合理确定将不会行使该选择权的，租赁期应当包含终止租赁选择权涵盖的期间。

发生承租人可控范围内的重大事件或变化，且影响承租人是否合理确定将行使相应选择权的，承租人应当对其是否合理确定将行使续租选择权、购买选择权或不行使终止租赁选择权进行重新评估。

（2）租赁开始日。根据《企业会计准则第 21 号——租赁》，租赁开始日，是指租赁合同签署日与租赁各方就主要租赁条款作出承诺日中的较早者。

（3）租赁期开始日。根据《〈企业会计准则第 21 号——租赁〉应用指南》，租赁期开始日，是指出租人提供租赁资产使其可供承租人使用的起始日期。

在租赁开始日，承租人和出租人应当将租赁认定为融资租赁或经营租赁，并确定在租赁期开始日应确认的金额。在租赁期开始日，出租人应当对融资租赁确认应收融资租赁款，并终止确认融资租赁资产。

（4）担保余值。根据《企业会计准则第 21 号——租赁》，担保余值，是指与出租人无关的一方向出租人提供担保，保证在租赁结束时租赁资产的价值至少为某指定的金额。

担保余值，就承租人而言，是指由承租人或与其有关的第三方担保的资产余值；就出租人而言，是指就承租人而言的担保余值加上与承租人和出租人均无关但在财务上有能力担保的第三方担保的资产余值。其中，资产余值是指在租赁开始日估计的租赁期届满时租赁资产的公允价值。

根据《〈企业会计准则第 21 号——租赁〉应用指南》，为了促使承租人谨慎地使用租赁资产，尽量减少出租人自身的风险和损失，租赁协议有时要求承租人或与其有关的第三方对租赁资产的余值进行担保，此时的担保余值是针对承租人而言的。除此以外，担保人还可能是与承租人和出租人均无关但在财务上有能力担保的第三方，如担保公司，此时的担保余值是针对出租人而言的。

（5）未担保余值。根据《企业会计准则第 21 号——租赁》，未担保余值，是指租赁资产余值中，出租人无法保证能够实现或仅由与出租人有关的一方予以担保的部分。根据《〈企业会计准则第 21 号——租赁〉应用指南》，对出租人而言，如果租赁资产余值中包含未担保余值，表明这部分余值的风险和报酬并没有转移，其风险应由出租人承担，因此，未担保余值不能作为应收融资租赁款的一部分。

（6）租赁付款额。根据《企业会计准则第 21 号——租赁》，租赁付款额，是指承租人向出租人支付的与在租赁期内使用租赁资产的权利相关的款项，包括以下内容。

①固定付款额及实质固定付款额，存在租赁激励的，扣除租赁激励相关金额。

②取决于指数或比率的可变租赁付款额，该款项在初始计量时根据租赁期开始日的指数或比率确定。

③购买选择权的行权价格，前提是承租人合理确定将行使该选择权。

④行使终止租赁选择权需支付的款项，前提是租赁期反映出承租人将行使终止租赁选择权。

⑤根据承租人提供的担保余值预计应支付的款项。

实质固定付款额，是指在形式上可能包含变量但实质上无法避免的付款额。

可变租赁付款额，是指承租人为取得在租赁期内使用租赁资产的权利，向出租人支付的因租赁期开始日后的事实或情况发生变化（而非时间推移）而变动的款项。取决于指数或比率的可变租赁付款额包括与消费者价格指数挂钩的款项、与基准利率挂钩的款项和为反映市场租金费率变化而变动的款项等。

（7）最低租赁付款额。最低租赁付款额，是指在租赁期内，承租人应支付或可能被要求支付的款项（不包括或有租金和履约成本），加上由承租人或与其有关的第三方担保的资产余值，但是出租人支付但可退还的税金不包含在内。

承租人有购买租赁资产选择权，所订立的购买价款预计将远低于行使选择权时租赁资产的公允价值，因而在租赁开始日就可以合理确定承租人将会行使这种选择权的，购买价款应当计入最低租赁付款额。

（8）租赁收款额。根据《企业会计准则第 21 号 ——租赁》，租赁收款额，是指出租人因让渡在租赁期内使用租赁资产的权利而应向承租人收取的款项，包括以下内容。

①承租人需支付的固定付款额及实质固定付款额，存在租赁激励的，扣除租赁激励相关金额。

②取决于指数或比率的可变租赁付款额，该款项在初始计量时根据租赁期开始日的指数或比率确定。

③购买选择权的行权价格，前提是合理确定承租人将行使该选择权。

④承租人行使终止租赁选择权需支付的款项，前提是租赁期反映出承租人将行使终止租赁选择权。

⑤由承租人、与承租人有关的一方以及有经济能力履行担保义务的独立第三方向出租人提供的担保余值。

在转租的情况下，若转租的租赁内含利率无法确定，转租出租人可采用原租赁的折现率（根据与转租有关的初始直接费用进行调整）计量转租投资净额。

（9）已识别资产。根据《企业会计准则第 21 号——租赁》，已识别资产，是指租赁合同确定时用于确认包含租赁标的物的一项合同是否属于租赁合同的资产。已识别资产通常由合同明确指定，也可以在资产可供客户使用时隐性指定。但是，即使合同已对资产进行指定，如果资产的供应方在整个使用期间拥有对该资产的实质性替换权，则该资产不属于已识别资产。租赁准则规定，一项可识别资产的认定，应当符合以下条件：

①合同明确或隐性指定；

②物理上可区分；

③供应方没有实质性。

（10）实质性替换权。实质性替换权是指在租赁期内，合同已对标的资产指定，供应方拥有改变租赁期内标的资产的权利。

同时符合下列条件时，表明供应方拥有资产的实质性替换权。

①资产供应方拥有在整个使用期间替换资产的实际能力。

②资产供应方通过行使替换资产的权利将获得经济利益。

（11）租赁内含利率。根据《企业会计准则第 21 号 ——租赁》，租赁内含利率，是指使出租人的租赁收款额的现值与未担保余值的现值之和等于租赁资产公允价值与出租人的初始直接费用之和的利率。

（12）承租人增量借款利率。根据《企业会计准则第 21 号 ——租赁》，承租人增量借款利率，是指承租人在类似经济环境下为获得与使用权资产价值接近的资产，在类似期间以类似抵押条件借入资金须支付的利率。

（13）使用权资产。根据《企业会计准则第 21 号 ——租赁》，使用权资产，是指承租人可在租赁期内使用租赁资产的权利。

使用权资产应当按照成本进行初始计量。该成本包括以下内容。

①租赁负债的初始计量金额。

②在租赁期开始日或之前支付的租赁付款额，存在租赁激励的，扣除已享受的租赁激励相关金额。

③承租人发生的初始直接费用。

④承租人为拆卸及移除租赁资产、复原租赁资产所在场地或将租赁资产恢复至租赁条款约定状态预计将发生的成本。

（14）租赁激励。根据《企业会计准则第 21 号——租赁》，租赁激励，是指出租人为达成租赁向承租人提供的优惠，包括出租人向承租人支付的与租赁有关的款项、出租人为承租人偿付或承担的成本等。

（15）初始直接费用。根据《企业会计准则第 21 号——租赁》，初始直接费用，是指为达成租赁所发生的增量成本。增量成本，是指若企业不取得该租赁，则不会发生的成本，如佣金、印花税等。无论是否实际取得租赁而发生的费用，在实际计量时不作为初始直接费用进行确认，例如评估是否签订合同而发生的差旅费用、法律服务费用等。

（16）短期租赁。根据《企业会计准则第 21 号——租赁》，短期租赁，是指在租赁期开始日，租赁期不超过 12 个月的租赁。

包含购买选择权的租赁不属于短期租赁。

（17）低价值资产租赁。根据《企业会计准则第 21 号——租赁》，低价值资产租赁的判定仅与资产的绝对价值有关，不受承租人规模、性质或其他情况影响。低价值资产租赁还应当符合租赁准则第十条的规定。

承租人转租或预期转租租赁资产的，原租赁不属于低价值资产租赁。

12.2 租赁的分类

12.2.1 分类

根据《企业会计准则第 21 号——租赁》，出租人应当在租赁开始日将租赁分为融资租赁和经营租赁。

1. 融资租赁

融资租赁，是指实质上转移了与租赁资产所有权有关的几乎全部风险和报酬的租赁。其所有权最终可能转移，也可能不转移。

一项租赁存在下列一种或多种情形的，通常分类为融资租赁。

（1）在租赁期届满时，租赁资产的所有权转移给承租人。

根据《〈企业会计准则第 21 号——租赁〉应用指南》，如果在租赁协议中已经约定，或者根据其他条件在租赁开始日就可以合理地判断，租赁期届满时出租人会将资产的所有权转移给承租人，那么该项租赁应当认定为融资租赁。

（2）承租人有购买租赁资产的选择权，所订立的购买价款与预计行使选择权时租赁资产的公允价值相比足够低，因而在租赁开始日就可以合理确定承租人将行使该选择权。

根据《〈企业会计准则第 21 号——租赁〉应用指南》中举例说明，出租人和承租人签订了一项租赁协议，租赁期限为 3 年，租赁期届满时承租人有权以 10 000 元的价格购买租赁资产，在签订租赁协议时估计该租赁资产租赁期届满时的公允价值为 40 000 元，由于购买价格仅为公允价值的 25%（远低于公允价值 40 000 元），如果没有特别的情况，承租人在租赁期届满时将会购买该项资产。在这种情况下，在租赁开始日即可判断该项租赁应当认定为融资租赁。

（3）资产的所有权虽然不转移，但租赁期占租赁资产使用寿命的大部分。

这条标准强调的是租赁期占租赁资产使用寿命的比例，而非租赁期占该项资产全部可使用年限的比例。根据《企业会计准则讲解》的具体解释，如果租赁资产是旧资产，在租赁前已使用年限超过资产自全新时起算可使用年限的 75% 以上时，则这条判断标准不适用，不能使用这条标准确定租赁的分类。

（4）在租赁开始日，租赁收款额的现值几乎相当于租赁资产的公允价值。

承租人在租赁开始日的最低租赁付款额现值，几乎相当于租赁开始日租赁资产公允价值；出租人在租赁开始日的最低租赁收款额现值，几乎相当于租赁开始日租赁资产公允价值。其中"几乎相当于"，通常指在 90%（含 90%）以上。

（5）租赁资产性质特殊，如果不作较大改造，只有承租人才能使用。

根据《〈企业会计准则第 21 号——租赁〉应用指南》，这条标准是指租赁资产是由出租人根据承租人对资产型号、规格等方面的特殊要求专门购买或建造的，具有专购、专用性质。这些租赁资产如果不作较大的重新改制，其他企业通常难以使用。这种情况下，该项租赁也应当认定为融资租赁。

一项租赁存在下列一项或多项迹象的，也可能分类为融资租赁。

（1）若承租人撤销租赁，撤销租赁对出租人造成的损失由承租人承担。

（2）资产余值的公允价值波动所产生的利得或损失归属于承租人。

（3）承租人有能力以远低于市场水平的租金继续租赁至下一期间。

2. 经营租赁

根据《企业会计准则第 21 号——租赁》，经营租赁，是指除融资租赁以外的其他租赁。原租赁为短期租赁，且转租出租人应用《企业会计准则第 21 号——租赁》第三十二条对原租赁进行简化处理的，转租出租人应当将该转租赁分类为经营租赁。

在租赁开始日后，出租人无需对租赁的分类进行重新评估，除非发生租赁变更。租赁资产预计使用寿命、预计余值等会计估计变更或发生承租人违约等情况变化的，出租人不对租赁的分类进行重新评估。

12.2.2　经营租赁和融资租赁的区别

一般来讲，在企业会计准则中凡不属于融资租赁的租赁都属于经营租赁。与融资租赁相比，经营租赁有着诸多的不同之处。可以把经营租赁与融资租赁的主要差别归纳如下。

1. 对权利的最终要求不同

经营租赁的最大特点在于承租人对租赁资产的目的仅限于使用资产，在租赁期满后一般将资产如数归还给出租人，而不考虑最终取得资产的所有权。

在融资租赁中，承租人不但考虑在租赁期间内使用出租人的资产，而且意在于租赁期届满时获得资产的所有权。通常在租赁期满时，承租人可以根据租赁契约中规定的优先购买选择权，支付一笔为数不多的转让费，即可获得其所租赁的资产。从这个意义上讲，融资租赁实际上是一种融资行为。

2. 在租约的可否撤销条款上不同

在经营租赁中，承租人有权在租赁期满前便撤销租赁契约。而融资租赁的契约通常是不可撤销的。

3. 租赁期长短不同

由于经营租赁的目的主要是取得资产的使用权而并非最终获得资产，所以租赁期间较短，通常远远短于资产的有效经济寿命。而融资租赁的期限则较长，有时甚至长于资产的有效经济寿命。

4. 租金总额是否接近于租赁资产的公允价值

由于租赁期间较短，经营租赁的租金总额往往只占租赁资产公允价值的一小部分，而且经营租赁租金属于一种非全额清偿，即出租人的投资回收来源于不同的承租人支付的租金。而融资租赁类似于购买，因此其租金总额一般接近于甚至等于租赁资产的公平市价。

5. 履约成本的承担者不同

对于经营租赁，租赁资产有关的税金、保险费和修理费等一般不是由承租人承担，尽管在确定租金时，出租人可能通过提高租金的方式把上述费用转嫁给承租人。

对于融资租赁来说，这些费用通常都是由承租人承担的。

6. 作用不同

由于租赁公司能提供现成融资租赁资产，这样使企业能在极短的时间，用少量的资金取得并安装投入使用，并能很快发挥作用，产生效益，因此，融资租赁行为能使企业缩短项目的建设期限，有效规避市场风险，同时，避免企业因资金不足而放过稍纵即逝的市场机会。经营租赁行为能使企业有选择地租赁企业急用但并不想拥有的资产，特别是工艺水平高、升级换代快的设备更适合经营租赁。

7. 二者判断方法不同

融资租赁资产是属于专业租赁公司购买，然后租赁给需要使用的企业，同时，该租赁资产行为的识别标准有以下几点。

一是租赁期占租赁开始日该项资产尚可使用年限的 75% 以上。

二是支付给租赁公司的最低租赁付款额现值等于或大于租赁开始日该项资产公允价值的 90% 及以上。

三是承租人对租赁资产有优先购买权，并在行使优先购买权时所支付购买金额低于优先购买权日该项租赁资产公允价值的 5%。

四是承租人有继续租赁该项资产的权利，其支付的租赁费低于租赁期满日该项租赁资产正常租赁费的 70%。

总而言之，融资租赁的实质就是转移了与资产所有权有关的全部风险和报酬，某种意义上，对于确定要行使优先购买权的承租企业，融资租赁实质上就是分期付款购置固定资产的一种变通方式，但要比直接购买更好。

而经营租赁则不同，仅仅转移了该项资产的使用权，而对该项资产所有权有关的风险和报酬却没有转移，仍然属于出租方，承租企业只按合同规定支付相关费用，承租期满的经营租赁资产由承租企业归还出租方。

12.3 承租人的会计处理

12.3.1 确认和初始计量

根据《企业会计准则第 21 号——租赁》，在租赁期开始日，承租人应当对租赁确认使用权资产和租赁负债。应用短期租赁和低价值资产租赁简化处理的除外。

根据《〈企业会计准则第 21 号——租赁〉应用指南》，承租人在租赁谈判和签订租赁合同过程中发生的，可归属于租赁项目的手续费、律师费、差旅费、印花税等初始直接费用，应当计入租入资产价值。

根据《〈企业会计准则第 21 号——租赁〉应用指南》，承租人在计算租赁付款额的现值时，承租人应当采用租赁内含利率作为折现率；无法确定租赁内含利率的，应当采用承租人增量借款利率作为折现率，并按照租赁付款额的现值与租赁付款额之间的差额确认租赁期间未确认融资费用。

实务中，常见的增量利率的参考基础包括承租人同期银行贷款利率、相关租赁合同利率、承租人最近一期类似资产抵押贷款利率等。在进行增量利率的确定时，通常需要在上述参考基础之上进行调整以确定承租人适用增量利率水平。

【例 12-1】

2×19 年 1 月 1 日，承租人甲公司与出租人乙公司签订了一份为期 10 年的房屋租赁协议，并且甲公司拥有 5 年的续租选择权。甲公司每年的租赁付款为人民币 1 000 000 元，于每年年末支付。在租赁期开始日，经甲公司评估后认为，在 10 年的租赁期结束后不能合理确定自身是否行使续租选择权，因此将租赁期确定为 10 年。甲公司无法确定租赁内含利率，需用增量借款利率作为折现率来计算租赁付款额的现值。

甲公司现有的借款包括以下两笔。

（1）一笔为期 6 个月的银行短期借款，金额为 800 000 元，借款期限为 2×18 年 10 月 1 日—2×19 年 3 月 31 日，利率为 4.0%，每季末支付利息，到期时一次性偿还本金，无任何抵押。

（2）一笔为期 15 年的债券，金额为 500 000 元，发行日为 2×17 年 1 月 1 日，到期日为 2×31 年 12 月 31 日，票面利率为 9.0%，每年年末支付利息，到期时一次性偿还本金，无任何抵押。

【分析】

为确定该租赁的增量借款利率，甲公司需要找到类似期限（即租赁期 10 年）、类似抵押条件（即以租赁资产作为抵押）、类似经济环境下（例如，借入时点是租赁期开始日，偿付方式是每年等额偿付金额均为 1 000 000 元，10 年后拥有类似的 5 年续租选择权），借入与使用权资产价值接近的资金（即人民币 1 000 000 元）须支付的固定利率。经比较，无法直接确定利率水平，甲公司以其现有的借款利率以及市场可参考信息（例如，相同期限的国债利率等）作为基础，估计该租赁的增量借款利率。承租人甲公司以可观察的借款利率作为参考基础确定增量借款利率时，通常需要考虑的调整事项包括但不限于以下几点。

（1）本息偿付方式不同，例如，作为参考基础的借款是每年付息且到期一次性偿还本金，而不是每年等额偿付本息。

（2）借款金额不同，例如，作为参考基础的借款金额远高于租赁负债。

（3）借款期限不同，例如，作为参考基础的借款期限短于或长于租赁期。

（4）抵押、担保情况不同，例如，作为参考基础的借款为无抵押借款。

（5）款项借入时间的不同，例如，作为参考基础的国债是2年前发行的，而市场利率水平在2年内发生了较大变化。

（6）提前偿付或其他选择权的影响。

（7）借款币种不同，例如，作为参考基础的借款为人民币借款但租赁付款额的币种为美元。

情形一：甲公司发行的债券有公开市场。当甲公司发行的债券有公开市场时，通常考虑该债券的市场价格及市场利率，因为其反映了甲公司的现有信用状况以及债券投资者所要求的现时回报率。甲公司结合其自身情况判断后认为，以自己发行的15年期债券利率作为估计增量借款利率的起点最为恰当。甲公司在15年期债券利率的基础上，执行了如下步骤，以确定该租赁的增量借款利率。

第一步，确定15年期债券的市场利率。甲公司根据该债券的市场价格和剩余13年的还款情况（即，每年年末根据票面利率支付利息、到期一次性偿还本金），计算该债券的市场利率。该市场利率反映了甲公司的现有信用状况以及债券投资者所要求的现时回报率，甲公司无需因该债券的发行时间（即2年前）而进行额外调整。

第二步，调整借款金额的不同。15年期债券的金额为500 000元，租赁付款总额为1 000 000元。甲公司根据估计日市场情况考虑上述借款金额的不同是否影响借款利率并相应进行调整。

第三步，调整本息偿付方式的不同。该租赁是每年支付固定的租赁付款，而15年期债券是每年年末付息并到期一次性偿还本金。甲公司应考虑该事项对借款利率的影响并进行相应调整。

第四步，调整借款期间的不同。如果租赁的租赁期为10年，而15年期债券的剩余期间为13年。甲公司应考虑该事项对借款利率的影响并进行相应调整。

第五步，调整抵押情况的不同。在确定增量借款利率时，租赁合同视为以租赁资产作为抵押而获得借款，而15年期债券无任何抵押。甲公司应考虑该事项对借款利率的影响并进行相应调整。

情形二：甲公司发行的债券没有公开市场。当甲公司发行的债券没有公开市场，但甲公司存在可观察的信用评级时，甲公司可考虑以与甲公司信用评级相同的企业所发行的公开交易的债券利率为基础，确定上述第一步的参考利率。

当甲公司发行的债券没有公开市场，且甲公司没有可观察的信用评级时，在市场利率水平和甲公司信用状况在债券发行日至增量借款利率估计日期间没有发生重大变化的情况下，甲公司可考虑以该15年期债券发行时的实际利率为基础，作为估计增量借款利率的起点。确定参考利率后，将其调整为增量借款利率的步骤与情形一基本相同。

情形三：甲公司没有任何借款。当甲公司没有任何借款时，甲公司可考虑通过向银行询价的方式获取同期借款利率，并进行适当调整后确定其增量借款利率；或者，可考虑利用第三方评级机构获取其信用评级，参考情形一下的方法确定其增量借款利率。

1. 租赁负债的初始计量

租赁负债应当按照租赁期开始日尚未支付的租赁付款额的现值进行初始计量。是否应纳入租赁负债的相关付款项目是计量租赁负债的关键。

实际会计处理中，租赁负债包含以下部分金额。

（1）固定付款额及实质固定付款额，存在租赁激励的，扣除租赁激励相关金额。

（2）取决于指数或比率的可变租赁付款额，该款项在初始计量时根据租赁期开始日的指数或比率确定。

（3）购买选择权的行权价格，前提是承租人合理确定将行使该选择权。

（4）行使终止租赁选择权需支付的款项，前提是租赁期反映出承租人将行使终止租赁选择权。

（5）根据承租人提供的担保余值预计应支付的款项。

2. 使用权资产的初始计量

使用权资产应当按照成本进行初始计量。该成本包括以下内容。

（1）租赁负债的初始计量金额。

（2）在租赁期开始日或之前支付的租赁付款额，存在租赁激励的，扣除已享受的租赁激励相关金额。

（3）承租人发生的初始直接费用。

（4）承租人为拆卸及移除租赁资产、复原租赁资产所在场地或将租赁资产恢复至租赁条款约定状态预计将发生的成本。

【例 12-2】

承租人甲公司就某生产线与出租人乙公司签订了一项租赁合同。合同约定本次租赁生产线的租赁时间为 2×19 年 1 月 1 日至 2×21 年 12 月 31 日，共计 3 年，并且甲公司就该项租赁资产有 3 年的续租选择权。相关信息如下：（1）每年的不含税租金为 1 000 000 元，如行使续租选择权，续租期间每年租金为 800 000 元，租金每年年末支付；（2）为取得该项租赁合同所发生的初始直接费用为 10 000 元；（3）乙公司补偿承租方佣金 5 000 元；（4）在租赁期开始日，甲公司经评估决定在初始租赁期满后不行使续租权；（5）租赁期内，甲公司确定租赁内含利率为 8%；（6）该生产线为全新设备，估计使用年限为 5 年，租入后被生产车间用来生产设备；（7）2×20 年 1 月 1 日，乙公司计量的该生产线的公允价值为 2 300 000 元；（8）2×20 年和 2×21 年两年，甲公司每年按该生产线所生产的产品——微波炉的年销售收入的 1% 向乙公司支付经营分享收入。

不考虑相关税费影响。请分析甲公司的会计处理。

【分析】

承租人甲公司的会计处理如下。

第一步，计算租赁期开始日的租赁付款额现值。

在租赁期开始日，即 2×19 年 1 月 1 日，将剩余 3 年租赁期内每年度租金进行按照 8%

的租赁内含利率折现。

租赁负债＝3年内租赁付款额现值＝1 000 000×（P/A，3，8%）＝2 577 100（元）

未确认融资费用＝3年内租赁付款额－3年内租赁付款额现值

$\qquad$ ＝3 000 000－2 577 100＝422 900（元）

借：使用权资产	2 577 100
租赁负债——未确认融资费用	422 900
贷：租赁负债——租赁付款额	3 000 000

第二步，将为取得租赁合同发生的初始直接费用计入使用权资产的初始成本。

借：使用权资产	10 000
贷：银行存款	10 000

第三步，将已收的补偿佣金从使用权资产的初始成本中扣除。

借：银行存款	5 000
贷：使用权资产	5 000

经上述计算，可知甲公司取得的该项租赁标的的初始直接成本＝2 577 100＋10 000－5 000＝2 582 100（元）。

12.3.2　后续计量

在租赁期开始日之后，应对使用权资产和租赁负债进行后续计量。

1. 使用权资产的后续计量

（1）使用权资产折旧的计提。

承租人应当参照《企业会计准则第4号——固定资产》与折旧有关的规定，对使用权资产计提折旧。

承租人能够合理确定租赁期届满时取得租赁资产所有权的，应当在租赁资产剩余使用寿命内计提折旧。无法合理确定租赁期届满时能够取得租赁资产所有权的，应当在租赁期与租赁资产剩余使用寿命两者孰短的期间内计提折旧。

①折旧政策。

对于融资租入资产，计提租赁资产折旧时，承租人应采用与自有应折旧资产相一致的折旧政策。通常承租人采用直线法计提折旧，其他折旧计提方法能够更好地反映使用权资产有关经济利益预期实现方式的，应采用其他的折旧计提方式。

如果承租人或与其有关的第三方对租赁资产余值提供了担保，则应计提折旧总额为租赁期开始日固定资产的入账价值扣除担保余值后的余额；如果承租人或与其有关的第三方未对租赁资产余值提供担保，应计提折旧总额为租赁期开始日固定资产的入账价值。

②折旧期间。

确定租赁资产的折旧期间应视租赁合同的规定而论。如果能够合理确定租赁期届满时承租人将会取得租赁资产所有权，即可认为承租人拥有该项资产的全部使用寿命，那么应以租赁期开始日租赁资产的寿命作为折旧期间；如果无法合理确定租赁期届满后承租人是否能够取得租赁资产的所有权，应以租赁期与租赁资产寿命两者中较短者作为折旧期间。

使用权资产折旧一般在取得使用权资产的租赁期开始日当月开始计提，当月计提确有难度的，可下月开始计提。

【例 12-3】使用权资产计提折旧的会计处理

【分析】

沿用【例 12-2】，甲公司对租赁资产计提折旧。

第一步，融资租入固定资产折旧的计算（见表 12-1）。

表 12-1 融资租入固定资产折旧计算表（年限平均法）

2×19 年 1 月 1 日　　　　　　　　　　　　　　　　　　金额单位：元

日期	固定资产原价	折旧率*	当年折旧费	累计折旧	固定资产净值
2×19 年 1 月 1 日	2 582 100				2 582 100
2×19 年 12 月 31 日		1/3	860 700	860 700	1 721 400
2×20 年 12 月 31 日		1/3	860 700	1 721 400	860 700
2×21 年 12 月 31 日		1/3	860 700	2 582 100	
合计	2 582 100	1	2 582 100		

* 根据合同规定，由于甲公司无法合理确定在租赁期届满时能够取得租赁资产的所有权，因此，甲公司应当在租赁期与租赁资产尚可使用年限两者中的较短的期间内计提折旧。本例中租赁期为 3 年，短于租赁资产尚可使用年限 5 年，因此应按 3 年计提折旧。

第二步，账务处理。

2×19 年 1 月 1 日，计提本月折旧 =860 700÷12=71 725（元）

借：制造费用—— 折旧费　　　　　　　　　　　　　　71 725

　　贷：累计折旧　　　　　　　　　　　　　　　　　　　71 725

2×19 年 2 月—2×21 年 12 月的会计分录，同上。

（2）使用权资产发生减值时的会计处理。

承租人应当按照《企业会计准则第 8 号——资产减值》的规定，确定使用权资产是否发生减值，并对已识别的减值损失进行会计处理。使用权资产发生减值的，应当按照减值的数值，借记"资产减值损失"科目，贷记"使用权资产减值准备"科目。计提的减值损失，一经计提，不得在日后期间转回；已计提减值的使用权资产，按照减值后的使用权资产账面价值调整每期计提的折旧金额。

【例 12-4】使用权资产发生减值时的会计处理

沿用【例 12-2】，2×20 年 1 月 1 日，乙公司计量的该生产线的公允价值为 1 300 000 元。

【分析】

此时，该项使用权资产的账面价值为 1 721 400（2 582 100-860 700）元，大于该项资产公允价值 1 300 000 元，故该项使用权资产发生了减值，减值金额为 421 400（1 721 400-1 300 000）元。

相关会计处理如下。

借：资产减值损失　　　　　　　　　　　　　　　　　　　421 400

　　贷：使用权资产减值准备　　　　　　　　　　　　　　　　　421 400

2. 租赁负债的后续计量

租赁负债后续计量的原则如下。

（1）确认租赁负债的利息时，增加租赁负债的账面金额。

（2）支付租赁付款额时，减少租赁负债的账面金额。

（3）因重估或租赁变更等原因导致租赁付款额发生变动时，重新计量租赁负债的账面价值。

承租人应当按照固定的周期性利率计算租赁负债在租赁期内各期间的利息费用，并计入当期损益。

【例 12-5】

甲公司与乙公司签订一项租赁合同。该合同约定乙公司将一间商铺出租给甲公司，合同期限为 7 年，每年商铺租金为 450 000 元，甲公司于每年年末支付款项。甲公司租赁内含利率为 5.04%。

【分析】

在租赁期开始日，甲公司按照租赁协议约定的每年租金的现值确认租赁负债为 2 600 000 元。第 1 年年末，甲公司支付租赁付款额为 450 000 元，其中，131 040（2 600 000×5.04%）元是当年年度的利息，318 960（450 000-131 040）元是本金，即租赁负债减少 318 960 元。甲公司的账务处理如下。

借：租赁负债——租赁付款额　　　　　　　　　　　　　450 000

　　贷：银行存款　　　　　　　　　　　　　　　　　　　　450 000

借：财务费用　　　　　　　　　　　　　　　　　　　　131 040

　　贷：租赁负债——未确认融资费用　　　　　　　　　　　131 040

以后年度租赁负债摊销情况如表 12-2 所示。

表 12-2　租赁负债摊销计算表

单位：元

年度	租赁负债年初余额 ①	利息 ②=①×5.04%	租赁付款额 ③	租赁付款额年末余额 ④=①+②-③
1	2 600 000.00	131 040.00	450 000.00	2 281 040.00
2	2 281 040.00	114 964.42	450 000.00	1 946 004.42
3	1 946 004.42	98 078.62	450 000.00	1 594 083.04
4	1 594 083.04	80 341.79	450 000.00	1 224 424.83
5	1 224 424.83	61 711.01	450 000.00	836 135.84
6	836 135.84	42 141.25	450 000.00	428 277.09
7	428 277.09	21 722.92	450 000.00	

12.3.3 短期租赁和低价值资产租赁的会计处理

1. 短期租赁

对于短期租赁和低价值资产租赁，承租人可以选择不确认使用权资产和租赁负债。

做出该选择的承租人应当将短期租赁和低价值资产租赁的租赁付款额，在租赁期内各个期间按照直线法或其他系统合理的方法计入相关资产成本或当期损益。其他系统合理的方法能够更好地反映承租人的受益模式的，承租人应当采用该方法。如果承租人选择按照短期租赁的简化会计处理方式计量该短期租赁资产，未来该类资产（具有类似使用用途和类似性质）下所有经判断属于短期租赁的会计事项都应当一贯按照简化会计处理方式进行会计处理。

2. 低价值资产租赁

低价值资产租赁在实际会计处理时可采取简化会计处理方式进行计量。只有承租人能够从单独使用该低价值资产或将其与承租人易于获得的其他资源一起使用中获利，且该项资产与其他租赁资产没有高度依赖或高度关联关系时，才能对该租赁资产选择简化会计处理方式。

12.3.4 租赁变更的会计处理

租赁变更导致租赁范围缩小或租赁期缩短的，承租人应当相应调减使用权资产的账面价值，并将部分终止或完全终止租赁的相关利得或损失计入当期损益。其他租赁变更导致租赁负债重新计量的，承租人应当相应调整使用权资产的账面价值。

租赁发生变更且同时符合下列条件的，承租人应当将该租赁变更作为一项单独租赁进行会计处理。

（1）该租赁变更通过增加一项或多项租赁资产的使用权而扩大了租赁范围。

（2）增加的对价与租赁范围扩大部分的单独价格按该合同情况调整后的金额相当。

租赁变更，是指原合同条款之外的租赁范围、租赁对价、租赁期限的变更，包括增加或终止一项或多项租赁资产的使用权，延长或缩短合同规定的租赁期等。

租赁变更未作为一项单独租赁进行会计处理的，在租赁变更生效日，承租人应当按照租赁准则第九条至第十二条的规定分摊变更后合同的对价，按照租赁准则第十五条的规定重新确定租赁期，并按照变更后租赁付款额和修订后的折现率计算的现值重新计量租赁负债。

【例 12-6】租赁变更的会计处理

甲公司与乙公司就一处办公场所签订了一项为期 10 年期的租赁合同。年租赁付款额为 50 000 元。甲公司于每年年末支付租金。在租赁期开始日，甲公司的租赁内含利率为 6%，相应的租赁负债和使用权资产的初始确认额均为 368 000[50 000×（P/A，6%，10）]元。在第 6 年年初，甲公司和乙公司经协商决定对原租赁合同进行变更，自第 6 年年初起，缩减出租面积，出租办公场所面积为原来的一半，之后甲公司每年支付给乙公司的租金（自第6至10年）调整为 30 000 元。承租人在第 6 年年初的租赁内含利率无法确定，增量借款利率为 5%。

【分析】

在租赁变更生效日（即第 6 年年初），甲公司基于以下情况对租赁负债进行重新计量。

（1）剩余租赁期为 5 年。

（2）年付款额为 30 000 元。

（3）采用修订后的折现率 5% 进行折现。

据此，计算得出租赁变更后的租赁负债为 129 885 元，即 $129\ 885 = 30\ 000 \times (P/A, 5\%, 5)$。

甲公司应基于原使用权资产部分终止的比例（即原租赁期开始日确认的使用权资产的一半），来确定使用权资产账面价值的调整数值。在租赁变更之前，原使用权资产的账面价值为 184 000（368 000×5÷10）元，50% 的账面价值为 92 000 元；原租赁负债的账面价值为 210 620[50 000×（P/A，6%，5）]元，50% 的账面价值为 105 310 元。因此，在租赁变更生效日（第 6 年年初），甲公司终止确认 50% 的原使用权资产和原租赁负债，并将租赁负债减少额与使用权资产减少额之间的差额 13 310（105 310−92 000）元计入当期资产处置损益。其中，租赁负债的减少额(105 310元)包括：租赁付款的减少额 125 000（50 000x 50%×5）元，以及未确认融资费用的减少额 19 690（125 000−105 310）元。甲公司终止确认 50% 的原使用权资产和原租赁负债的账务处理如下。

借：租赁负债　　　　　　　　　　　　　　　　　　　125 000
　　贷：租赁负债——未确认融资费用　　　　　　　　　　　19 690
　　　　使用权资产　　　　　　　　　　　　　　　　　　92 000
　　　　资产处置损益　　　　　　　　　　　　　　　　　13 310

按照甲公司的租赁负债 105 310 元与变更后重新计量的租赁负债 129 885 元之间的差额 24 575 元，调整使用权资产账面价值。

借：使用权资产　　　　　　　　　　　　　　　　　　24 575
　　租赁负债——未确认融资费用　　　　　　　　　　　425
　　贷：租赁负债——租赁付款额　　　　　　　　　　　25 000

12.3.5　其他有关事项的会计处理

1. 履约成本的会计处理

履约成本是指租赁期内为租赁资产支付的各种使用费用，如技术咨询和服务费、人员培训费、维修费、保险费等。承租人发生的履约成本通常应计入当期损益。

2. 可变租赁付款额的会计处理

或有租金是指金额不固定，以时间长短以外的其他因素（如销售量、使用量、物价指数等）为依据计算的租金。由于或有租金的金额不固定，无法采用系统合理的方法对其进行分摊，因此在或有租金实际发生时，计入当期损益。

【例 12-7】 可变租赁付款额的会计处理

沿用【例 12-2】，甲公司或有租金的会计处理。

【分析】

（1）2×20 年 12 月 31 日，甲公司微波炉年销售额为 10 000 000 元，根据合同规定应向乙公司支付经营分享收入 100 000 元。

借：销售费用   100 000

  贷：其他应付款—— 乙公司   100 000

（2）2×21 年 12 月 31 日，甲公司微波炉年销售额为 15 000 000 元，根据合同规定应向乙公司支付经营分享收入 150 000 元。

借：销售费用   150 000

  贷：其他应付款—— 乙公司   150 000

3. 出租人提供激励措施的处理

出租人提供免租期的，承租人应将租金总额在不扣除免租期的整个租赁期内，按直线法或其他合理的方法进行分摊，免租期内应当确认租金费用及相应的负债。出租人承担了承租人某些费用的，承租人应将该费用从租金费用总额中扣除，按扣除后的租金费用余额在租赁期内进行分摊。

12.3.6 租赁期届满时的会计处理

租赁期届满时，承租人通常对租赁资产的处理有三种情况：返还、优惠续租和留购。

（1）返还租赁资产。

租赁期届满，承租人向出租人返还租赁资产时，通常借记"租赁负债——应付融资租赁款""累计折旧"科目，贷记"使用权资产"科目。

（2）优惠续租租赁资产。

如果承租人行使优惠续租选择权，则应视同该项租赁一直存在而作出相应的账务处理。

如果租赁期届满时没有续租，根据租赁协议规定须向出租人支付违约金时，借记"营业外支出"科目，贷记"银行存款"等科目。

（3）留购租赁资产。

承租人在享有优惠购买选择权的情况下，在支付购买价款时，借记"长期应付款——应付融资租赁款"科目，贷记"银行存款"等科目；同时，将固定资产从"融资租入固定资产"明细科目转入有关明细科目。

【例 12-8】 租赁期届满时的会计处理

沿用【例 12-2】，甲公司租期届满时的会计处理如下。

【分析】

2×21 年 12 月 31 日，将该生产线退还乙公司。

借：累计折旧   2 582 100

  贷：使用权资产   2 582 100

12.4　出租人的会计处理

12.4.1　出租人对融资租赁的会计处理

1.初始计量

依据租赁准则规定，在租赁期开始日，出租人应当对融资租赁确认应收融资租赁款，并终止确认融资租赁资产。出租人对应收融资租赁款进行初始计量时，应当以租赁投资净额作为应收融资租赁款的入账价值。

租赁投资净额是融资租赁中最低租赁收款额及未担保余值之和与未实现融资收益之间的差额。

【例12-9】出租人对融资租赁的初始计量

2×19年12月31日，承租人甲公司与出租人乙公司就出租一台生产机器达成一项租赁协议。相关信息如下。

（1）租赁标的物：生产性设备一台。

（2）租赁期开始日：2×20年1月1日。

（3）租赁期：6年。

（4）租金：每年年末支付给乙公司租金170 000元。每年年末限期内付款的奖励租金为20 000元。

（5）租赁期开始日该资产公允价值为690 000元，账面价值为600 000元。

（6）初始直接费用为手续费30 000元。

（7）承租人于租赁期结束后具有购买选择权。购买价格为30 000元。2×25年12月31日，预计该资产的公允价值为90 000元。

（8）约定可变租赁付款额为甲公司使用该生产设备所产生的收入的5%。

（9）担保余值与未担保余值均为0元。

（10）该资产为全新资产，预计使用寿命为7年。

【分析】

出租人的相关会计处理如下。

第一步：判断租赁类型。

优惠购买价格（30 000元）低于租赁期结束日的该项资产的公允价值（90 000元），因此，在租赁期开始日，乙公司可以确定甲公司会在租赁结束时行使该项购买选择权。租赁期间占该资产使用寿命的比例超过75%，因此，可以将本次租赁分类为融资租赁。

第二步：确定租赁收款额。

（1）承租人的固定付款额为考虑扣除租赁奖励金额后的数值，为900 000［（170 000－20 000）×6］元。

（2）承租人行使购买选择权的行权价格。

根据第一步中的分析，确定行权价格为30 000元。

（3）由承租人向出租人提供的担保余值为0。

综上所述，租赁收款额为 930 000（900 000+30 000）元。

第三步，确定租赁投资总额。

租赁投资总额 = 出租人应收租赁收款额 + 未担保余值 =930 000（元）

第四步，确认租赁投资净额的金额和未实现融资收益。

租赁投资净额 = 租赁资产在租赁期开始日的公允价值 + 出租人初始直接费用 =690 000+ 30 000=720 000（元）

未实现融资收益 = 租赁投资总额 − 租赁投资净额 =930 000−720 000=210 000（元）

第五步，计算租赁内含利率。

根据 150 000×（P/A，r，6）+30 000×（P/F，r，6）=720 000，可知租赁内含利率为 7.66%。

第六步，2×20 年 1 月 1 日，账务处理如下。

借：应收融资租赁款 —— 租赁收款额   930 000
  贷：银行存款   30 000
   融资租赁资产   600 000
   资产处置损益   90 000
   应收融资租赁款 —— 未实现融资收益   210 000

2. 出租人对融资租赁租赁期内的利息收入的会计处理

出租人应当按照固定的周期性利率计算并于账务上确认租赁期内各个期间内的利息收入。

【例 12-10】出租人对融资租赁租赁期内的利息收入的会计处理

沿用【例 12-9】资料。

【分析】

计算租赁期间内各期的利息收入，如表 12-3 所示。

表 12-3 租赁期内各期间内的利息收入

单位：元

日期 ①	租金 ②	利息收入 ③ = 期初④ ×7.66%	租赁投资净额余额 期末④ = 期初④ − ② + ③
2×20 年 1 月 1 日			720 000
2×20 年 12 月 31 日	150 000	55 152	625 152
2×21 年 12 月 31 日	150 000	47 886.64	523 038.64
2×22 年 12 月 31 日	150 000	40 064.76	413 103.40
2×23 年 12 月 31 日	150 000	31 643.72	294 747.12
2×24 年 12 月 31 日	150 000	22 577.63	167 324.75
2×25 年 12 月 31 日	150 000	12 675.25[*]	20 000
2×25 年 12 月 31 日	30 000		
合计	930 000	210 000	

注：* 进行尾数调整，12 675.25=150 000+30 000−167 324.75。

会计处理如下。

（1）2×20 年 12 月 31 日，收到第一笔租金。

借：银行存款　　　　　　　　　　　　　　　　　　　　　150 000

　　贷：应收融资租赁款——租赁收款额　　　　　　　　　　　　　150 000

借：应收融资租赁款——未实现融资收益　　　　　　　　　　55 152

　　贷：租赁收入　　　　　　　　　　　　　　　　　　　　　　　55 152

（2）2×21 年 12 月 31 日，收到第二笔租金。

借：银行存款　　　　　　　　　　　　　　　　　　　　　150 000

　　贷：应收融资租赁款——租赁收款额　　　　　　　　　　　　　150 000

借：应收融资租赁款——未实现融资收益　　　　　　　　　47 886.64

　　贷：租赁收入　　　　　　　　　　　　　　　　　　　　　　47 886.64

后续年份会计处理原理同上。

【例 12-11】可变租赁付款额的会计处理

沿用【例 12-9】资料。假设 2×21 年和 2×22 年，甲公司使用该生产线生产产品实现的收入分别为 2 000 000 元和 3 000 000 元。

【分析】

依据租赁协议约定，乙公司可以按照约定向甲公司收取的可变租金分别为 100 000 元和 150 000 元。

乙公司会计处理如下。

（1）2×21 年 12 月 31 日。

借：银行存款　　　　　　　　　　　　　　　　　　　　　100 000

　　贷：租赁收入　　　　　　　　　　　　　　　　　　　　　　100 000

（2）2×22 年 12 月 31 日。

借：银行存款　　　　　　　　　　　　　　　　　　　　　150 000

　　贷：租赁收入　　　　　　　　　　　　　　　　　　　　　　150 000

【例 12-12】承租人行使购买权时出租人的会计处理

沿用【例 12-9】资料。租赁期结束，甲公司按照协议约定行使购买权。

【分析】

乙公司相关会计处理如下。

借：银行存款　　　　　　　　　　　　　　　　　　　　　30 000

　　贷：应收融资租赁款——租赁收款额　　　　　　　　　　　　　30 000

3. 出租人对融资租赁变更的会计处理

依据租赁准则，融资租赁行为发生租赁变更时，出租人应在同时满足以下条件的情况下，将本次租赁变更事项作为一项单独的租赁进行会计处理。

（1）该变更通过增加一项或多项租赁资产的使用权而扩大了租赁范围或者延长了租赁期限。

（2）增加的对价与租赁范围扩大部分或租赁期限延长部分的单独价格应当按照合同情况调整后的金额相当。

【例 12-13】 融资租赁变更作为一项单独的租赁进行会计处理

承租人甲就某机器设备与出租人乙签订了一项为期 5 年的租赁合同。合同规定，每年年末承租人向出租人支付租金 20 000 元。租赁期开始日，出租资产的公允价值为 75 816 元。按照公式 20 000×（P/A，r，5）=75 816，计算得出租赁内含利率为 10%，租赁收款额为 100 000 元，未确认融资收益为 24 184 元。在第 2 年年初，承租人和出租人同意对原租赁进行修改：租赁期缩短，租赁期结束日为第 3 年年末；每年支付租金时点不变，租金总额从 100 000 元变更到 70 000 元。未更改前的租赁构成融资租赁。假设本例中不涉及未担保余值、担保余值、终止租赁罚款等。

【分析】

本例中，如果原租赁期限设定为 3 年，在租赁开始日，租赁类别可被分类为经营租赁，那么，在租赁变更生效日，即第 2 年年初，出租人将租赁投资净余额 63 398（75 816+75 816×10% -20 000）元作为该套机器设备的入账价值，并从第 2 年年初开始，作为一项新的经营租赁（2 年租期，每年年末收取租金 25 000 元）进行会计处理。

第 2 年年初会计分录如下。

借：使用权资产 63 398

　　应收融资租赁款——未确认融资收益　　　（24 184-75 816×10%）16 602

　　贷：应收融资租赁款——租赁收款额　　　（100 000-20 000）80 000

如果一项租赁合同被确认为一项融资租赁，在发生租赁变更时并未作为一项单独租赁行为进行会计处理，且满足假如变更在租赁开始日生效，该租赁会被分类为融资租赁的，出租人应当按照《企业会计准则第 22 号——金融工具确认和计量》关于修改或重新议定合同的规定进行会计处理。

【例 12-14】 融资租赁变更未作为一项单独租赁的会计处理

承租人甲就某机器设备与出租人乙签订了一项为期 5 年的租赁合同。合同规定，每年年末承租人向出租人支付租金 20 000 元。租赁期开始日该项租赁资产的公允价值为 75 816 元，如【例 12-13】，租赁内含利率为 10%。在第 2 年年初，承租人和出租人因为设备适用性等原因同意对原租赁进行修改：从第 2 年开始，每年支付租金金额变为 19 000 元，租金总额从 100 000 元变更到 96 000 元。该项租赁构成融资租赁。

【分析】

如果此租赁变更行为发生在租赁开始日，并在该日期生效，租赁类别仍被分类为融资租赁，那么，在租赁变更生效日—— 第 2 年年初，按 10% 原租赁内含利率重新计算的租赁投资净额为 60 228[19 000×（P/A，10%，4）]元，与原租赁投资净额的账面余额 63 398 元的差额 3 170 元（其中"应收融资租赁款 —— 租赁收款额"减少 2 000 元，"应收融资租赁款 —— 未确认融资收益"减少 415 元）计入当期损益。

第 2 年年初，乙公司的会计分录如下。

借：租赁收入	3 170
应收融资租赁款——未确认融资收益	830
贷：应收融资租赁款——租赁收款额	4 000

12.4.2　出租人对经营租赁的会计处理

1. 租赁期开始日对租金的会计处理

在经营租赁下，与租赁资产所有权有关的风险和报酬并没有实质上转移给承租人，出租人对经营租赁的会计处理主要是解决应收的租金与确认为当期收入之间的关系，以及经营租赁资产折旧计提等问题。在经营租赁下，租赁资产的所有权始终归出租人所有。因此，出租人仍应按自有资产的处理方法，将租赁资产反映在资产负债表上。如果经营租赁资产属于固定资产，出租人应当采用与类似应折旧资产一致的折旧政策计提折旧。

出租人在经营租赁下收取的租金应当在租赁期内的各个期间按直线法确认为收入，如果其他方法更合理也可以采用其他方法。

其会计处理为：确认各期租金收入时，借记"应收账款"或"其他应收款"等科目，贷记"租赁收入""其他业务收入"等科目。实际收到租金时，借记"银行存款"等科目，贷记"应收账款"或"其他应收款"等科目。

【例 12-15】

2×19 年 1 月 1 日，A 公司（承租人）与 B 公司（出租人）达成租赁协议，就一台办公设备签订为期 3 年的租赁合同。该办公设备在 2×19 年 1 月 1 日的公允价值为 1 000 000 元，预计使用年限为 10 年。租赁合同规定，租赁开始日（2×19 年 1 月 1 日）A 公司向 B 公司预付租金 150 000 元，第 1 年年末支付租金 150 000 元，第 2 年年末支付租金 200 000 元，第 3 年年末支付租金 250 000 元。租赁期届满后，B 公司收回设备，3 年的租金总额为 750 000 元。假定 A 公司和 B 公司均在年末确认租金费用和租金收入，并且不存在租金逾期支付的情况。

【分析】

将融资租赁条件应用于本例当中，可以发现此项租赁没有满足融资租赁的任何一条标准，因此此租赁应作为经营租赁处理。确认租金收入时，B 公司应当将租赁期内取得的全部租金收入在全部租赁期内按照直线法进行分摊，不能依据各期实际支付的租金的金额确定。此项租赁租金收入总额为 750 000 元，按直线法计算，每年应确认的租金收入为 250 000 元。账务处理如下。

（1）2×19 年 1 月 1 日。

借：银行存款	150 000
贷：预收账款	150 000

（2）2×19 年 12 月 31 日。

借：应收经营租赁款	250 000

贷：主营业务收入 —— 经营租赁收入		250 000
借：银行存款	150 000	
预收账款	100 000	
贷：应收经营租赁款		250 000

（3）2×20 年 12 月 31 日。

借：应收经营租赁款	250 000	
贷：主营业务收入 —— 经营租赁收入		250 000
借：银行存款	200 000	
预收账款	50 000	
贷：应收经营租赁款		250 000

（4）2×21 年 12 月 31 日。

借：应收经营租赁款	250 000	
贷：主营业务收入 —— 经营租赁收入		250 000
借：银行存款	250 000	
贷：应收经营租赁款		250 000

2. 出租人对经营租赁中未实现融资收益的会计处理

在租赁期开始日，出租人应将应收融资收益款、未担保余值之和与其现值的差额确认为未实现融资收益，在将来收到租金的各期内确认为租赁收入。出租人发生的初始直接费用，应包括在应收融资收益款的初始计量中，并减少租赁期内确认的收益金额。

未实现融资收益的分配根据租赁准则的规定，未实现融资收益应当在租赁期内各个期间进行分配，确认为各期的租赁收入。分配时，出租人应当采用实际利率法计算当期应当确认的租赁收入。

3. 出租人在免租期的会计处理

在出租人提供了免租期的情况下，出租人应将租金总额在整个租赁期内，而不是在租赁期扣除免租期后的期间内按直线法或其他合理的方法进行分摊，免租期内应确认租金费用；在出租人承担了承租人的某些费用的情况下，出租人应将该费用从租金总额中扣除，并将租金余额在租赁期内进行分摊。出租人的会计处理为：确认各期租金费用时，借记"长期待摊费用"等科目，贷记"其他应付款"等科目。实际支付租金时，借记"其他应付款"等科目，贷记"银行存款""库存现金"等科目。

4. 出租人对初始直接费用的会计处理

对于与经营租赁资产相关的初始直接费用，出租人应当采用资本化的方式将其计入经营租赁资产的成本当中。

5. 出租人对经营租赁资产减值和折旧的会计处理

对于经营租赁的固定资产，出租人应当采用本公司一贯采用的对于该类资产的折旧政策进行资产折旧的计提。对于其他经营租赁资产，应当根据该资产适用的企业会计准则，采用系统合理的方法进行摊销。经营租赁期间，租赁资产按照《企业会计准则第 8 号——资产减值》的有关规定，有迹象发生了相关租赁资产的减值的，出租人应当对已识别的资产减值损失进行会计处理，借记"资产减值损失"，贷记"固定资产减值准备"。

6. 出租人对经营租赁中可变租赁付款额的会计处理

出租人取得的与指数或者比率挂钩的、与经营租赁资产相关的可变租赁付款额，应当在租赁期开始日计入租赁收款额。除此之外的款项，应于发生之时计入当期损益。

7. 出租人在经营租赁发生变更时的会计处理

租赁准则规定，在经营租赁发生变更时，出租人应当自变更生效日起将其作为一项新租赁进行会计处理，与变更前租赁有关的预收或应收租赁收款额应当视为新租赁的收款额。

12.4.3 租赁期届满时出租人的会计处理

1. 租赁期届满时，承租人将租赁资产交还出租人涉及的三种情况

（1）对资产余值全部担保。

出租人在将租赁分类为融资租赁时，收到承租人交还的租赁标的物时，应当借记"融资租赁资产"科目，贷记"长期应收款——应收融资租赁款"科目。如果收回租赁资产的价值低于担保余值，则出租人应按应向承租人收取价值损失补偿金，借记"其他应收款"科目，贷记"营业外收入"科目。

（2）对资产余值部分担保。

出租人在将租赁分类为融资租赁时，收到承租人交还的租赁资产时，借记"融资租赁资产"科目，贷记"长期应收款——应收融资租赁款""未担保余值"等科目。如果收回租赁资产的价值扣除未担保余值后的余额低于担保余值，则出租人应按应向承租人收取价值损失补偿金，借记"其他应收款"科目，贷记"营业外收入"科目。

（3）对资产余值全部未担保。

出租人在将租赁分类为融资租赁时，收到承租人交还的租赁资产时，借记"融资租赁资产"科目，贷记"未担保余值"科目。

2. 优惠续租租赁资产

（1）如果承租人行使优惠续租选择权，则出租人应视同该项租赁一直存在而进行相应的账务处理，如继续分配未实现融资收益等。

（2）如果租赁期届满时承租人没有续租，根据租赁合同规定，出租人应向承租人收取违约金的，出租人应该将违约金确认为营业外收入。同时，出租人应将收回的租赁资产按上述规定进行处理。

3. 留购租赁资产

租赁期届满时，依据租赁协议，承租人在协议期结束时拥有购买选择权的，承租人可以选择行使优惠购买选择权。此时，出租人应按实际收到的承租人支付的购买租赁标的物

的价款，进行账务处理，借记"银行存款"等科目，贷记"长期应收款——应收融资租赁款"科目。

12.5　售后租回交易的会计处理

若卖方兼承租人将资产转让给买方兼出租人，并在出售后的未来某一天将出售资产从买方兼出租人处租回，则卖方兼承租人和买方兼出租人均应按照售后租回交易的规定进行会计处理。

如果企业该项交易符合企业会计准则中的规定，经评估确定企业的该项售后租回交易中的资产转让涉及收入确认问题，则在进行售后租回会计处理时应当按照《企业会计准则第 14 号——收入》确认收入。而该项会计事项是否确认收入的关键在于其是否符合收入的确认条件，其售后租回时涉及的标的资产转让行为是否属于销售，并区别进行会计处理。

在租赁标的资产的法定所有权转移给承租人并将资产租赁给承租人之前，承租人可能会先获得标的资产的法定所有权。但是，是否具有租赁标的资产的法定所有权本身并非会计处理的决定性因素。如果承租人在资产转移给出租人之前已经取得对标的资产的控制，则该交易属于售后租回交易。然而，如果承租人未能在资产转移给出租人之前取得对标的资产的控制，那么即便承租人在资产转移给出租人之前先获得标的资产的法定所有权，该交易也不属于售后租回交易。在实际会计处理时，售后租回交易可以分为两类。

1. 售后租回交易中的资产转让属于销售

卖方兼承租人应当按原资产账面价值中与租回获得的使用权有关的部分，计量售后租回所形成的使用权资产，并仅就转让至买方兼出租人的权利确认相关利得或损失。买方兼出租人根据其他适用的企业会计准则条款对资产购买进行会计处理，并依据租赁准则对售后租回资产的出租行为进行会计处理。

如果销售对价的公允价值与资产的公允价值存在差异，或者出租人未按市场价格收取租金，那么企业应当进行以下调整。

（1）销售对价低于市场价格的款项作为预付租金进行会计处理。

（2）销售对价高于市场价格的款项作为买方兼出租人向卖方兼承租人提供的额外融资进行会计处理。

同时，承租人按照公允价值调整相关的出售利得或损失，出租人按市场价格调整租金收入。

在进行上述调整时，企业应当按以下二者中较易确定者进行。

（1）销售对价的公允价值与资产的公允价值的差异。

（2）合同付款额的现值与按市场租金计算的付款额的现值的差异。

2. 售后租回交易中的资产转让不属于销售

卖方兼承租人应当继续保留该项资产的所有权，于会计上不终止确认所转让的资产。

对于所租回的标的资产，承租人应当按照企业实际收到的现金作为金融负债列示，并按照《企业会计准则第 22 号——金融工具确认和计量》进行会计处理。买方兼出租人不确认被转让资产，而应当将支付的现金作为金融资产，并按照《企业会计准则第 22 号——金融工具确认和计量》进行会计处理。

【例 12-16】售后租回交易中的资产转让不属于销售

甲公司（卖方兼承租人）拥有一栋建筑物，经协商，甲公司以货币资金 30 000 000 元的价格向乙公司（买方兼出租人）出售一栋建筑物。该建筑物在签订合同之前的账面原值是 30 000 000 元，累计折旧是 27 500 000 元。与此同时，甲公司与乙公司签订了合同，取得了该建筑物 20 年的使用权（全部剩余使用年限为 40 年），年租金为 1 000 000 元。甲公司于每年年末支付租金。租赁期满时，甲公司将以 100 元购买该建筑物。根据交易的条款和条件，甲公司转让建筑物不满足《企业会计准则第 14 号 —— 收入》中关于销售成立的条件。假设不考虑初始直接费用和各项税费的影响。该建筑物在销售当日的公允价值为 36 000 000 元。

【分析】

在租赁期开始日，甲公司对该交易的会计处理如下。

借：银行存款   30 000 000

    贷：长期应付款   30 000 000

在租赁期开始日，乙公司对该交易的会计处理如下。

借：长期应收款   30 000 000

    贷：货币资金   30 000 000

【例 12-17】售后租回交易中的资产转让属于销售

甲公司（卖方兼承租人）以货币资金 40 000 000 元的价格向乙公司（买方兼出租人）出售一栋建筑物，交易前该建筑物的账面原值是 24 000 000 元，已计提折旧是 4 000 000 元。与此同时，甲公司与乙公司签订了合同，取得了该建筑物 18 年的使用权（全部剩余使用年限为 40 年），年租金为 2 400 000 元。甲公司于每年年末支付租金。根据交易的条款和条件，甲公司转让建筑物符合《企业会计准则第 14 号 —— 收入》中关于销售成立的条件。假设不考虑初始直接费用和各项税费的影响。该建筑物在销售当日的公允价值为 36 000 000 元。

【分析】

由于该建筑物的销售对价并非该栋建筑物的实际公允价值，甲公司和乙公司在进行账务处理时应当分别进行调整，以按照公允价值计量销售收益和租赁应收款。超额售价 4 000 000（40 000 000–36 000 000）元作为乙公司向甲公司提供的融资进行确认。

甲、乙公司均确定租赁内含年利率为 4.5%。年付款额现值为 29 183 980 元（年付款额 2 400 000，共 18 期，按每年 4.5% 进行折现），其中，400 000 元与对外融资相关，25 183 980 元与租赁相关（分别对应年付款额 328 948 元和 2 071 052 元），具体计算过程如下。

年付款额现值 = 2 400 000×（P/A，4.5%，18）= 29 183 980（元）

额外融资年付款额 = 4 000 000÷29 183 980×2 400 000=328 948（元）

租赁相关年付款额 = 2 400 000-328 948 = 2 071 052（元）

（1）在租赁期开始日，甲公司对交易的会计处理如下。

第一步，按与租回获得的使用权部分占建筑物的原账面金额的比例计算售后租回所形成的使用权资产。

使用权资产 =（24 000 000-4 000 000）×（25 183 980÷36 000 000）=13 991 100（元）

第二步，计算与转让至乙公司的权利相关的利得。

出售该建筑物的全部利得 =36 000 000-20 000 000=16 000 000（元）

与该建筑物使用权相关的利得 =16 000 000×（25 183 980÷36 000 000）=11 192 880（元）

与转让至乙公司的权利相关的利得 =16 000 000-11 192 880=4 807 120（元）

第三步，编制会计分录。

①与额外融资相关。

借：银行存款		4 000 000
贷：长期应付款		400 000

②与租赁相关。

借：银行存款		36 000 000
使用权资产		13 991 100
固定资产——建筑物——累计折旧		4 000 000
租赁负债——未确认融资费用		12 094 956
贷：固定资产——建筑物——原值		24 000 000
租赁负债——租赁付款额	（2 071 052×18）	37 278 936
资产处置损益		4 807 120

（2）甲公司支付的年付款额 2 400 000 元中，2 071 052 元作为租赁付款额处理，328 948 元作为以下两项进行会计处理。

①结算金融负债 400 000 元而支付的款项。

②利息费用。以第 1 年年末为例。

借：租赁负债——租赁付款额		2 071 052
长期应付款	（328 948-180 000）	148 948
利息费用	（25 183 980×4.5% +4 000 000×4.5%）	1 313 279
贷：租赁负债——未确认融资费用		1 133 279
银行存款		2 400 000

（3）综合考虑租期占该建筑物剩余使用年限的比例等因素，乙公司将该建筑物的租赁分类为经营租赁。在租赁期开始日，乙公司对该交易的会计处理如下。

借：固定资产——建筑物		36 000 000

长期应收款	4 000 000	
贷：银行存款		40 000 000

（4）租赁期开始日之后，乙公司将从甲公司获得的年收款额 2 400 000 元中的 2 071 052 元作为租赁收款额进行会计处理；从甲公司获得的年收款额中的其余 328 948 元作为以下两项进行会计处理。

①结算金融资产 400 000 元而收到的款项。

②利息收入。以第 1 年年末为例。

借：银行存款	2 400 000	
贷：租金收入		2 071 052
利息收入		180 000
长期应收款		148 948

12.6　租赁的列报和披露

12.6.1　承租人的列报和披露

1. 承租人的列报

承租人应当在资产负债表中单独列示使用权资产和租赁负债。其中，租赁负债通常分别非流动负债和一年内到期的非流动负债列示。

在利润表中，承租人应当分别列示租赁负债的利息费用与使用权资产的折旧费用。租赁负债的利息费用在"财务费用"项目下列示。对于不存在财务费用的金融企业来说，该项租赁负债的利息费用可在"业务及管理费用"列示，并在财务报表附注中进一步披露。

在现金流量表中，偿还租赁负债本金和利息所支付的现金应当计入筹资活动现金流出；支付的按租赁准则第三十二条简化处理的短期租赁付款额和低价值资产租赁付款额以及未纳入租赁负债计量的可变租赁付款额应当计入经营活动现金流出；支付的未纳入租赁负债计量的可变租赁付款额，应当计入经营活动现金流出。

2. 承租人的披露

承租人应当在附注中披露与租赁有关的下列信息。

（1）各类使用权资产的期初余额、本期增加额、期末余额以及累计折旧额和减值金额。

（2）租赁负债的利息费用。

（3）计入当期损益的按租赁准则第三十二条简化处理的短期租赁费用和低价值资产租赁费用；承租人应用租赁准则第三十二条对短期租赁和低价值资产租赁进行简化处理的，应当披露这一事实，并且，对于计入当期损益的短期租赁费用和低价值资产租赁费用，承租人应当进行有关披露。针对短期租赁费用，在披露时无需包括租赁期在 1 个月之内的有关短期租赁费用。针对低价值资产租赁，披露的有关费用不应当包括已于短期租赁费用内进行披露的有关费用，避免租赁费用的重复披露。若承租人在会计期末所承诺的短期租赁业务事项与财务报告所披露的短期租赁事项不相同，则承租人应当披露简化处理的短期租赁的租赁承诺金额。

（4）未纳入租赁负债计量的可变租赁付款额。

（5）转租使用权资产取得的收入。

（6）与租赁相关的总现金流出。

（7）售后租回交易产生的相关损益。

（8）其他按照《企业会计准则第 37 号——金融工具列报》应当披露的有关租赁负债的信息。

承租人在进行上述信息披露时，应当采用列表的形式进行披露。若承租人认为采用其他的形式能够更加便于说明所披露信息，则可以采用其他形式进行租赁事项的披露。

承租人应当根据便于理解财务报表的需要，及时披露有关租赁活动的其他定性和定量信息。此类信息包括以下内容。

（1）租赁活动的性质，如对租赁活动基本情况的描述。

（2）未纳入租赁负债计量的未来潜在现金流出。

（3）租赁导致的限制或承诺。

（4）对于售后租回交易，除租赁准则第五十四条第（七）项要求之外的其他信息。

（5）其他相关信息。

12.6.2　出租人的列报和披露

根据《企业会计准则第 21 号——租赁》，出租人应当根据出租资产的性质，在资产负债表中列示经营租赁资产，以及与融资租赁相关的下列信息。

（1）销售损益、租赁投资净额的融资收益以及与未纳入租赁投资净额的可变租赁付款额相关的收入；出租人应当以列表形式披露上述信息，其他形式更为适当的除外。

（2）资产负债表日后连续五个会计年度每年将收到的未折现租赁收款额，以及剩余年度将收到的未折现租赁收款额总额；不足五个会计年度的，披露资产负债表日后连续每年将收到的未折现租赁收款额。

出租人应当对上述款项进行到期分析，并对融资租赁投资净额账面金额的重大变动提供定性和定量说明，以使财务报表使用者能够更准确地预测未来的租赁现金流量流动性风险。

（3）未折现租赁收款额与租赁投资净额的调节表。调节表应说明与租赁应收款相关的未实现融资收益、未担保余值的现值等事项。

出租人应当在附注中披露与经营租赁有关的下列信息。

（1）租赁收入，并单独披露与未计入租赁收款额的可变租赁付款额相关的收入。

（2）将经营租赁固定资产与出租人持有自用的固定资产分开，并按经营租赁固定资产的类别提供《企业会计准则第 4 号——固定资产》要求披露的信息。

（3）资产负债表日后连续五个会计年度每年将收到的未折现租赁收款额，以及剩余年度将收到的未折现租赁收款额总额。

出租人应当根据理解财务报表的需要，披露有关租赁活动的其他定性和定量信息。此类信息包括以下几项。

（1）租赁活动的性质，如对租赁活动基本情况的描述。

（2）对其在租赁资产中保留的权利进行风险管理的情况。

（3）其他相关信息。此外，出租人应当根据理解财务报表的需要，报告并在财务报表当中披露与租赁有关的其他定性和定量信息。此类信息如下。

①租赁活动的性质。例如，租出资产的类别及数量、租赁期、是否存在续租选择权等租赁基本情况信息。

②对其在租赁资产中保留的权利进行风险管理的情况。出租人应当披露其如何对其在租赁资产中保留的权利进行风险管理的策略，包括出租人降低风险的方式。该方式可包括回购协议、担保余值条款或因超出规定限制使用资产而支付的可变租赁付款额等。例如，租赁设备和车辆的市场价值的下降幅度超过出租人在为租赁定价时的预计幅度，则将对该项租赁的收益能力产生不利影响。租赁期结束时租赁资产余值的不确定性往往是出租人面临的重要风险。披露有关出租人如何对租赁资产中保留的权利进行管理，有利于财务报表使用者了解更多出租人相关风险管理信息。

③其他相关信息。